本书荣获中国石油和化学工业优秀出版物奖（教材奖）

全国高职高专汽车类规划教材
国家技能型紧缺人才培养培训系列教材

汽车市场调查与预测

第二版

李 蓉 主编
伍 静 张仲颖 副主编

化学工业出版社

·北京·

本书根据目前国内外汽车市场的现状和特点，借鉴了大量的市场调查与预测方面的教材和资料，对汽车市场调查与预测的基本理论和方法进行了系统阐述，并通过案例，理论联系实际地反映了当前汽车调查与预测的最新发展，使读者能掌握汽车市场调查与预测的技能，并能够运用。

本书以实际的工作情境为载体，共分为十一个项目，包括汽车市场调查与预测的基本原理、文案调查、实地调查、抽样调查、问卷调查、市场调查资料的整理与分析、定性预测的方法、回归预测法等相关内容。为方便教学，配套电子课件。

本书作为高职院校汽车专业的专业教材，也可作为汽车调查与预测相关从业人员的培训用书，还可供汽车爱好者使用，对汽车市场从业人员和管理人员也有较高的参考价值。

图书在版编目（CIP）数据

汽车市场调查与预测/李蓉主编. —2版. —北京：化学工业出版社，2015.4（2018.2重印）
全国高职高专汽车类规划教材
ISBN 978-7-122-23211-3

Ⅰ.①汽⋯　Ⅱ.①李⋯　Ⅲ.①汽车-市场调查-高等职业教育-教材②汽车-市场预测-高等职业教育-教材　Ⅳ.①F766

中国版本图书馆CIP数据核字（2015）第043708号

责任编辑：韩庆利　　　　　　　　　　　文字编辑：张燕文
责任校对：宋　玮　　　　　　　　　　　装帧设计：史利平

出版发行：化学工业出版社（北京市东城区青年湖南街13号　邮政编码100011）
印　　装：大厂聚鑫印刷有限责任公司
787mm×1092mm　1/16　印张13　字数323千字　2018年2月北京第2版第2次印刷

购书咨询：010-64518888（传真：010-64519686）　售后服务：010-64518899
网　　址：http://www.cip.com.cn
凡购买本书，如有缺损质量问题，本社销售中心负责调换。

定　　价：28.00元　　　　　　　　　　　　　　　　　　　版权所有　违者必究

前言
FOREWORD

目前我国汽车销售市场竞争空前激烈，这为市场调查与预测在我国汽车行业的发展带来了契机。各大汽车企业要想求得生存和发展，就必须及时和准确地获取市场需求方面的信息，建立市场调查部门，进行市场调查与研究。各大高等学院和科研院所也开始纷纷开设汽车市场调查与预测方面的专业和课程，市场调查在我国汽车行业中迅速发展起来。同其他学科一样，市场调查与预测也是一门不断发展的学问，这与市场营销实践的发展息息相关。随着经济的高速发展，企业的规范化运作水平也在日益提高，科学决策已成为企业的重要诉求，而获取真实可靠的信息则是科学决策的前提。因此，本教材在第一版的基础上进行了较大修订。本书借鉴了国内外大量的汽车市场调查与预测的教材，结合我国汽车市场的特点，系统地阐述了汽车市场调查与预测的基本理论。作者对我国汽车市场和汽车市场与预测的领域进行了研究，通过大量的真实案例，反映了我国汽车市场调查与预测的最新发展，使读者既能够学习到汽车市场调查与预测的基本理论，又能够理论联系实际地对汽车市场调查与预测有系统而全面的了解。

本教材设计了学习目标、情境、营销调研视野、项目小结、关键概念、课后自测、实训操作等内容，构建了较为完善的汽车市场调查与预测的主要内容和职业能力体系，回归了以培养学生应用能力为主线的高职高专教育本位，体现了教材内容和形式上的教学改革示范性。

本教材适合作为各类高职高专院校、本科院校汽车营销专业的教材，也可供汽车爱好者或社会其他教育形式教育的培训资料或教学参考资料。

本书是武汉市品牌专业建设的成果之一。武汉软件工程职业学院汽车工程学院李蓉担任本书主编，武汉软件工程职业学院伍静、湖北工业职业技术学院张仲颖担任本书副主编。特别感谢泰博英思（北京）信息咨询有限公司的总监孙木子先生，他提供了大量来自汽车企业的真实的案例。参加本书编写工作的有：李蓉（编写项目二、四～六、九、十）；张仲颖（编写项目七、八）；李刚（编写项目一）；伍静（编写项目十一）；胡寒玲（编写项目三）。另外还得到了很多汽车生产和销售公司工作人员的大力支持，在此表示诚挚感谢。

教材的建设是一个不断探索的过程，由于作者水平以及对掌握资料的限制，再加上时间仓促，书中不足之处在所难免，恳请同行专家和各位读者指正。我们衷心希望，这本书能更好地为高等教育培养汽车专业人才服务。

本书配套电子课件，可赠送给用书的院校和老师，如果需要，可登陆 www.cipedu.com.cn 下载。

编者

目录 CONTENTS

学习项目一 市场调查基本理论 — 1

- 任务一　认识市场调查 …… 2
- 任务二　市场调查的起源、发展与未来 …… 6
- 任务三　市场调查的意义与特征 …… 11
- 任务四　市场调查的原则、内容、分类和程序 …… 14
- 任务五　市场调查方案的设计 …… 22
- 任务六　市场调查的道德规范 …… 27
- 任务七　市场调查与市场预测的关系 …… 29
- 项目小结 …… 31
- 关键概念 …… 31
- 课后自测 …… 31
- 实训操作 …… 33

学习项目二 文案调查 — 34

- 任务一　文案调查的含义及特点 …… 34
- 任务二　文案调查的资料及程序 …… 37
- 任务三　文案调查资料的管理与利用 …… 41
- 项目小结 …… 45
- 关键概念 …… 46
- 课后自测 …… 46
- 实训操作 …… 48

学习项目三 实地调查 — 49

- 任务一　观察调查法 …… 50
- 任务二　询问调查法 …… 54
- 任务三　实验调查法 …… 60
- 任务四　焦点小组访谈法 …… 63
- 项目小结 …… 65
- 关键概念 …… 66

| 课后自测 | 66 |
| 实训操作 | 67 |

学习项目四　问卷调查　　68

任务一　问卷调查概述	69
任务二　问卷的基本结构与内容	71
任务三　问卷设计的程序与具体操作	73
任务四　网络问卷调研	83
项目小结	84
关键概念	84
课后自测	84
实训操作	85

学习项目五　抽样调查　　86

任务一　抽样调查概述	86
任务二　抽样调查的样本	92
任务三　影响样本准确性的因素	104
项目小结	106
关键概念	106
课后自测	107
实训操作	108

学习项目六　市场调查资料的整理与分析　　109

任务一　市场调查资料整理的含义与程序	110
任务二　市场调查资料的整理	115
任务三　市场调查资料的分析	116
项目小结	121
关键概念	121
课后自测	121
实训操作	122

学习项目七　市场预测的基本原理　　123

任务一　市场预测概述	123
任务二　市场预测的基本原理与原则	132
任务三　市场预测的方法和程序	134
项目小结	139
关键概念	139
课后自测	139
实训操作	141

学习项目八　时间序列预测法　142

- 任务一　简单平均法 143
- 任务二　移动平均法 145
- 任务三　指数平滑法 149
- 任务四　趋势延伸法 155
- 任务五　季节指数法 159
- 项目小结 161
- 关键概念 161
- 课后自测 161

学习项目九　定性预测法　163

- 任务一　定性预测法概述 163
- 任务二　定性预测的基本方法 165
- 任务三　定性预测的其他方法 174
- 项目小结 178
- 关键概念 178
- 课后自测 178
- 实训操作 179

学习项目十　回归分析预测法　180

- 任务一　回归分析预测法概述 181
- 任务二　回归分析预测法的基本方法 183
- 项目小结 189
- 关键概念 189
- 课后自测 189

学习项目十一　市场调查报告　191

- 任务一　市场调查报告的作用和特点 192
- 任务二　市场调查报告的结构与内容 193
- 任务三　市场调查报告的编写与汇报 198
- 项目小结 200
- 关键概念 201
- 课后自测 201
- 实训操作 201

参考文献　202

学习项目一
市场调查基本理论

学习目标：
1. 掌握市场调查的含义和内容。
2. 了解市场调查的起源与未来。
3. 掌握市场调查与预测的关系。
4. 理解市场调查的原则和程序。
5. 理解市场调查的意义和作用。

"调查方案是进行有效营销调查的基础，相当于建筑蓝图，在蓝图上，建筑设计方案清楚地描绘出建筑物的整体结构，并阐述了完成该项目的计划和方法。同样，调查方案也提供了这样一个蓝图，以帮助调查人员运用最有效的资料收集方法和分析技术，从而获得所需信息。"

——理查德　NFO 调查公司执行副总裁

情 境

中国汽车市场已进入到高速发展阶段，并超过美国成为全球第一汽车消费国。由于宏观经济变化及燃油价格的影响，国内乘用车市场曾在 2008 年步入调整期。后来在国家汽车行业及相关刺激经济政策实施下，2009 年市场信心回复，乘用车市场表现出快速增长。其中消费者对 SUV 车型十分偏好。

广汽丰田做过的市场调查显示，在 SUV 市场的高速增长中，随着 90 后购车群体的不断增多，消费者不再仅仅满足于 SUV 车型固有的大空间和多功能用途，在时尚化和个性化的需求上越来越多。

广汽丰田的新汉兰达正是顺应了市场的这种变化。在汽车消费日趋年轻化的市场背景下，汉兰达整体用户年龄层也在不断下降，他们对车的美感或者是价值感的需求其实跟早期相比都有一些变化，消费更加时尚和个性化。

另外，调查显示，用户结构也在变化。早期汉兰达 90% 的用户都是男性，现在女性用户的比例在不断增加。

2016 年我国汽车市场形势较好，产量达到了 2811.88 万辆，销量达到了 2802.82 万辆，连续八年居世界第一，汽车保有量已达 1.94 亿辆。在乘用车各车型中，SUV 的产销同比分别增长 44.57% 和 45.30%，保持了多年来强劲的增长势头。但也有不利的因素。目前有越来越多的城市可能会加入限车行列，原有的限购城市也在实施越来越严格的措施，这会严重冲击汽车市场。由于雾霾天气越来越严重，政府可能会因此限车。但是这其中也有机遇，就是强制淘汰黄标车，这就给车辆更新提供了机会。环保形势严峻，也给新能源汽车、节能汽车、汽车室内空气净化设备等带来了商机。

可见，市场竞争日趋激烈。企业要想立于不败之地，市场调查与预测是必不可少的重要手段。它已经成为企业收集、整理、分析和研究相关市场信息，为营销决策提供依据的重要手段；同时也是企业满足目标顾客需求、降低经营风险、提高竞争力的必要途径。

任务一 认识市场调查

一、市场调查的概念

没有人能够天才地将一个企业的运营一帆风顺地进行下去，一些非常著名的企业家也不例外。在竞争激烈的市场上，企业的任何决策都存在着不确定性和风险，一些企业经营者常用"如履薄冰"这样的词来形容商场的危机四伏。只有通过有效的市场调查与预测，掌握足够的市场信息，才能顺应市场需求变化趋势，了解企业所处的生存、发展和竞争环境的变化，增强企业的应变能力，把握经营的主动权，创新营销组合，识别新的市场机会，实现预期的经营目标。所以，市场调查与预测是现代企业一项重要的基础工作，也是企业营销管理的重要组成部分。

那么，什么是市场调查呢？

美国的纳雷希 K. 马尔霍特拉（Naresh K. Malhotra）教授在《市场调查》一书中对市场营销调查所下的定义为：市场营销调查是指系统地、客观地甄别、选择、分析和传递信息，以解决市场营销中的问题，捕捉商机，达到改进市场决策的目的。

美国的布鲁尔教授认为，市场营销调查是指系统、公正地收集、分析与营销问题有关的数据，对所面临的问题制定满意的解决方法，推动企业实现经营目标。

本书认为，市场调查是指为了形成特定的市场营销决策，采用科学的方法和客观的态度，对市场营销有关问题所需的信息，进行系统地收集、记录、整理和分析，以了解市场活动的现状和未来发展趋势的一系列活动过程。

营销调研视野 1-1　市场调查增加企业的竞争力。

公司进行调研以找出问题，才能进而解决这些问题。上海大众公司不断地改进公司的产品组合，淘汰不受顾客欢迎的款式，开发具有顾客所期望的性能的产品。大众公司曾经就该公司旗下的产品斯柯达明锐潜在消费者展开研究，研究表明，斯柯达明锐潜在用户对售后服务最关注以下四个方面：可靠的维修质量、维修人员的专业能力、诚实透明的服务过程和低廉的售后服务价格；座谈会发现明锐潜在用户对网点设置的便利性也非常关注。所以该公司特别重视售后服务的质量和售后服务网点的建设，企业竞争得到了很大提升。2011 中国汽车售后服务满意度调查结果显示，上海大众斯柯达以 875 的最高分升至当年的总分第一。

随着经济全球化的逐步深入，竞争日益激烈，市场变得更加复杂、变幻莫测，中国企业的国际化已不再是一个选择，它已成为生存的必需。在 21 世纪，管理任何企业都意味着以某种形式进行国际化交流。即使一些企业不在国外销售产品或提供服务，它们同样也要受到全球市场所发生的变化和其他企业对这些变化做出反应的影响。所以，企业要想凭有限的分散信息，把握市场动态几乎是不可能的。通过市场调查与预测可以帮助企业清晰地了解市场活动的现状及未来，本企业与竞争对手的差异，为科学的决策提供依据。市场调查与预测是企业有效地利用和调动市场情报、信息的主要手段，是企业开展市场营销活动的基础。

我们可以从以下三个方面来进一步理解市场调查与预测的含义。

1. 市场调查与预测的目的具有较强的针对性

市场调查与预测的目的是了解、分析和判断企业市场营销管理中是否存在问题，或解决已经存在的问题，预测未来发展趋势，从而为企业制定特定的营销决策服务，并非对市场营销的所有问题笼统、盲目地进行调查。

2. 市场调查与预测的方法具有科学性

市场调查与预测活动必须采用科学的方法，如市场信息范围的确定方法和信息收集方法的选择、流程的设计、执行的技巧与严谨度、采集到数据的处理方法、分析方法等。市场调查与预测活动只有运用科学的方法进行组织、实施和管理，才能获取可信度较高的调查结果，也才能做出比较正确的市场决策。

3. 市场调查与预测活动的过程具有关联性

市场调查与预测活动是一个系统化的工作，包括调查活动的设计与组织、所需信息资料的收集、整理和分析、调查报告的出具等。一系列工作环环相扣、紧密联系、互相依存又互相影响，共同构建了市场调查与预测活动的全过程。

二、市场调查的作用

随着中国汽车市场开始进入买方市场，同时各大汽车企业要面对更激烈的国际竞争，在这样的市场条件下，汽车企业常常会面临这样一些问题：花费很大的资金生产出来的汽车产品却找不到市场；开发了一种符合购买者要求的汽车产品，并设计出了颇能吸引人的广告，但却错过了上市的最好时机；由于销售渠道没有找好，优良的汽车产品出现销路不畅等。通过市场调查，汽车企业可以发现一些新的市场机会和需求，开发新的产品去满足需求；也可以发现企业现有车型的不足或经营管理中的缺点，及时加以纠正，提高市场占有率；可以及时掌握竞争对手的动态，掌握企业产品的市场占有率；可以及时了解国家的政策和法规变化。

市场调查的作用主要体现在以下几个方面。

1. 市场调查是企业营销活动的起点、战略决策的依据

企业的营销活动是从市场调查开始的，通过市场调查识别和确定市场机会，制定营销计划，选择目标市场，设计营销组合，对营销计划的执行情况进行监控和信息反馈。在这一过程中，企业每一步都离不开市场调查，都需要市场调查为决策提供依据。在企业管理部门和有关人员要针对某些问题进行决策时，如进行产品策略、价格策略、分销策略、广告和促销策略的制定，通常要了解的情况和考虑的问题是多方面的，主要有：本企业的产品在什么市场上销售较好，有发展潜力；在哪个具体的市场上，预期可销售数量是多少；如何才能扩大企业产品的销售量；如何掌握产品的销售价格；如何制定产品价格，才能保证销售和利润两方面都能上去；怎样组织产品推销，销售费用将是多少等。这些问题都只有通过具体的市场调查，才可以得到具体的答复，而且只有通过市场调查得来的具体答案才能作为企业决策的依据。否则，就会形成盲目的和脱离实际的决策，而盲目则往往意味着失败和损失。

2. 市场调查对企业的决策有检验和修正作用

企业依据市场调查获得的资料，可检验企业的计划和战略是否可行，有无疏忽和遗漏，是否需要修正，并提供相应的修改方案。通过了解分析市场信息，可以避免企业在制定营销策略时发生错误，或可以帮助营销决策者了解当前营销策略以及营销活动的得失，以进行适当修正。只有在实际了解市场的情况下才能有针对性地制定出切实可行的市场营销策略和企业经营发展策略。

营销调研视野1-2　雷克萨斯调整产品线。

雷克萨斯过去一直是全球销量最好的豪华车品牌之一，但近年来，受丰田意外加速召回危机影响，加之日本地震海啸带来的生产中断，雷克萨斯的领导地位已被德国豪华车品牌取代了。

通过市场调查，雷克萨斯公司发现，与购买德国豪华车品牌的消费者相比，雷克萨斯的客户的年龄更大，家庭收入也更低。雷克萨斯客户平均年龄为60岁，而奔驰、宝马等汽车品牌的消费者平均年龄为50几岁。所以企业必须不断开发新产品，迎合年轻人的口味。现在雷克萨斯公司针对年轻客户，推出了IS和GS四门轿车，RX450H混合动力SUV。

雷克萨斯美国市场总经理Jeff Bracken表示，为了吸引年轻客户，雷克萨斯正在加速推陈出新，他称NX和RC还只是"冰山一角"。接下来的六七年间，雷克萨斯还会推出更多新产品。雷克萨斯的产品复兴计划，不仅停留在对已有产品的设计改良，还要创立更多的新产品线。

3. 市场调查有利于企业及时了解顾客的潜在需求

随着市场经济的发展，消费者需求变化越来越快，产品的生命周期日趋缩短，市场竞争更加激烈，对于企业来说，能否及时了解市场变化情况，并适时适当地采取应变措施，是企业能否取胜的关键。企业通过市场调查，可以发现市场中未被满足或未被充分满足的需求，确定本企业的目标市场。同时，可以根据消费者需求的变化特点，开发和生产适销对路的产品，并采取有效的营销策略和手段，将产品及时送到消费者手中，满足目标顾客的需要。

4. 市场调查有利于汽车企业开拓市场、开发新产品

任何企业都不会在现有市场上永远保持销售旺势，要想扩大影响，继续盈利，就不能把希望寄托在一个有限的地区范围内。当一种汽车产品在某个特定市场上未达到饱和状态时，汽车企业就应开始着眼于更远的市场，这是企业谋求发展的需要；而当汽车产品在某一地区或某一消费群体中出现饱和时，开辟远方市场，使产品向更多更远的地区辐射就成为非常迫切的问题了。通过市场调查活动，汽车企业不仅可以了解其他地区对汽车产品的需求，甚至可以了解到国外市场的需求情况，它使汽车企业掌握了更多的信息。

营销调研视野1-3　搭载车载电视的汽车。

世界杯期间，包括中国球迷在内的各国人民为足球而狂欢。与此同时，那些搭载了车载电视的车型，自然不可避免地成为了话题主角之一。

配备车载电视的车型综合考虑到了消费者在某些特别时期的需求。同时，在北京等大城市整体道路环境拥堵已成常态的状况下，车载电视也能在一定程度上缓解交通拥堵所带来的情绪压力。此外,在家庭出游或多人乘车的状态下,车载电视能为其他乘客带来更丰富的乘车生活。

不过,罗列目前市场上配备车载电视的车型,普遍价格高昂。相关调查显示,提到车载电视,超过八成受访者认为那是属于几十万元级别以上豪车才会有的奢侈配置。但事实并非如此,通过今年世界杯期间一些车企的宣传发现,如比亚迪S6、思锐等10万元级别的车型中,也不乏拥有车载电视者。对此,厂家表示,这种对消费者关怀入微的配置代表着诚意,经济型车一样可以有高档次的享受。

短期瞬间攀升的销售数据证明,这种细节营销对了消费者的口味,此类车型卖火了。不少车主认为,经济型车上加装车载电视这种行为,证明了一个企业对消费者的尊重,并不是一项增配那么简单。来自市场最前沿经销商处的一手信息也表明,消费者在购车时对这项配置认可度很高,价格并不是很高的一个车载电视,拉升的是品牌认知和认可度。

5. 市场调查有利于企业随时了解市场环境

随着竞争的加剧,企业所面临的市场总是不断地发生变化,而促使市场发生变化的原因很多,如产品、价格、分销、广告、推销等市场因素和有关政治、经济、文化、地理条件等市场环境因素。这两类因素往往又是相互联系和相互影响的,而且不断地发生变化。企业为适应这种变化,就只有通过广泛的市场调查,及时地了解各种市场因素和市场环境因素的变化,从而有针对性地采取措施,通过对市场因素,如价格、产品结构、广告等的调整,去应对市场竞争。通过市场调查,企业可以了解市场营销环境的变化,可以及时调整自己的产品、价格、渠道、促销和服务策略,与竞争对手开展差异化的竞争,逐渐树立自己的竞争优势。同时,企业还可以通过收集竞争对手的情报,了解竞争对手的优势和弱点,然后扬长避短,有的放矢地开展针对性营销,从而增强企业的竞争能力。

营销调研视野1-4　2014客车企业面临的市场环境。

2014年的客车市场受到两方面因素的影响。

"首先是政策因素。"节能减排政策、公交优先政策、加强营运管理、安全升级、信息化和智能化等都推动了2014年客车市场的升级。

"其次是市场环境因素。"PM2.5压力与日俱增、缓解城市交通拥堵的机遇、城镇化建设加快等因素,对于中国客车企业来说,都是有利条件。"随着这些因素的释放,中国客车市场将会利好不断。"

此外,世界范围内的经济疲软,也为中国客车迅速占领国际市场提供了契机。

从中国客车市场的周期性变化规律来看,每5年是一个周期,而每一周期的首年市场表现都比较差,如2003年和2008年。2013年正好是第四阶段的第一年,仍然没有摆脱这个周期性规律的束缚。

6. 市场调查为企业整体宣传策略提供信息和支持

市场宣传推广需要了解各种信息的传播渠道和传播机制,以寻找合适的宣传推广载体和方式,以及详细的营销计划,这也需要市场调查来解决,特别是在高速变化的环境下,过去的经验只能减少犯错误的机会,更需要适合的信息更新来保证宣传推广的到位。通常在市场宣传推广中,还需要引用媒体、政府和社会等强力机构的市场信息支持,比如在消费者认同度、品牌知名度、满意度和市场份额等各方面提供企业的优势信息,以满足进一步的需要。

任务二　市场调查的起源、发展与未来

市场调查活动是随着市场经济的产生和发展而出现的。从本质上讲，市场经济就是一种通过货物或服务的交换，以市场作为资源配置的基础方式，实现分散决策的经济体制。由于其固有的缺陷，导致市场信息的不对称、市场的不完全竞争等情形时有发生。为了降低经营风险，众多的企业开始想方设法捕捉市场信息。于是，现代意义上的市场调查活动就由此诞生了。美国是市场经济发展早而且比较成熟的国家，市场调查活动使其企业管理者避免了大量经营风险，获得了竞争优势，市场调查活动也由此在世界范围广泛传播开来。

一、发达资本主义国家的市场调查

市场调查活动的全面发展是在资本主义社会完成的。20世纪初，市场调查开始进入一个新的阶段。这时，资本主义已经进入垄断阶段，一方面市场规模迅速扩大，产品更新换代速度越来越快，出现买方市场；另一方面资本主义经济危机的影响日益加深，市场竞争日趋激烈。对于商品生产者和经营者来说，只有采用科学的调查方法，才能探明市场需求，发掘市场潜力，在竞争中赢得主动。

1. 市场调查的萌芽期：20世纪前

最早有记载的市场调查活动是1824年8月由美国的《宾夕法尼亚哈里斯堡报》（Harrisburg Pennsylvanian）进行的一次选举投票调查；同年稍后，美国的另一家报纸《罗利星报》（The Raleigh Star）对在北卡罗莱那州举行的具有民众意识的政治会议进行了民意调查；最早有记载的以营销决策为目的的市场调查活动是在50年后的1879年由N. W. Ayer广告公司进行的。此次调查活动的主要对象是本地官员，内容是了解他们对谷物生产的期望水平，调查的目的是为农业设备生产者制作一项广告计划。第二次系统的调查可能是在20世纪初由杜邦公司（E. I. du Pont de Nemours & Company）发起的，它对其推销人员提交的有关顾客特征的调查资料进行了系统整理和分析。非常有趣的是，当时负责收集并报告数据的推销人员认为这纯属于一项额外的书面工作，因而感到异常愤怒。

大约在1895年的时候，学术研究领域开始关注市场调查。当时，美国明尼苏达大学的心理学教授哈洛·盖尔（Harlow Gale）将邮寄调查引入了广告研究。他设计并寄出了200份问卷，最后收到了20份完成的问卷，回收率为10%。随后，美国西北大学的W. D. 斯考特（Walter Dill Scott）将实验法和心理测量法应用到广告实践中。

2. 市场调查的成长期：1900～1950年

进入20世纪后，消费和生产的激增促使市场经济在更大范围内拓展，了解消费者需求和对产品态度的需求就应运而生，于是生产商、专业的调查机构和一些学院先后都涉足到市场调查活动中来。1905年美国宾州大学首先开设了一门"产品的销售"课程。1911年柯蒂斯出版公司（Curtis Publishing Company）建立了第一家正式的调查机构，该机构的调查领域主要是汽车业。从1911年开始，美国佩林（Charles Coolidge Parlin）首先对农具销售进行了研究，接着对纺织品批发和零售渠道进行了系统调查，后来又亲自访问了美国100个大城市的主要百货商店，系统收集了第一手资料并著书立说。其中《销售机会》一书，内有美国各大城市的人口地图、分地区的人口密度、收入水平等资料。由于佩林第一个在美国的商品经营上把便利品和选购品区分开来，又提出了分类的基本方法等，所以针对佩林为销售调

查做出的巨大贡献，人们推崇他为"市场调研"这门学科的先驱，美国市场营销协会（AMA）每年召开纪念佩林的报告会。

在佩林的影响下，美国橡胶公司、杜邦公司等一些企业都纷纷建立组织，开展系统的市场调研工作，1929年，在美国政府和有关地方工商团体的共同配合下，对全美进行了一次分销普查（Census of Distribution），这次普查被美国看成是市场调查工作的一个里程碑。后来，这种普查改称商业普查（Census of Business），至今仍定期进行。这些普查收集和分析了各种各样商品的信息资料，如各商品的分销渠道的选择状况、中间商的营销成本等，它可以称得上是对美国市场结构最完整的体现。

在佩林的影响下，在美国先后出版了不少关于市场调查的专著，比如芝加哥大学教授邓楷所著《商业调查》（1919年），弗立得里克所著的《商业调查和统计》（1920年），怀特所著的《市场分析》（1921年）。1937年，美国市场营销协会组织专家集体编写《市场调查技术》，20世纪40年代在Robert Merton的领导下又创造了"焦点小组"方法，使抽样技术和调查方法取得了很大进展。

20世纪30年代，问卷调查法得到广泛采用，30年代末期，市场调查成为大学校园普及性的课程。另外，大众传媒的发展和二战的爆发，促使市场调查由不成熟的学科演变为明确的行业，除了正常的经济领域的研究外，大量的社会学家同时也进行了战争影响下的消费行为调查。

3. 市场调查的成熟期：1950年以后

1950年以后，市场调查日益与市场预测相结合。后来，电子计算机技术在企业中得到广泛应用，一个新型的现代企业信息系统逐渐形成，市场调查与预测成为信息系统的重要组成部分，并日益发挥其在现代企业经营管理中的重要作用。

随着科学技术的进步和生产力的发展，新的观念、技术和方法不断应用于市场调查。世界上第一台计算机于1946年在美国宾州大学诞生，计算机的出现及其在市场调查中的应用，使市场调查形成了一个以计算机为中心的信息网络系统，市场资料搜集、整理和分析的各个阶段全部实现了计算机化。与此同时，在调查技术上，回归分析、相关分析、因子分析等方法都有所创新和发展。

此外，其他商品经济发达的资本主义国家，如日本、德国、英国和法国等，也高度重视市场调查。比如，在日本的大企业中普遍设有市场调查、收集信息的专门机构，不仅开展对国内市场的调查（如电通公司的市场调查部门员工达1000余人），还十分重视国外的市场调查。随着市场调查理论与方法的深入研究和信息科学技术的发展，日本的市场调查和情报收集能力举世闻名，他们收集和传递市场情报的速度非常惊人。例如：5~60s可获得世界各地金融市场行情；1~3min可查询日本与世界各地进出口贸易商品的品种、规格等；5min可以取得当天各地汽车销售、生鲜食品批发市场产、销、存以及价格变动的情况。

由上述可知，发达资本主义国家的市场调查已达到日臻完善的地步。它表现出以下特点。

（1）社会尤其是企业界高度重视市场调查，积极开展市场调查活动。
（2）成立了专门的市场调查机构，形成了一支专门从事市场调查的队伍。
（3）市场调查形成了一套科学的理论和方法。
（4）市场调查研究学术活动广泛开展，从而不断提高市场调查研究的水平。

据完全统计，全球每年在市场调查与预测、广告调查和民意调查上的支出超过90亿美元。美国每年在市场调查与预测上的花费占全球一半之多，达到了46亿美元，而且行业集中程度十分明显，前 10 家最大的公司占了美国在营销、广告、民意调查上总花费的 59%，前 20 家最大的公司占了 72%，前 30 家最大的公司占了 79%。比较著名的公司有：企业营销部门的代表——卡夫通用食品公司和保洁公司广告代理商、电扬广告公司；专业从事营销数据收集的 AC 尼尔森公司；定制或专项调查企业 Market Facts、MARC 等；为市场调查提供专门化辅助服务的亚特兰大 SDR 公司等。

日本也是市场调查与预测开展较快的国家。在日本，除了一些非常著名的企业拥有自己的调查机构外，还有其他一些官方、半官方和民间机构在收集世界各地的政治经济、军事和社会情报。一定意义上讲，第二次世界大战后，日本之所以能够在短时间内创造出世界经济发展史上的"东亚奇迹"，跟重视市场调查也有很大的关系。

此外，欧盟的一些国家也十分重视市场调查。例如在欧盟，约有 1500 多家市场调查公司和咨询机构，其中，荷兰人口几百万，调查机构就有 500 个之多；法国有 300 多家；英国有 400 多家，伦敦就有 60 多个商业调查机构，拥有多种数据资料，如《官方统计指南》、《年度统计摘要》、《地区统计摘要》、《社会统计》、《家庭开支调查》等，可以为企业或个人提供全方位或专项的调查服务。

欧盟 1500 多家调查机构和咨询公司中，大约有 611 家调研组织在 ESOMAR 目录上都被标有"充分信息"的字样。

以发达国家为代表的市场调研活动非常活跃，他们机构众多，从业人员专业化程度较高，同时采用了大量的新技术，大大地提高了市场调研的效率。显然，随着经济全球化的发展，市场经济的支配地位进一步加强，商品贸易竞争的加剧和服务市场的进一步细分已成为必然趋势，这将为市场调研行业提供更大的发展空间。

营销调研视野 1-5　零点调查公司。

零点调查成立于 1992 年，其业务范围涉及食品、饮料、医药、个人护理用品、服装、家电、汽车等 30 多个行业。"零点调查"接受海内外企事业单位、政府机构和非政府机构的委托，独立完成各类定量与定性研究课题。"零点调查"战略合作机构有广告公司、设计公司、会计师事务所等。

零点工作团队有多种专业背景：社会学、统计学、心理学、营销、贸易、数学等，有不同资历的研究人员和专家，如咨询顾问、咨询分析师、电话访问员等。"零点调查"对人员素质的要求非常高，研究人员大多具有硕士以上学历或者具有丰富的实战经验，督导员有大专以上学历，FG 主持人需经过专门培训，其中两个为宝洁公司特约主持人，员工每年参加 ESOMAR 国际培训，提供多次国内专项培训机会，每周开展职业提升训练。

二、中国的市场调查

市场调查是市场经济的产物。由于长期处于计划经济体制下，我国的市场调查与起步较晚，发展较慢。

在我国，市场调查为企业服务始于 20 世纪 80 年代中期，由于当时市场意识的淡薄，专业人才的缺乏，导致市场需求量很小。直到 1999 年，世界市场调查业的总营业额约为 146 亿美元，我国内地市场调查业的营业额才约为 1.33 亿美元，仅占世界市场调查业的 1%。

随着社会主义市场经济体制的正式确立，我国的市场体系也在逐步地形成，市场调查与市场预测也有了较大的发展空间。目前，我国市场调查有三类公司：外资调查公司、有政府背景的国有调查公司和民营的专业调查公司，这些公司尽管从规模、人员素质、专业技能和市场影响等方面和发达国家的公司有差距，但是已经显示出良好的发展势头。

总体来说，我国的市场调查与咨询服务业的发展过程可分为以下五个阶段。

（1）起源（1949~1979年）。20世纪50年代，中央政府曾组织各地统计机构开展了全国范围的职工家庭生活调查工作。20世纪70年代，曾运用调查抽样的方法，在全国59个城市就收入等基本情况进行了一次性调查。这些可以视为中国运用调查方法的开端。

（2）萌芽期（1979~1984年）。进入20世纪80年代后，国家的经济调查和预测工作开始走向正规化，各地普遍恢复和成立了城乡抽样调查队，建立了以了解城乡居民收入等基本生活数据为主要内容的固定样本，开展连续性的调查统计，为政府的宏观决策提供依据。

（3）起步阶段（1984~1992年）。1984年，随着邓小平同志提出"开发信息资源、服务四化建设"，酝酿已久的我国市场调查与咨询服务业开始焕发出新的活力。

1984年底，经国家有关部门批准成立了"中国统计信息咨询服务中心"，这是我国第一个作为国家政府部门从事市场调查与咨询服务业务的机构。

从1985年开始，国家机关各部门相继成立了"信息咨询服务中心"，如国家经贸委信息中心、电子工业部信息中心等。

海外的市场调查与咨询业也开始进入我国建立机构，如盖普乐和香港市场调查社等。1988年成立的广州市场研究公司，被业内认为是最早的专业市场调查公司。

（4）发展阶段（1992~2001年）。随着我国企业向自主经营、自负盈亏的形式转变，它们对市场调查有了很大需求。全国统计系统是最早从事市场调查与咨询服务业实践的单位，汇聚了一批具备统计等专业知识而且经验丰富的人才。许多具有统计背景的公司脱颖而出，这其中包括华通、中怡康、美兰德等公司，以及曾经在国家统计局从业人员创办的公司如丰凯兴、华联信等。

一批民营的市场调查和咨询公司也相继出现，如零点、新华信等公司。

在这一阶段，市场调查与咨询服务的需求大大增加，对市场调查咨询服务业，不再限于数据收集，对数据分析以及研究报告的要求也在不断提高，市场调查与咨询的从业人员结构也发生了重大转变，高素质复合型人才开始进入此行业。

（5）新的历史阶段（2001年至今）。2001年11月10日，随着中国加入世界贸易组织，从此进入了一个新的历史发展阶段。大量国外的调查咨询公司进入中国，对中国的调查公司形成了机遇和挑战。

经过二十几年的发展，我国的市场调查和预测取得了较大的进步，主要体现在以下几点。

① 从低端的单一数据采集业务发展到提供中高端的研究甚至营销咨询服务。

② 从最初仅仅集中在北京、上海和广州三地，发展到具有一定数量的遍布全国各地不同规模的市场调查和咨询服务公司。

③ 从各自为政，发展到全行业统一与国际接轨，执行ESOMAR（欧洲民意与市场研究协会）全球性的服务与质量准则。

④ 从入户访问、街访和座谈会等以纸问卷为主的面访方式，发展到使用CATI、CAPI等先进仪器和技术的快速准确的调查手段。

⑤ 行业内的合并、合资和重组的情况方兴未艾。

营销调研视野 1-6　成为一个营销调研员所需要的条件。

一段成功的营销调研职业生涯是三个因素的综合：创造性的思维、把分散的资料连成连贯的素材的能力以及与所有人交流的能力。交流是非常重要的，所以应该多参加社会活动，这样就能够在人前大胆发言。能够逻辑地思考问题并详细地陈述问题也是非常必需的。

三、市场调查的发展前景

市场调查的作用其实应该在每位公司的决策者和营销管理者认为重要、紧迫，是确保自己能够继续成功必不可少的一项活动时，市场调查才真正发挥出了自己的作用。作为专门从事市场调查工作的组织和人员应该深知，市场调查的作用只有通过自己的努力，为管理者和决策者提供更加准确的信息，才能最终得以体现。市场调研的作用是否能够得到充分的发挥，基本条件有三个：是否有足够多的对市场信息的需求；是否有准确、及时、全面的市场信息的提供源泉；是否有连接供需双方的市场及明确的市场运作规范。

当然，企业面临更多的市场竞争挑战，需要更多的市场信息以帮助决策者制定出各种决策，市场调研信息成为一种能够满足特殊需要的产品而出现在市场上。由于市场信息这种产品的出现，导致一个新型市场的形成，这个市场与其他市场一样不断走向成熟。在中国，由于企业对市场信息的需求不强烈，使一些相关组织转移其生产经营重点，成为以专门从事市场信息搜集、分析研究和向社会提供自己特殊产品——市场信息的经营组织，即市场调查公司。随着供需双方的不断磨合，一个特殊的市场及其相应的市场运作规则从诞生变得成熟。最显著的表现是，根据企业对市场信息的不同需要，社会上就会有相应的市场调研组织产生，来满足这种需求。随着供需双方的共同努力，一个市场信息服务市场逐渐形成并不断壮大。

市场信息市场必将逐渐走入一个良性发展的阶段，这是因为：由于竞争的存在，由于风险意识与把握机遇的观念的巩固，企业对市场信息的需求将不断强化。但是企业对市场信息绝不是全盘接受，更多的企业家会认为他们需要的是更准确、有价值的市场信息，价格不是问题。

当前市场调查的发展呈现出以下一些趋势：由轻视市场信息到重视市场信息；由事前急用到长期持续搜集市场信息；由被动到主动搜集市场信息；由依靠别人到依靠别人加自己开展市场调查；由随意扔弃到系统分类保管市场调研结果；由单一调研方法到多种调研方法并用。

四、互联网对市场调查和预测的深远影响

互联网已经使市场调研领域发生了翻天覆地的变化。在互联网上，进行市场调研的新技术和新战略的数量日益增多。如今在美国，网络市场调研大约占据了所有市场调研收益的50%。以下是几个推动此类调研成长的因素。

（1）互联网为商业智能提供了更多的快速通道，因此可以更好、更快捷地制定决策。

（2）互联网提高了企业对顾客的需求和市场转换快速响应的能力。

（3）互联网使追踪调研和纵向调研更为便利。

（4）互联网减少了劳动密集型和时间密集型的调研活动以及关联成本，包括邮件、电话咨询、数据输入、数据表格和报告。

随着美国互联网接入人数的快速增长（现已超过 75%），调研人员发现网络调研和非网络调研会产生同样的效果。此外，82%的活动网络用户都拥有宽带。美国在线（AOL）数字营销服务（DMS）是一家网络调研机构，已经为顾客进行了大量网络以及非网络样本的调研，这些顾客包括 IBM、柯达和宝洁。将超过 100 个网络调研和非网络调研进行对比，结果显示两种方法使客户做出了相同的决策。也就是说，由两组数据提供的指导是相同的。

当然，进行调研不是市场调研互联网革命的全部，调研进程的管理和信息的传播也通过互联网得到了加强，一些关键领域受到了互联网的极大影响。

（1）作为信息来源的图书馆和多种印刷材料事实上已经被取代了。美国人口普查局表示，正逐步利用互联网作为公布普查数据的主要方式。对于其他政府机构也是一样，来自无数数据库（政府及非政府）的信息几乎能瞬间显示在用户的台式电脑、笔记本和手机上。

（2）数据管理和在线分析。客户可以通过调研供应商的网站进入他们的调研，并且实时地操作数据的收集。客户可以随着调研的进展使用复杂的工具实时地进行数据分析。这种实时的数据分析可以改变问卷、样本容量或采访对象类型。在适时类市场调研中，调研供应商和客户变成了合作者。

（3）出版和发布报告。调研报告可以通过如 PPT 以及所有最新版本的文字处理、电子表格和演讲类软件打包直接发布到互联网上。这表明调研结果几乎可以在瞬间提供给全世界需要的管理者。

可见，互联网代表了市场调研领域中一个重要组成部分的现状和未来。

任务三　市场调查的意义与特征

一、市场调查的意义

1. 市场调查关系到企业的生存和发展

一个企业能否生存与发展，主要看其产品或服务能否满足市场需求，而了解消费者需求最有效的方法就是市场调查。只有通过市场调查才能获取市场信息，掌握市场发展变化的趋势，才能在错综复杂的市场中寻找到企业生存和发展的立足点。任何企业都不可能在已有的市场上长期保持强势销售，要想持续获利，做大做强，就不能把希望只寄托在一个有限的地区范围内。当一种产品在某个特定市场上未达到饱和状态时，企业就应开始着眼于更远的地区，尤其是经济全球化的发展，使企业必须面对更为广阔的国际市场。

通过市场调查活动，企业不仅可以了解其他地区对产品的需求，甚至可以了解到国外市场的需求状况，它使企业掌握了该向哪些地区发展，有无发展余地等重要信息，从而决定下一步的经营战略。

生产性企业的产品进入成熟期后，最有效的继续生存的方式就是开发新产品。新产品既可以是原有产品在某些方面的改造，也可以是重新生产一种全新的产品，究竟应该采取哪种方式，同样需要通过市场调查来研究消费者的需求变化。

消费者的需求受社会、个人、心理和生理因素的影响，它不是靠经验和主观判断就可以确切把握的。在买方市场的情况下，消费者的需求会更加苛刻，选择性也会增强，对新产品的认可也会越来越快，这对企业维持老产品的销售会产生影响。市场调查可以了解和掌握消费者的消费趋向、新的要求，以及对本企业产品的期望等。如果调研结果表明开发新产品或改造老产品才能维持企业应有的收益时,产品生产的及时转向会使企业的销售再现新的高潮。

营销调研视野1-7　韩国进口车市场30岁成主要消费群。

自爆发金融危机以后,韩国的进口汽车销量也受到影响。怎样才能增加销售?进口汽车企业经过市场调查发现二三十岁年轻人在进口汽车市场顾客中的比重在增加。在2010年韩国进口汽车市场中,最重要的顾客年龄阶段是30到39岁。韩国进口汽车市场规模剧增,属于青年阶段的30多岁顾客贡献最大。30多岁顾客的购置比率从2006年的28.15%(3879辆)增至2010年的32.8%(1.4925万辆)。5年内增幅达到384%。于是,他们接连推出了价格在3000万韩元(约合人民币17万元)左右的汽车,以此来吸引二三十岁顾客。在二三十岁顾客中,最受欢迎的汽车品牌是大众。据调查,大众"涡轮增压直喷柴油发动机(TDI)"汽车是二三十岁顾客不变的首选。

2. 市场调查是企业进行市场预测和制定营销战略的依据

激烈的市场竞争迫使企业必须时刻关注变化万千的市场动态因素,并对未来市场状况做出准确判断。企业只有根据营销调研所提供的信息资料,才能对市场变化趋势做出科学的预测,进而制定较为准确的营销战略规划。

企业制定营销策略的主要目的在于扩大市场,获取最大的经济效益。那么,企业需要了解以下的情况:这种产品被消费者认可的程度,对消费者有何种吸引力;销量有多大;是普遍需要还是哪一个特殊阶层需要;定价多高消费者可以接受;这种定价水平是否能使企业赢利;广告宣传应侧重强调哪一个部分才能吸引更多人的注意;市场上是否有同种产品;经销商对此种产品的看法如何,是否愿意经营。如果是一个出口型的企业,市场调查还需了解更多情况,如哪些国家对此种产品的需求量最大;产品在进入国际市场前应有哪些改变;选择什么样的销售渠道;打入国际市场的成本支出有多大等。企业只有通过市场调查和分析,了解和掌握企业的内部条件和外部环境等动态的影响因素,才能制定切实可行的市场营销策略。

营销调研视野1-8　现代计划在印度建第二座工厂。

2014年8月,印度市场轿车销量达到了153758辆,较2013年同期提升15.2%。车市的回升力度愈发强健,轿车销量实现四连涨,增幅达到了本财年以来的新高。多家车企看好印度市场,他们认为,未来十年里印度的紧凑级轿车将大幅上涨,而印度也将成为全球三大汽车市场之一。现代汽车印度公司CEO B S Seo表示,印度钦奈工厂的产能提升有限,不能满足印度市场日益增长的需求,因此现代公司决定在该地区建造第二座工厂提升产能。

现代汽车日前宣布,为抢占印度汽车市场份额,该公司计划于2015年进军印度紧凑型SUV及MPV市场。

3. 市场调查有利于企业竞争力的提升

激烈的市场竞争促使每个企业都在想方设法创新,以提高自身的竞争能力。为了在竞争中获胜,必须及时清楚地了解同行业界动态,这就要借助于市场调查活动,通过调查摸清竞争对手占有市场的情况,以及竞争产品之所以受欢迎的原因,掌握对手的经营策略、产品优势、经营力量、促销手段及未来的发展意图等。企业面对的可能是一个竞争对手,也可能是多个对手,是采取以实力相拼的策略,还是避开竞争,另辟蹊径的策略,要根据调查结果并结合企业实际做出决断。在竞争中占据有利地位,并不一定非要进行直接的面对面的竞争,因为直接竞争的损耗将会很大。因此,通过市场调查,了解对手的情况,就可以在竞争中绕开对手的优势,发挥自己的长处,或针对竞争者的弱点,突出自身的特色,以吸引消费者选择本企业的产品。一旦竞争决策有误,经营的失败不仅表现为市场占有率的减少,也意味着对手力量的进一步强大,显然,市场调查活动对于企业竞争力意义重大。

4. 市场调查有利于企业提高整体经营管理水平

企业经营管理水平的高低,直接影响其决策、生产、销售和服务各方面的状况和水平,最终影响企业的经济效益。通过营销调查,有利于及时发现自身的管理不足,了解同行业经营管理的情况,学习和借鉴先进的方法和经验,不断改进和完善管理工作,从而提高整体经营管理效能。

市场作为商品交换的场所,具有商品交换的功能,还有比较商品的功能,不论企业的生产力、技术水平、生产设施、原材料和成本支出的情况怎样,生产的产品都要置于市场上进行比较。如果企业的经营管理水平高,能够有效地调动现有资源,并合理分配,进行最优组合,就可以达到降低成本、减少损耗的目的。通过市场调查更多地了解其他企业的优势和先进技术,才能学习或借鉴他人的长处,提高自身的管理水平和竞争力。

现代经营管理注重的是科学化和理性化的管理,是建立在拥有大量数据和文字资料的基础之上的。管理决策不能凭经验,而要以对大量资料进行分析后的结果为依据,做出科学的判断,因此重视市场调查是提高企业管理水平的基础。在当代,吸收和采纳新技术的水平和速度也是企业经营管理水平高低的重要标志。市场调查可以及时掌握与企业相关领域新产品和新技术的发展状况,为采用新技术和新设备创造良好的条件,而只有不断采用新技术的企业,才能超前于其他企业,保持自己的竞争优势。

二、市场调查的特征

市场调查主要有以下几个特征。

1. 市场调查活动具有明确的目的性

市场调查具有明确的目的性是由企业生产经营活动所处的环境日益复杂所决定的。市场调查通常是为企业某一具体的营销决策服务的,如针对产品的调查:选择目标市场,为产品进行定位,或为提高产品的市场占有率等;也有针对竞争对手的调查活动,如对方产品的市场份额,消费者的认可程度等。因此,大部分的市场调查从一开始就目标很明确,即通过收集和分析资料,使企业对产品或市场有一个清晰的认识和判断,以帮助企业制定出正确的营销决策。

当然,也有一些市场调查开始的时候目标较为笼统和分散,如推介新产品、探测市场机会等。这样的调查活动一般需要企业事先收集一些二手资料,对调查的问题进行界定和分析,使调查的目标逐渐明确和集中。这些问题的调查对调查者往往更具挑战性,也蕴藏着一定的风险。通常情况下,调查者还应该在二手资料的基础上再进行深入调查,不可过分依赖别人的调查结果。在现实生活中,很多看起来很好的产品或很有前途的项目,在推广或实施过程中半途而废,有的甚至使企业亏损累累,很大一部分原因是企业没有进行正确有效的市场调查。

2. 市场调查组织具有科学性

在市场调查活动中,调查者可以采用多种方法收集信息,如实地观察、问卷访问、现场实验、随机抽样、计算机处理、预测模型分析等。但是不管怎样，企业只有采用科学的方法，才能保证调查数据的真实性，才能保证调查结果正确可靠。需要指出的是，任何一种调查方法都有其局限性。为了使市场调查结论更科学，从而具有较高的利用价值，企业应同时采用多种方法收集信息，或采用多种方法对资料进行分析验证。

另外，市场调查资料的汇总和分析过程更要注意科学性。在这个过程中，要求调查人员运用统计学、数学、概率论及心理学等学科的知识对所收集的市场资料进行加工、分析与整理，使其从某一角度和侧面更能反映出市场的本来面目。

营销调研视野 1-9　**新华信的一次市场调查。**

著名的市场调查机构新华信公司曾经接受大众斯柯达的委托进行一次市场调查，该公司采用的方法是研究方法：采用经销商深访＋用户座谈会＋定量面访相结合的方式。对经销商销售经理深访研究；对竞争车型现有用户和明锐潜在用户则开展座谈会；竞争车型现有用户和明锐潜在用户采用定量研究。

3. 市场调查方法具有经济性

市场调查活动不仅要借助于人的体力和脑力支出，而且也要有一定的物质手段作支撑，同其他营销决策一样，也有一个投入产出比，即需要比较企业的信息需求与成本费用。为此，企业需要事先确定哪些项目需要调查，哪种方案可以采用，哪些资料需要实地收集，哪种调查方法更加有效，力求在调查中用尽可能少的花费完成预期的目标。

企业在做调查经费预算时，一般会结合调查目标考虑以下问题：自身规模的大小、资金实力、企业需要进行实地调查的信息数量、二手资料的数量及可信度、自有调查人员的专业水平和能力。通过这样的评估活动，不仅可以保证调查结论的有效性，而且可以节约大量的人力和财力。小型企业如果没有实力进行大规模的市场调查活动，则可以通过收集二手资料、参访、召开顾客座谈会等方式进行调查。只要过程控制良好，依然可以得到有效的调查结果。

4. 市场调查结果具有不确定性

市场调查并不是万能的。在调查过程中，由于会受到多种因素的影响，调查结果常常具有不确定性。如在消费品调查中，消费者的心理状态、价值观念及消费者偏好等因素总是在随时变化着，最终这些因素就会影响到调查的结果，也会影响到决策方案的选择。另外，由于调查方案的设计与实施的原因也会给调查结果带来不确定性。如调查问卷过于简单，调查样本太少，调查人员缺乏训练等，也会影响到调查结果的准确性。因此，对于决策者来说，市场调查不是万能的，它只是决策的必要条件，而非充分条件，它只能作为决策的参考依据，而不能代替企业决策。

当然，在现实生活中，当市场调查的结果与企业的实际情况出现偏差，或与企业的过高期望出现背离时，决策者也不能全盘否定市场调查，而应该依据自己的知识和经验，对调查结果进行评价和判断，在此基础上做进一步的修正。

任务四　市场调查的原则、内容、分类和程序

企业的营销活动是从市场调查开始的，通过市场调查识别和确定市场机会，制定营销计划，选择目标市场，设计营销组合，对营销计划的执行情况进行监控和信息反馈。需要强调

的是，市场调查活动应该遵循一定的原则、包含必需的内容、依照一定的程序进行。

一、市场调查的原则

1. 客观性原则

这是市场调查最重要的原则。客观性原则要求市场调查中收集到的市场信息和有关资料必须真实准确地反映市场现象和市场经济活动，不能带有虚假或错误的成分。坚持市场调查的客观性原则，首先在汽车市场调查中必须对市场现象、市场经济活动进行如实的描述，不能带有个人的主观偏向和偏见，保证市场调查资料客观地反映市场的真实情况；其次，坚持客观性原则，在汽车市场调查中力求市场调查资料的准确性，尽量减少错误。

2. 时效性原则

市场的开放性和动态性决定了市场信息的变化性。人们常说，市场是瞬息万变的，市场机会稍纵即逝。在现代企业经营活动中，时间就是机遇，也意味着效率和金钱。丧失机遇，会导致整个经营策略和活动的失败；抓住机遇，则为成功铺平道路。市场调查的时效性就表现为应及时捕捉和抓住市场上任何有用的情报、信息，及时分析、及时反馈，为企业在经营过程中适时地制定、调整策略创造条件。

3. 系统性原则

在激烈的市场竞争中，市场的影响因素日渐增多，有宏观因素的影响，也有微观因素的影响，各因素之间有相互作用、相互影响。所以在市场调查中切忌"头痛医头，脚痛医脚'。如果只是单纯地了解某一事物，而不去考察这一事物如何对企业发挥作用和为什么会产生这样的作用，就不能把握这一事物的本质，也就难以对影响经营的关键因素做出准确地结论。所以，应全面搜集与企业生产和经营有关的信息资料，系统地进行分析、研究，才能得出结论。使市场调查活动收到良好效果。

4. 经济性原则

这是指市场调查工作必须要考虑到经济效益，要以尽可能少的费用取得相对满意的市场信息资料。在汽车市场调查中，必须根据明确的调查目的，确定市场调查的项目内容和项目，选择合适的调查方式方法。在满足汽车市场调查目的的前提下，尽量简化调查的内容与项目，不要加大调查的范围和规模，造成人力、物力、财力和时间上不必要的浪费。市场调查工作和各项工作一样，都要提高经济效益，做到少花钱多办事。

5. 针对性原则

这是指市场调查要围绕企业经营活动中存在的问题，即调查的目的来进行。任何汽车市场调查都要耗费许多人力、物力和财力，因此汽车市场调查不能盲目进行，汽车企业必须根据要解决的问题（如企业销售额下降）开展市场调查。市场调查的针对性，还包括要针对竞争对手进行调查。因此，对付竞争者已经成为汽车企业经营战略的重要组成部分，要想在竞争中取胜，就必须了解竞争者的实力和优势，从而确定企业的营销战略。

二、市场调查的内容

市场调查是企业营销活动的开始，又贯穿其全过程，那么，市场调查的内容究竟有哪些呢？市场调查的内容涵盖了市场营销活动的整个过程，从识别市场机会、选择目标市场、制定营销策略到评价营销效果，都可能成为市场调查的对象。具体来讲，市场调查主要包括以下内容。

1. 市场需求调查

对企业来说，市场就是具有一定支付能力的需求。市场容量大小制约着企业生产、经营的规模。没有需求，就谈不上市场容量，就无法进行生产；需求变化，生产也会随着发生变化。因此，针对汽车消费者所进行的调查是汽车市场调查中最基本的部分。

影响汽车产品需求量的因素有以下几个方面。

（1）货币收入。在拥有一定货币收入的条件下，消费者才可能挑选和购买自己所需的汽车产品。货币收入主要来自劳动收入、从财政信贷系统获得的收入和其他方面的内容等。

（2）人口数量。这是计算汽车产品需求量时必须考虑的因素。因为人口数量多，对汽车产品的需求量往往就大；但考察某一汽车产品的市场销量可能有多大时，还要将人口因素与货币收入联系在一起。

2. 市场环境调查

企业经营活动是在复杂的社会环境中进行的，环境的变化既可以给企业带来市场机会，也可能形成某种威胁，因此对市场环境进行调查，是企业开展经营活动的基本前提。具体来讲，市场环境是企业生存和发展的基础，是企业营销不可控制的因素。它主要包括经济环境、人口环境、政治和法律环境、社会和文化环境、技术和自然资源环境等。这些环境从不同方面影响和制约着企业的营销活动。企业只有通过市场环境的调查，才可以分析环境对企业营销的影响，把握环境的变化趋势，提高企业对环境的适应性。

3. 营销实务调查

营销实务调查主要指企业在营销活动各个环节上所进行的调查活动，主要涉及产品调查、价格调查、分销渠道调查和促销调查等几个方面的内容。

产品调查的内容主要包括品牌忠诚度、品牌价值、包装、产品生命周期、新产品创意与构思、新产品市场前景、产品售后服务等。产品决策是市场营销中最重要的决策之一，产品调查的主要目的是为企业制定产品决策提供依据。

价格调查的内容主要包括定价目标和定价方法、影响定价的因素、价格调整的策略、顾客对价格变化的反应等。汽车产品定价除了需要考虑汽车产品的生产成本及费用支出的多少以外，还要视市场及竞争情况而定。汽车产品的同质化导致汽车市场上各档各类汽车产品的竞争对手都很多，汽车产品的价格弹性增强，所以要对调价后引起的销售量的增加或减少进行调查，以指导调价。此外，汽车产品定价的高低与目标市场消费者的购买力高低也有关系。因此，在汽车产品定价方面，还应考虑提价和降价可能引起的反应，以及目标市场不同消费者对汽车产品价格的预期等。

分销渠道调查的内容主要包括分销渠道的结构和覆盖范围、渠道选择的效果、影响渠道设计的主要因素、经销商分布与关系处理、物流配送状况和模式，以及串货管理等。汽车企业在选择经销商或代理商时需要调查汽车产品中最常见的流通渠道或分销渠道等情况，以及主要经销商经销汽车产品时的要求和条件等。

促销调查的内容主要包括广告、人员推销、销售促进和公共关系等调查，其中每一方面又包含了许多具体的内容。广告调查是促销调查中最重要也是最常见的调查。它主要包括广告诉求调查、广告媒体调查和广告效果调查等。广告诉求调查就是调查广告对象的性别、年龄、收入状况、生活方式、购买习惯、文化程度、价值观念和审美意识等。广告媒体调查，即调查媒体的传播范围和对象、媒体被收听和收看的情况、媒体的费用和使用条件，以及媒体的适用性和效果等。广告效果调查即调查广告受众对象、产品知名度、消费者态度、品牌使用习惯、购买欲望与行为等。

> **学与练**
> 列举一些你所忠诚的商品品牌，想一想在消费时你是怎样考虑的？

4. 市场竞争调查

市场竞争调查主要侧重于企业与竞争对手的比较研究。通过对成本和经营活动的比较，找出本企业的竞争优势，从而扬长避短、避实就虚地开展经营，提高企业的竞争能力。市场竞争调查的内容主要有两点：其一，对竞争形势的一般性调查，如不同企业的市场占有率、经营特征、竞争方式、同行业竞争结构和变化趋势等；其二，针对某一具体竞争对手的调查，如竞争对手的业务范围、资金状况、经营规模、人员构成、组织结构、产品品牌、性能、价格、经销渠道等。

5. 产品实验和销售实验调查

产品实验与销售实验属于特殊调查的一种。虽然这些实验会有一些局限性，但也能够在一定程度上反映产品在市场上的定位和销售情况。作为市场调查的一种特殊形式，产品实验和销售实验被越来越多的调查人员所采用。

产品实验是指对产品的质量、性能、规格、色彩等方面的市场反映进行调查。汽车企业可以根据调查结果来了解市场对该汽车产品的反映，作为制定相应策略的手段，对产品进行改进或改型，从而抓住市场主流，扩大市场份额。

大多数汽车产品是以不同的式样，如以不同的规格、颜色、配置、价位等在市场上涌出，那么，这么多形式中到底哪一种能得到消费者的青睐呢？这就需要通过产品实验，确定出最受市场欢迎的一种形式。

产品实验的基本形式是展览会。对汽车产品来说，可以是汽车展览会，或者是汽车图片展示会。在展览会上，由消费者观看实验产品的各种样式后，填写调查表，最后由专业机构对调查表进行分析并写出总结报告，也可以事先征询专家的意见。

通过上述方法，汽车企业可以了解到消费者的需求倾向，从而对产品进行改进或者改型，以扩大市场占有率。

销售实验是指在某汽车新产品大量推向市场之前，可以在有代表性的市场中进行小规模销售，以收集市场和消费者对该产品的反映。它通过提供一种真实市场的测试，来评估产品和营销计划。营销人员利用市场测试在规模较小且成本较低的基础上，对提出全国性计划的所有部分进行评估。这种方法可以用来确定产品在全国推广后"获得利润是否超过潜在风险"的估计。

销售实验的作用是协助营销策划者对汽车新产品做出更好的营销决策或者调整现有的营销战略。销售实验具体可以给销售人员提供以下信息。

（1）评估市场份额与容量，以推测整个汽车市场。

（2）新产品对企业已上市的类似产品销售量的影响。

（3）实验期间竞争者的行为也可以提供一些信息，预示产品在全国推广后，竞争者可能的反应。

（4）收集购买产品的消费者特征，有助于企业改善产品和营销战略。例如，了解可能购买者的人口统计特征，会帮助企业创造出更有效、更有影响力的媒体计划；了解消费者的心理特征和生活方式，可帮助营销者进行产品定位和确定吸引顾客的促销手段。

6. 持续性调查

为了使调查得到的资料能跟上不断变化的市场，市场调查主体不能死守着静止不动的资料不放，而必须采用一个连续不断地与正在变化的市场情况同步的信息流——持续性实地调查，以掌握最新市场动态，从而及时地对市场战略做出相应的调整，保持产品的市场竞争优势。持续性实地调查的主要方式是固定样本持续调查。

固定样本持续调查，是指把抽选出来的样本固定下来，对其进行长期持续的调查。如消费者固定样本持续调查，4S店销售量调查等。

三、市场调查的分类

随着市场调查领域的扩大，市场调查的类型也出现了多样化的局面。根据不同的标准，市场调查可以有以下分类。

1. 按调查对象的范围大小可分为全面调查和抽样调查

全面调查是指对调查对象全体或对涉及市场问题的对象进行逐一的、普遍的、全面的调查。其优点是全面、精确。它适用于取得调查总体的全面、系统的总量资料。比如我国的人口普查。然而，其缺点也十分明显，全面调查费时、费力、费资金，所以适合在被调查对象数量少，企业人、财、物力都比较雄厚时采用。

抽样调查是指从目标总体中选取一定数量的样本作为调查对象进行调查。其特点是以较少的时间、费用，获得一定的调查结果，用以推测市场总体情况。抽样调查的样本少，调查者人数要求少，实效性得以提高，并且可以通过对调查者进行很好的培训，以提高调查的准确率。同时抽样调查也是一种重要的调查方法，将在以后章节中介绍。

2. 按调查性质不同可分为探索性调查、描述性调查、因果关系调查、预测性调查

探索性调查又称试探性调查或非正式调查，是指当调查的问题或范围不明确时所采用的一种方法。这是为了使企业经营中存在的问题能够明确而进行的市场调查。在汽车企业存在的问题不明确、不清楚的情况下可以开展此种调查，其目的是通过收集一些有关的市场资料，确定汽车企业经营中存在的问题。例如，若某汽车企业近一段时间销售额持续下降，汽车企业不明白产生这一问题的症结是市场已经饱和、广告宣传不利、销售价格偏高，还是消费者偏好的改变。要找到销售额下降的问题症结，就可以采用探索性市场调查。

通常探索性调查的作用在于发现问题的端倪，而不能揭示问题的本质。因此，探索性市场调查一般作为一个大型的汽车市场调查项目的开端，属于初步的市场调查。通过探索性市场调查可以查明问题的症结，为进一步探讨问题的解决方法打下基础。

探索性市场调查具有以下一些明显的特征。

（1）从所需的信息资料来看，往往处于调查活动的初期，对所需的信息还只能给以大致的定义，并没有明确的规定。

（2）调查的过程富有弹性，并非严密规定。

（3）所选择的样本规模较小，且不强调其代表性。

（4）所获取的信息资料主要是反映事物本质的定性信息。

（5）调查结果应被视作尝试性的，或应被作为进一步调查的基础。

总之，灵活性和多样性是探索性调查的最主要特征。

描述性调查是指进行事实资料的收集、整理，把市场的客观情况如实地加以描述和反映。描述性调查通常会描述被调查者的人口统计学特征、习惯偏好和行为方式等。通过描述性调查来解决诸如"是什么"的问题，它比探索性调查要更深入、更细致。

描述性市场调查通常被用于下述情景。

（1）描述相关群体的特征。例如，描述消费者、销售人员、组织和地区市场等的特征。例如，对汽车产品的购买者进行调查，把其归类为理智型或冲动型等不同类型的消费者。

（2）确定消费者或顾客对产品或劳务特征的理解和反应。例如，确定消费者对汽车产品的质量、价格、款式和品牌等的理解以及这些因素对其购买决策的影响。

（3）估计某个特殊的群体在具有某种行为特征的群体中的比重。例如，估计白领阶层中购买 SUV 的比重。

（4）确定各种变量市场营销问题的关联程度。例如，确定汽车销售量与汽车价格之间的关系等。

描述性汽车市场调查需要有一套设计好的计划，有完整的调查步骤，并给出所调查问题的最后答案。对调查所需的信息资料需给出明确定义，样本规模较大，并具有代表性。对资料来源需进行仔细选择，要有正规的信息收集方法。

因果关系调查是指为了了解市场各个因素之间的相互关系，进一步分析何为因、何为果的一种调查类型。其目的是要获取有关起因和结果之间联系的证据，用来解决诸如"为什么"的问题，即分析影响目标问题的各个因素之间的相互关系，并确定哪几个因素起主导作用。因果性调查涉及事物的本质，即影响事物发展变化的内在原因。市场营销管理者更多是根据事物之间内在的因果联系做出营销决策的，因此因果调查是一种非常重要的市场调查。

例如，通用公司曾做了一个因果关系调查：改变了一个自变量的值（如 6 个月期间针对目标顾客的直接邮寄材料的数量），然后，观察到促销性邮寄材料效果提高了，这样就说明事物之间存在恰当的因果顺序关系。

预测性调查是指对未来市场的需求变化做出估计，属于市场预测的范围。所以，常用一些预测模型来进行定量分析。

调查性质不同，所采用的调查方法也不同，将所收集的资料进行分析也会有所侧重。比如探索性调查侧重于定性研究，预测性调查侧重于定量研究。

3. 按调查时间不同可分为连续性调查和一次性调查

连续性调查是指对所确定的调查内容接连不断地进行调查，以掌握其动态发展的状况。比如定期统计报表就是我国定期取得统计资料的重要方式。它有国家统一规定的表格和要求，一般由上而下统一布置，然后由下而上提供统计资料。

一次性调查是指针对企业当前所面临的问题，组织专项调查，以尽快找到解决问题的方法的一种调查方式。企业的很多专项调查都属于一次性调查，如新产品命名调查、顾客满意度调查、市场营销组合调查、广告效果调查、竞争对手调查等。

4. 按搜集资料方法的不同可分为桌面调查和实地调查

桌面调查是指对已公开发布的资料、信息加以收集、整理和分析的一种调查类型。主要方法有第二手资料调查法、文案调查法等。优点是简单、快速、节省经费，缺点是缺乏时效性，即不一定适合当前的情况。

实地调查又称第一手资料调查，是指调查员直接向被访问者收集第一手资料，再加以整理和分析，写出调查报告。实地调查法包括观察法、访问法和实验法等。实地调查法所花费的人力、时间和费用较桌面调查法要大得多。

四、市场调查的程序

营销调研视野 1-10　市场调查公司的营销调研流程。

作为一家专业的市场调查机构，决定调研后需要委托方提供解决问题所需要的信息。调研者还必须确定实施调研的合适方案或基本方法。是否需要进行一次全国范围内的、有代表性的调研？是否需要在几个城市进行小组访谈，还是急需有控制的实验？必须确定需要的信息是否已经存在于第二手资料资源中？是否需要为即将到来的项目收集原始资料？如果需要原始资料，应该通过对网上固定样本组的调查、对随机选择的家庭的电话调查还是在汽车城访谈顾客来得到这些资料？必须确定需要问什么问题，以及从调查应答者那里得到的准确信息，应该如何表述这些问题。必须确定如何选取应答者样本和选取多少个样本。必须实际收集资料、分析资料、撰写报告，然后把报告上交给需要这些信息来做决定的经理。

在市场调查活动中，事先建立一整套科学的工作程序，是提高调查工作效率、保障调查质量的重要前提。一般来讲，应包括下列程序。

1. 确定调查目标

随着企业经营环境的变化，企业会遇到越来越多的问题，如果想通过市场调查来收集信息、解决问题，首先就要明确调查目标。在调查活动中，如果调查的目标明确具体，准备的资料完整充分，就能准确地找出企业所要解决的问题，并使调查活动的效率大大提高。因此，市场调查的第一步，就是首先找准问题，确定调查目标。

例如，某汽车厂家为推出一款新车准备开展一次顾客调查，调查目的初步定为了解该品牌汽车顾客的购买行为或产品的销售情况。需要了解的问题包括顾客的基本特征、信息获取途径、来经销店的目的和次数、对价格高低的反映、希望增加的配置项目、售后服务等。调查结果的用途是为新款汽车选择目标市场决策提供依据。

营销调研视野 1-11　通用公司曾经的调查目标。

通用公司最近完成了一项对"后排顾客即 5～15 岁之间孩子的分析"。调研发现，父母经常让他们的孩子在购买什么样的汽车的决策中扮演重要角色。得到这个信息后，营销经理推出了几项活动。2007 年末，通用公司在一份面向 8～14 岁男孩的杂志《儿童体育》的内封上刊登广告。广告的宣传品是 Chevy Venture 旅行轿车，一种面向年轻家庭的车。通用公司在大型购物中心展示这种车，车内放置录像机播放迪斯尼电影。

一般情况下汽车企业的调查目标主要牵涉以下几方面。

（1）汽车企业未来的发展方向。汽车企业的进一步发展需要更深层次地了解汽车市场的规模和结构，如汽车新产品的开发问题，这种汽车产品的需求量、市场潜力和发展前景等情况。

（2）汽车生产、经营中出现的困难。在汽车生产、经营过程中，会出现这样或那样的困难，如销售出现困难，导致汽车产品积压，市场占有率下降等，需要找出产生问题的原因和解决问题的方法。

在汽车企业存在的问题提出后，就有了一个大致的调查范围或意图。如果提出的问题比较笼统，就必须对问题进行初步探索，找出具体的主要问题。例如，某汽车企业在经营过程中，出现汽车销售额持续下降现象，需要分析问题的原因是汽车售价偏高，还是经营结构不合理；是服务质量下降，还是消费者购买力发生转移；是企业资金不足，周转缓慢，还是企业促销不利。这些要考虑的问题，涉及面较宽，问题也比较笼统，需要一个初步探索的过程，找出问题的主要原因，进而选择汽车市场调查要解决的主要问题。

> **学与练**
>
> 想一想当你决定不购买某产品时心里的想法，并做书面记录，加以分析。

2. 制定市场调查的方案

汽车市场调查的任务明确后，接下去是围绕汽车市场调查的任务制定汽车市场调查的具体方案。它是汽车市场调查过程中最复杂的工作。汽车市场调查的方案制定是对调查工作各个方面和全部过程的通盘考虑，包括了整个调查过程的全部内容。汽车市场调查方案主要包括下列内容。

（1）确定调查目的和调查项目。确定调查目的是制定汽车市场调查方案的首要问题。确定市场调查目的，就是明确在调查中要解决哪些问题，通过调查要取得什么资料。可见，确定调查目的与明确调查任务是紧密相关的。调查项目是指对调查单位所要调查的主要内容，确定调查项目就是要明确向被调查者了解什么问题，调查项目是市场信息资料的来源。例如，在消费者需求调查中，消费者的性别、民族、文化程度、年龄和收入，消费者喜爱的商品品牌、规格、款式和价格，消费者对服务的满意程度等，都属于调查项目。选择调查项目取决于调查目的，根据调查目的对各项问题进行分类，规定每项问题应调查收集的资料。

在确定调查目的时，市场研究人员要根据汽车企业提出的要求，仔细地进行思考并进行一些情况分析。通常可以做以下几项工作。

① 收集和分析汽车企业内部的记录以及各种有关的第二手资料。

② 访问汽车企业内外对有关问题有丰富知识和经验的人士，如汽车企业领导层人员、销售员等。

③ 在消费者中进行非正式调查。

上述三项工作简而言之即为：查阅文献、专家咨询和试点调查。

（2）确定调查对象。主要是确定调查对象应具备的条件，如有关性别、文化水平、收入水平和职业等方面的选择要求。确定调查对象时，应注意严格规定调查对象的涵义，以免造成调查登记时由于界限不清而发生的差错。例如，以中档车消费者为调查对象，就应明确中档车的涵义，中档车与中高档车、经济型车等概念的界限。

（3）确定调查的时间和地点。确定调查时间是规定调查工作的开始时间和结束时间，包括从调查方案设计到提交调查报告的整个工作时间，也包括各个阶段的起始时间，其目的是使调查工作及时开展、按时完成。在调查方案中还要明确规定调查地点，即汽车市场调查在什么地方进行，在多大范围内进行。确定调查地点要从汽车市场调查的范围出发，如果是调查一个城市的市场情况，还要考虑是在一个区调查还是在几个区调查；其次是考虑调查对象的居住地点，是平均分布在不同地区，还是可以集中于某些地区。

（4）确定调查的方式和方法。在调查方案中，还要规定采用什么调查方式和方法取得资料。在汽车市场调查中，为了准确、及时和全面地取得市场信息，尤其应多注意多种调查方式的综合运用。

（5）确定调查人员。主要是确定参加汽车市场调查人员的条件和人数，包括对调查人员的必要培训，由于调查对象是社会各阶层的生产者和消费者，思想认识、文化水平差异较大，因此，要求汽车市场调查人员必须具备一定的能力。例如，汽车市场调查人员应具有一定的文化基础知识，能正确理解调查提纲、表格和问卷的内容，能比较准确地记录调查对象反映出来的实际情况和内容；另外，要求汽车市场调查人员应具备一定的市场学、管理学、经济学等的知识。

（6）确定调查费用。每次汽车市场调查都需要支出一定的费用。因此，在制定调查方案时，应编制调查费用预算，合理估计调查的各项开支。编制费用预算的基本原则是：在调查费用有限的条件下，力求取得调查费用应有的效果；或者是在保证实现调查目标的前提下，力求使调查费用支出最少。

汽车市场调查方案是整个汽车市场调查工作的行动纲领。它起到保证汽车市场调查工作顺利完成的重要作用。汽车市场调查的主持者应花大力气精心制定好汽车市场调查方案。若汽车市场调查方案中规定要有调查提纲和调查表格，则应安排有关人员去设计调查提纲和调查表格。

3. 实施调查方案，进行实地调查

具体实施汽车市场调查的方案，就是按照调查方案的要求去收集汽车市场信息资料，也就是进入实地调查过程。在整个汽车市场调查工作中，收集汽车市场信息资料阶段是唯一的现场实施阶段，是取得汽车市场第一手资料的关键阶段。在此阶段，汽车市场调查的组织者必须集中精力做好外部协调工作和内部指导工作，力求以最少的人力、最短的时间和最好的质量完成收集汽车市场信息资料的任务。

实施阶段的主要步骤如下。

（1）抽取样本。市场调查有全面调查、典型调查、抽样调查等各种方式，其中抽样调查是汽车市场调查常用的方法。因此，在实地收集调查资料以前必须在界定的总体范围内抽取样本。

（2）收集资料。样本确定以后，就进入实地收集资料阶段。在汽车市场调查资料的收集过程中，要求调查人员要有埋头苦干、吃苦耐劳和实事求是的科学态度。

（3）整理资料。资料的整理是统计分析的前提，整理资料就是运用科学的方法对调查资料进行审核、分类和分析，使之系统化、条理化，并以简明的方式准确反映调查问题的真实情况。

4. 整理分析调查资料

在这个阶段，市场调查人员要对分散、零星的市场调查资料进行整理分析，如核实收集资料，剔除虚假成分；将资料分档归类，并制成统计表，以供分析使用（包括编码、数据录入、数据运算和输出结果等）。所以要求统计分析人员具有较高的专业技能，对所收集到的资料能够使用科学方法归纳分析，去伪存真，从众多市场表象中找到本质。

5. 撰写汽车市场调查报告

调查报告是市场调查结果的最终体现，是一个企业进行营销决策的重要依据。所以调查报告要能够较准确地说明问题，可以作为企业市场机会选择的重要参考资料。一般要求调查报告要语言精练、有说服力，词汇尽量非专业化；结构严谨，体裁简洁，不能漏掉重要的资料；还要有明确的结论和建议，并让读者能够了解调查过程的全貌。

6. 报告跟踪

在经过大量工作，市场调查报告制作完成后，重要的是报告的实施。调查机构和人员应跟踪调查报告的使用情况，使调查结果发挥更大的作用。

任务五　市场调查方案的设计

我国古代宋朝有位叫文与可的画家，一生酷爱画竹子。平时花了大量时间观察竹子，结果，时间一长，下笔之前，"成竹已在胸"。市场调查同样也需要事先做好全盘考虑，即市

调查方案的设计。

市场调查方案是指在调查实施之前，调查机构及其工作人员依据调查研究的目的和调查对象的实际情况，对调查工作的各个方面和全部过程做出总体安排，以提出具体的调查步骤，制定合理的工作流程。调查工作的各个方面是对调查工作的横向设计，指调查所应涉及的整个具体项目组成；全部过程则是对调查工作纵向方面的设计，它是指调查工作所需经历的各个阶段和环节等。科学、周密的调查方案设计是整个调查工作有秩序、有步骤地顺利进行，减少调查误差，提高调查质量的重要保障。

一、确定市场调查的目标

任何一项调查活动都应该建立在一定的理论和实用意义之上，市场调查更是如此。就像写文章，开篇先要"破题"一样，确立调查目标是调查方案设计的首要问题。只有确定了调查目标，才能确定调查的范围、内容和方法，否则就会列入一些无关紧要的调查项目，而漏掉一些重要的调查项目，以致达不到调查的目的。具体讲，确定调查目标，就是要明确客户为什么要进行调查，即调查的意义；客户想通过调查获得什么信息，即调查的内容；客户利用已获得的信息做什么，即通过调查所获得的信息能否解决客户所面临的问题。衡量一个调查设计是否科学的标准，主要就是看方案的设计是否体现调查目标的要求，是否符合客观实际。目标不同，调查的内容和范围就不同。如果目标不明确，就无法确定调查的对象、内容和方法等。

在调查实践中，也有客户提出的目的不是很明确的情形出现，这就要求调查研究人员与客户进行反复沟通，达成共识。在目前大多数市场调查中，一项调查的目的通常有好几个，所以，研究人员必须对每一个目标及相应要调查的问题有一个清楚的界定。值得一提的是，在确定目标时调查研究人员容易犯两类错误：其一，目标界定得太宽，以至于无法为调查的后续工作提供明确的方向；其二，将目标界定得太窄，这就会使管理者依据调查结果做决策时缺乏对事物的全盘把握，甚至导致决策的失误。

为了减少界定目标时常犯的两类错误，可以先将调研目标用比较宽泛的、一般性的术语来陈述，然后确定具体的研究提纲。比较宽泛的陈述可以为问题提供较开阔的视角以避免出现第二类错误。而具体的研究提纲集中了问题的关键方面，从而可以为如何进一步操作提供清楚的指引路线。

如2013年3月以来，某品牌汽车的市场占有率急剧下滑，其原因何在是一个大问题，需要调查人员通过分析研究来确定调查目标。汽车市场占有率下降的原因可能有汽车消费淡季、新车大量上市、广告支出减少、经销商态度消极、消费者偏好转变等。这些原因就可以成为具体的调查目标，通过市场调查，就可以为企业采取对策提供一定依据。

营销调研视野1-12　东风悦达起亚推出1.4L RIO锐欧出租车（1）。

东风悦达起亚在进入出租车市场前曾经委托大型的市场调查机构为其进行市场调查，以下是调查目标：

了解各调查城市出租车市场需求量，明确出租车需求的重点城市，预测分省出租车销量。

了解各调查城市出租车市场需求量，估计分省出租车销量。

跟踪出租车市场的级别/价格分层结构变化，预测出租车市场的级别/价格结构。

通过营运分析调研，了解出租车市场主要品牌的市场竞争力和装备需求。

了解各调查城市出租车管理政策及其变化。

了解重点城市的租赁车需求量。

二、确定具体的调查提纲

在目标确立的基础上，接下来就要将调查目标进行分解，即明确具体的研究提纲，也就是确定调查的项目。调查项目是指对调查单位所要调查的主要内容，确定调查项目就是要明确向被调查者了解些什么问题，调查项目一般就是调查单位的各个标志的名称。例如，在消费者调查中，消费者的性别、民族、文化程度、年龄、收入等，其标志可分为品质标志和数量标志，品质标志是说明事物品质的特征，不能用数量表示，只能用文字表示，如性别、民族和文化程度，数量标志表明事物的数量特征，它可以用数量来表示，如年龄和收入。标志的具体表现是指在标志名称之后所表明的属性或数值，如消费者的年龄为30岁或50岁，性别是男性或女性等。在确定调查项目时，要注意以下几个方面的问题：所确定的调查项目应该都是围绕调查目标来进行的，为实现调查目标服务的；调查项目的表达应该是清楚的，要使答案具有确定的表示形式；调查项目的含义要明确、肯定，必要时可附加调查项目解释；调查项目之间一般是相互联系的，有时可能存在着内在逻辑关系或相互的因果关系。

该阶段的工作既要考虑调查人员的实际情况，也要顾及调查项目委托人的要求和意见。当调查项目确定后，可将调查项目科学地分类、排列，构成调查提纲或调查表，方便调查登记和汇总。调查表一般由表头、表体和表脚三个部分组成。调查表拟定后，为便于正确填表、统一规格，还要附填表说明，内容包括调查表中各个项目的解释，有关计算方法以及填表时应注意的事项等，填表说明应力求准确、简明扼要、通俗易懂。

三、确定调查对象和调查单位

明确了调查目的之后，就要确定调查对象和调查单位，这主要是为了解决向谁调查和由谁来具体提供资料的问题。调查对象就是根据调查目的、任务确定调查的范围以及所要调查的总体，它是由某些性质上相同的许多调查单位所组成的。调查单位就是所要调查的社会经济现象总体中的个体，即调查对象中的一个一个具体单位，它是调查中要调查登记的各个调查项目的承担者。对于调查对象的选择，常常会从个人背景部分入手。

在确定调查对象和调查单位时，应该注意以下问题。

（1）必须用科学的理论为指导，严格界定调查对象的含义，并指出它与其他有关现象的界限，以免造成调查登记时由于界限不清而发生的差错。

（2）调查单位的确定随调查目的和对象的变化而变化；调查单位与填报单位的职责应该区别开来。

（3）不同的调查方式适用于不同的调查单位。如采取普查方式，调查总体内所包括的全部单位都是调查单位；如采取重点调查方式，只有选定的少数重点单位是调查单位；如果采取典型调查方式，只有选出的有代表性的单位是调查单位；如果采取抽样调查方式，则用各种抽样方法抽出的样本单位是调查单位。

四、确定调查期限和拟定调查活动进度表

调查期限规定了调查工作的开始时间和结束时间，包括从调查方案设计到提交调查报告

的整个工作时间,也包括各个阶段的起始时间,其目的是使调查工作能及时开展、按时完成。为了提高信息资料的时效性,在可能的情况下,调查期限应适当缩短。

拟定调查活动进度表主要考虑两个方面的问题:其一,客户的时间要求,信息的时效性;其二,调查的难易程度,在调查过程中可能出现的问题。根据经验,从签订调查协议到交出调查报告的这一段时间中花费时间的工作大致有以下几个方面:问卷设计时间,问卷印刷时间,抽样设计时间,访问人员的招聘、培训时间,预调查时间,问卷修正、印刷时间,调查实施时间,资料的编码、录入和统计时间,数据的分析时间,完成调查报告的时间,鉴定、论证、新闻发布会时间,调研结果的出版时间。

营销调研视野 1-13　东风悦达起亚推出 1.4L RIO 锐欧出租车(2)。

东风悦达起亚在进入出租车市场前曾经委托大型的市场调查机构为其进行市场调查,在时间上这家市场调查公司是这样安排的。

调查开始时间为 12 月初,整个项目在 8 周内完成(图 1-1)。

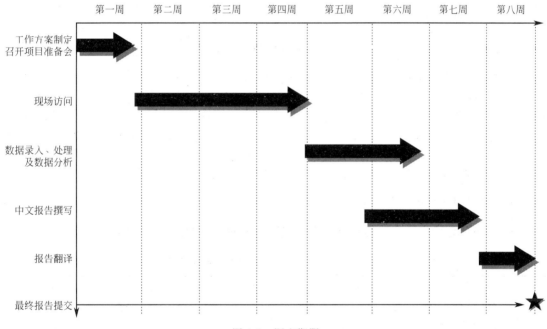

图 1-1　调查期限

五、确定调查方式和抽样方法

调查方式有面谈法、电话访问、邮寄调查、留置调查、座谈会、网上调查等方法。至于具体采用什么方法,往往取决于调查对象和调查任务。选取样本的方法也很多,比如按是否是概率抽样可以分为随机抽样和非随机抽样,在随机抽样中又有简单随机抽样、系统抽样、分层抽样、分群抽样等方法可以选择,在非随机抽样中有判断抽样、方便抽样、配额抽样、滚雪球抽样等常用方法可供选择。选择不同的调查方式和抽样方法,调查结果会有差异。

营销调研视野 1-14　东风悦达起亚推出 1.4L RIO 锐欧出租车(3)。

在这次市场调查中,市场调查公司采用了多种方法进行调研,具体见表 1-1。

表 1-1 调查方法

方法 内容	二手资料收集	定性深访	定量面访
市场现状和发展趋势分析	√	√	
政策环境及未来规划分析	√	√	
出租车行业竞争分析		√	
出租车车型营运分析		√	√

六、调查费用预算

市场调查依据调查项目和调查内容的不同而不同。一般来说，市场调查所需的费用包括以下几个方面：调查方案策划费、抽样设计费、问卷设计费、印刷费、邮寄费、调查人员差旅费、被调查者的礼品所需费用、统计处理费、报告撰写制作费、通信费、协作人员劳务费、税收、鉴定费、新闻发布会及出版印刷费用等。通常可以制作成表格的形式，具体见表1-2。

在进行预算时，要将可能需要的费用尽可能考虑全面，以免将来出现一些不必要的麻烦而影响调查的进度。当然，没有必要的费用就不要列上，必要的费用也应该认真核算，做出一个合理的估计，切不可随意多报。不合实际的预算将不利于调查方案的审批或竞争。因此，既要全面细致，又要实事求是。考虑费用的同时还必须考虑时间。一个调研项目有时需要六个月或者更长的时间才能完成。有可能由于决策的延迟要冒失去最有利时机的风险。因此，费用-效益分析的结果是：其一，得出设计方案在经费预算上是合算的；其二，认为不合算的应当中止调研项目。通常情况下一般并不中止调研，而是修改设计方案以减少费用；或者改用较小的样本，或者用邮寄调查代替面访调查等。

营销调研视野1-15 东风悦达起亚推出1.4L RIO锐欧出租车（4）。

表 1-2 市场调查公司制作的调查费用预算

序号	项目	单价/元	数量	总费用/元
1	研究设计(含方案设计、问卷设计、测试和确定)	—	—	15000
2	出租车司机定量面访(含访问及礼品)	200	600	120000
3	出租车公司管理人员深度访谈(含约请、访问及礼品)	2000	20	40000
4	各类城市出租/租赁汽车需求数据采集	20000	32	640000
5	市场调查公司员工差旅费	—	—	25000
6	数据分析	—	—	15000
7	报告撰写(中、英文)	—	—	25000
8	项目管理费用(含5%营业税)	—	—	44000
合计				924000

七、确定资料整理分析方法

对调查所取得的资料进行研究分析，主要包括对资料进行分类、编辑、分析、整理、汇总等一系列资料研究工作。采用实地调查方法搜集的原始资料大多是零散的、不系统的，只能反映事物的表象，无法深入研究事物的本质和规律性，这就要求对大量原始资料进行加工汇总，使之系统化、条理化。目前这种资料处理工作一般已由计算机进行。在设计调查方案时一般不是只有一种，要求将每一种方案都写出来，并在今后加以讨论、评价和筛选。另外，调查方案一般要提供给客户保存，作为今后的检查依据。因此，在撰写调查报告时也要讲求一定的格式，大致包括以下几个方面。

(1) 引言。概要说明调查的背景和原因。

(2) 调查的目的和内容。说明为什么要进行此项调查，调查结果用在何处，列出要调查的项目并提出相应的假设。

(3) 调查实施说明。说明选择抽样调查的方法、抽样人数、抽样的具体对象、调查的地点（特别要说出为什么选此地点）、调查的访问方式、访问人员资格和数量的安排、访问实施的操作过程、访问人员的监督管理办法和数据处理办法等。

(4) 提交报告的方式。

(5) 调查进度表。

(6) 调查费用。

(7) 附录。

营销调研视野 1-16　东风悦达起亚推出 1.4L RIO 锐欧出租车（5）。

市场调查公司在调查方案设计的最后，确定了调查报告汇报的内容和方法。

☐ 报告格式
　▶ 本次研究的最终报告将采用 MS PowerPoint 7.0 和 MS Excel 7.0 编写

☐ 递交资料
　▶ 最终报告的中、英文 PPT 电子版
　▶ 最终数据库的中文 Excel 版
　▶ 甄别问卷、面访大纲、报告大纲等原始文件
　▶ 面访录音的中文电子版文件
　▶ 项目进程中的所有重要文件

☐ 汇报演讲
　▶ 最终项目报告的演讲汇报将在项目结束后在上海进行

任务六　市场调查的道德规范

市场调查道德是指在市场调查过程中调整各行为主体之间关系与行为的准则和规范。正确规范调查活动主体各方的行为，协调各方关系，化解各种可能产生的矛盾冲突，不但是保证市场调查活动正常进行并取得良好效果的基本条件，也是维持正常的社会经济秩序，保证市场经济健康发展的基本条件。这种基本条件的实现，一方面要靠健全的法律来制约，另一方面还要靠基本的道德来规范。

一、调查者（调研机构、受托方）的道德规范

在市场调查中，调查者经常隐瞒真正的调查意图，因为如果被调查者知道了调查的真正

目的，它们就不会以一种公平的态度来回答问题，那么得到的调查数据就带有一定的主观色彩，不能全面反映客观事实。例如，一个金融机构想知道自己在一个给定的市场区域内的形象及其主要的竞争对手的形象，它就会委托调查公司进行市场调查。在进行调查过程中，调查公司通常给被访者一个关于什么方面研究的说明，而不会提到该金融机构。现实中存在调查者为了个人利益将被调查者的个人信息以高价卖给调查购买者及委托调查者的公司。被调查者担心自己真实的个人信息透露给调查者会给自己带来不必要的麻烦，他们将成为调查购买者进行潜在推销的客户，这样的情况让被调查者很伤脑筋。因此，被调查者也会对调查者提供虚假的个人信息及不客观的问题答案。他们提供不真实的信息会造成市场调查的失真。因此，调查者在调查过程中应注意以下的道德规范。

（1）注重商业信誉。商业信誉是市场调查者的行为表现和工作结果给客户和社会留下的印象，商业信誉是企业重要的无形资产。商业信誉的好坏，不仅是衡量企业、组织或个人道德水平高低的重要尺度，也是能否顺利开展市场调查活动，在竞争中立于不败之地，市场调查业务不断发展的关键。

（2）尊重客户和被调查者的意愿并保护其利益。市场调查者有义务和职责尊重顾客意愿，保护客户的利益。要尊重客户的调查的要求，按其要求开展调查。要注意保护客户的利益，当发现对客户不利的因素时，应该给予善意的忠告或给予明确的示意。市场调查者不能同时为处于竞争状态或具有利害关系的不同客户进行调查，不能利用客户之间的竞争关系达到自己的目的，更不能搬弄是非，制造矛盾，侵害客户的利益。不能为满足所服务的客户的要求，损害第三方的利益，特别是对设计的商业秘密，一定要遵守保密要求。

市场调查者也有义务和职责尊重被调查者和信息提供者的意愿，保护其利益。要注意向被调查者或信息提供者实事求是地说明市场调查的目的和背景，不能强求人家提供信息资料。要注意为被调查者和信息提供者进行必要的保密，特别是不能侵犯他们的隐私和人身权利。不能任意使用被调查者和信息提供者所提供的信息资料，更不能曲解、编造被调查者和信息提供者的意见和反映。

（3）提供优质服务。服务是市场调查的基本职能。市场调查者有义务和职责向顾客以及被调查者和信息提供者提供优质的服务。市场调查者要按照市场调查的原理、原则要求，遵循科学合理的程序，采取各种有效的、先进的方法和手段开展市场调查活动，向客户提供适用的、详尽的、正确的信息资料和高质量的市场调查报告。为客户正确认识市场、做出正确的决策提供可靠的依据，这是优质服务的关键。

（4）坚持公平交易。公平交易是市场经济运行规律的体现和要求。坚持公平交易，首先要坚持公平竞争，坚决反对把同行视作敌人，给予不正当对待的做法。其次要坚持平等的原则，在法律许可的范围内，参与者完全按自己的意愿进行有关活动，不可强迫。市场调查作为一项商业活动，必然是有偿的。市场调查者同委托方之间的关系是一种经济关系，为此，要按照等价交换的原则，正确商定费用水平。同样，对提供劳动的被调查者和信息提供者，也应给予合理的报酬。

二、企业（委托方）的道德规范

委托企业除了同样必须遵守商业信誉、尊重市场调查者和被调查者的意愿并保护其利益、公平交易等道德规范外，还应注意以下道德规范。

（1）委托企业不能以市场调查为由误导公众，不能借助市场调查方式或借助市场调查机构和人员实现某种不公正的目的，不能借助市场调查进行不正当的竞争。

（2）委托企业应与市场调查者保持一种开诚布公的关系，应该把自己委托进行市场调查的真正目的，所需要解决的真实问题，所受到的时间、费用等方面的限制如实地告诉承接者。各种隐瞒作假都是不道德的。

（3）委托企业应该恰当地使用市场调查者提供的各种信息资料，不应该对市场调查者提供的信息随意进行夸大、断章取义、篡改、曲解和强加。

（4）委托企业不应该要求市场调查者承担正常市场调查以外的事情，特别是不能要求市场调查者收集竞争对手的商业秘密以及党和政府不能公开的信息。

（5）委托企业应该尊重市场调查者的劳动，不能以委托市场调查为借口，诱使市场调查者为其提供免费的信息资料、调查方案，或达到获取免费咨询的目的。不能把某一个市场调查者的方案提供给另一个市场调查者，更不能在不同市场调查者中制造矛盾，从中牟利。

（6）委托企业有权从市场调查者处所获得相应的信息资料、调查报告以及有关建议，但这只能作为决策的参考，真正的决策由委托企业自己做出，决策的后果由委托企业自负，不能要求市场调查者承担决策责任。

任务七 市场调查与市场预测的关系

我们经常见到的字眼是市场调查，那么市场调查和市场预测之间是什么关系呢？市场预测植根于市场调查。从时间的连续性来看，只有将市场调查与预测作为一项连贯性的工作，对市场的分析研究才能更系统、更全面，也才能为科学的决策提供更有利的依据。从方法论的角度看，科学的市场预测有赖于市场调查，市场调查的质量在很大程度上决定着市场预测的水平和质量。

由此可以说，市场调查是市场预测的基础，市场预测又是市场调查的延续和提升。市场调查方法的完善，市场调查内容的系统化，都为市场预测提供了更为广阔的思路。

一、市场调查与市场预测的联系

1. 市场调查为市场预测方向划定了科学的坐标

市场调查是人们了解、认识市场，分析研究市场发展变化规律的方法或工具，它是应用各种科学的调查方式方法，搜集、整理、分析市场资料，对市场的状况进行反映或描述，以认识市场发展变化规律的过程。从时间的角度看，市场调查着重分析市场过去和现在的表现，并在长期的研究中认识市场规律。市场预测则是根据市场过去和现在的表现，应用科学的预测方法对市场未来的发展变化进行预计或估计，为科学决策提供依据。因此，通过市场调查分析，得到的结论为市场预测目标框定了一个较为科学的、可信度高的坐标。

2. 市场调查为市场预测提供了必需的数据支持

任何市场调查活动都是为了更好地了解市场，企业进行市场预测时，为保证预测结果的准确性，就必须对市场信息进行科学分析，从中找出规律性的东西，而市场调查获得的大量信息资料正是市场预测的资料来源。这些资料为市场预测活动提供了大量历史数据。

营销调研视野 1-17　56 美元买 1956 年型汽车。

1956 年福特公司生产了一种新型汽车，称为 1956 年型汽车。这种汽车上市后，竞争力很差，销路不畅。艾柯卡管理的地区销售情况更差。针对这种情形，他深入当地，了解居民的性格、情感和生活习惯、风土人情以及经济状况。而后它采取了一种新的销售方法：压低汽车的分期付款金额，凡购买1956年型汽车的顾客，先交总售价20%的现金，在以后三年内，每月付款56美元，这样就大大地消除了顾客的顾虑以及抗拒心理，也解决了顾客的财力困难。

3. 市场调查方法的发展为市场预测提供了可靠的技术支持

市场调查方法大都具有实用、易掌握的特点。市场预测的许多方法正是在市场调查方法的基础上借鉴、发展而形成的。如在现代市场调查中，抽样调查方法作为组织调查的方式，被广泛地应用于各种内容的市场调查中。抽样调查方法具有节省费用、应用面广等优点，尤其适用于市场现象数量方面的调查研究。抽样调查在研究市场现象数量时，能够以样本指标推断总体指标，并能够计算出样本指标与总体指标之间的抽样误差，还能将抽样误差控制在一定允许误差范围内，在一定可靠程度下对总体的数量做出推断。市场抽样调查方式的广泛应用，使在现有人、财、物力条件下可以取得的市场资料的数量大大增加、质量显著提高，为市场预测的发展创造了有利条件。又如用于预测的"专家意见法"就是吸取了市场调查的方法，经过反复实践而形成的，既简便实用，又避免了结果的不确定性和离散性。有些简单的市场调查方法，如问卷填表法、访问座谈法等，若在调查内容中加进预测项目，同样可以得到简明的预测结果。

4. 市场调查分析为市场预测结论的修订提供了借鉴

"凡事预则立，不预则废"说明了市场预测的重要意义。然而，毕竟市场预测是建立在认识和把握市场客观规律基础之上的一种预见和测算，尽管有科学理论作指导，受多种因素的影响，预测结论依然可能会与客观现实出现偏离。市场预测的结论正确与否，最终还要由市场发展的实践来检验，而市场的发展又会催生新的市场调查活动。因此，市场调查不仅能够检验前一段的预测结果，还能够分析论证预测成功和失误的原因，总结经验教训，不断提高市场预测的水平。另外，在做出预测以后，也可以通过后续的市场调查获取新信息，对已有的预测结果进行修正。

综上所述，市场调查是了解市场状况的起点，也是市场预测、利用市场机会的出发点，科学的市场预测一定是建立在周密的市场调查基础之上。随着市场经济的深入发展，竞争日趋激烈，市场变得更加复杂、变幻莫测，当企业在面对复杂多变、千头万绪的市场问题，不知从何处着手去解决时，只有将市场预测建立在市场调查的基础之上，才能做出科学合理的经营决策，从而将经营风险降到最低，也才能对企业经营管理发挥重大作用。

二、市场调查与市场预测的区别

市场调查与市场预测之间存在着密切的联系，市场预测是市场调查的延续，是得出调查结论的一个必经过程，然而，它们两者之间也有如下区别。

1. 市场调查与市场预测研究的侧重点不同

市场调查和市场预测虽然都研究市场商品的供求关系及其影响因素，但市场调查侧重于市场现状和历史的研究，这是一种客观的描述性研究。其目的是了解市场客观实际情况，认清事实真相，并及时捕捉市场信息。市场预测则侧重于市场未来的研究，这是一种推测性的研究，着重探讨市场供求关系的发展趋势及各种影响此趋势变化的因素。其目的是对未来的市场及时做出推断和评估。在这个过程中，两者在方式方法上不免有相互借鉴之处，但市调查与预测差异依然是十分明显的。

2. 市场调查与市场预测实施的过程和方法也不完全相同

在市场营销管理活动中,企业由于对市场缺乏全面了解,需要进行初步的市场调查,一旦对市场有了认识,了解了市场现状,就可规划未来的发展目标,这时才需要进行市场预测。从研究方法看,市场调查的方法多属于了解情况、认识市场、捕捉信息的定性研究,而市场预测的方法则多是建立在定性分析基础上的定量研究,许多方面需要运用数字方法和模型。

3. 市场调查与市场预测所形成的成果不同

进行市场调查和市场预测,最终目的都是通过对市场的研究,为各种决策提供依据。但市场调查所获得的结果是市场的各种数据、资料和调查报告,这些都是客观现实的反映,涉及的内容比市场预测要广泛得多,因而既可作为市场预测的依据和资料,也可直接为经济管理部门和企业的日常决策提供依据。而市场预测所获得的结果是关于未来市场发展的预测报告,是一种具有一定科学依据的假设,主要为制定计划和管理决策服务。

项目小结

学习项目一主要介绍了市场调查的含义及作用,市场调查与市场预测的关系。从时间角度来看,市场调查着重分析市场过去和现在的表现,并在长期研究中认识市场规律。市场预测则是根据市场过去和现在的表现,应用科学的预测方法对市场未来的发展变化进行预计或估计,为科学预测提供依据。

市场调查方案是指在调查项目实施之前对调查的目的、内容、研究方法、数据分析等所做的统一安排和规划以及由这些内容形成的文字资料。拟定调查方案的过程就是调查方案设计。调查方案设计是调查研究活动的开始,其质量好坏对整个调查活动将产生重要影响。

调查方案设计要遵循科学性、经济性、实用性以及一定的弹性原则。

市场调查活动应包括以下程序:确定调查目标,确定调查项目和方式,编制调查计划,组织实施调查,整理分析调查资料,编写调查报告。调查方案的初稿必须经过逻辑分析、经验判断和试点调查等可行性研究,并提交给顾客进行深入的探讨,进行多次修改与完善后,才能得到最终的确认,从而进入方案的使用阶段。

关键概念

市场调查　探索性调查　描述性调查

课后自测

一、选择题

1. 只有通过对市场营销有关问题所需的信息进行系统地(　　),才能形成特定的市场营销决策。

    A. 收集   B. 记录   C. 整理   D. 分析

2. 市场调查在营销管理活动中具有（　　）作用。

    A. 营销管理活动的起点   B. 能够帮助企业留住现有顾客

    C. 可以使企业随时了解市场行情   D. 可以为企业产品质量改进提供参考意见

3. 市场调查与预测的关系是（　　）。

    A. 市场调查是市场预测的基础

    B. 市场调查的质量在很大程度上制约着市场预测的水平和质量

    C. 市场预测方法借鉴了市场调查方法

    D. 市场调查与预测有时可以相互替代

4. （　　）是整个调查过程的开始，其地位十分重要。

    A. 调查方案   B. 抽样方案设计

    C. 访问实施方案设计   D. 调查方案设计

5. 市场调查具有（　　）特征。

    A. 调查目的的明确性   B. 方法具有经济性

    C. 组织具有科学性   D. 结论具有不确定性

6. 确定调查目标，包括（　　）。

    A. 明确顾客为什么要进行调查   B. 客户想通过调查获得什么信息

    C. 客户利用已获得的信息做了什么   D. 什么是市场调查

7. 确定调查内容主要回答（　　）的问题。

    A. 调查什么   B. 为何调查   C. 调查谁   D. 为谁调查

二、判断题

1. 在国外，将市场调查和市场预测活动统称为市场调研。（　　）

2. 在实践中，只要市场调查活动运用科学的方法进行组织、实施和管理，获取可信度较高的调查结果后用于预测，就一定能够适用于营销管理实践。（　　）

3. 通过市场调查可以发现企业现有产品的不足及经营过程中的缺点，可以及时纠正，避免出现损失。（　　）

4. 市场调查采用的方法不同，所需的费用也不同。（　　）

5. "没有调查就没有发言权"说明了市场调查的重要意义。但有些人通过直觉进行的决策被证明也是正确的，所以，一些著名的企业家往往不通过调查，依靠直觉也能做出科学的决策。（　　）

三、问答题

1. 如何理解市场调查在营销决策过程中的作用？

2. 在实践调查活动中，为什么越来越多的非盈利组织也参与进来？

3. 市场调查并不总是正确的原因是什么？

4. 对下面的论述做评价：我在这个城市有一家4S店，我每天多观察顾客，我知道他们的名字和喜好。如果这段时间某车型买的人很少，我就会知道他们不喜欢这款车型。我也经常在一些网站或报纸上关注汽车方面的动态，所以我知道汽车业的趋势。这就是我需要的市场调研。

5. 王同学大学毕业后准备投资10万元开一家汽车车灯改装店。当他准备申请贷款时，银行工作人员问他是否进行过任何调研。王同学说："我本来准备进行调研的，但一家市场调查公司对这项调研要价1万元。我认为与开办新业务的所有其他费用相比，调研是不必要的开支。"请对这一事例进行评价。

6. 请举一个与你自己有关的例子，说明服务的原因一家公司失去或留住了你这位顾客。

7. 描述三种不应该开展市场调查的情况并解释原因。

8. 为什么市场调查要遵循时效性原则？

9. 探索性调查和描述性调查各指什么？两者有何区别？

10. 简述市场调查的程序。

四、分析题

假如比亚迪委托你开展一项顾客满意度调查，试问：

（1）你需要做哪些准备工作？

（2）你会考虑哪些具体的调查内容？预期得到哪些结果？

（3）该研究结果对比亚迪有什么价值？

（4）假如比亚迪希望降低客户的流失率，有哪些可能的调查研究题目？你将如何进行甄选？

五、方案设计题

新爱丽舍消费者行为调查方案设计

2014年神龙汽车公司推出新爱丽舍，外型设计更加时尚，发动机、变速箱、底盘结构也有了较大改进，它仍然保持了耐用、油耗经济、保养费用低廉等特点。神龙公司希望借助专业的市场调查，了解和掌握本市的消费者在汽车消费方面的行为习惯和影响因素，并进一步了解捷达、东风悦达K2等主要竞争对手消费群体的行为习惯特征以及他们选择这些车的驱动因素。

实训操作

1. 仔细观察自己所熟悉的人或朋友开的商店，分析他们是如何进行市场调查的。

2. 到图书馆或利用互联网查阅几种期刊，如《商业周刊》、《21世纪经济报道》，找出几个运用营销调研的例子。

3. 利用网络搜索引擎查询"市场调研"（marketing research），你会获得数千种选择。选择你感兴趣的网址并在班上汇报这些网址的内容。

4. 上互联网搜索营销调研公司，浏览它们的网页，你能找到它们针对调研流程的步骤所给出的案例吗？

5. 通过图书馆或网上查找一个营销调研的案例。在《福布斯》、《商业研究》等期刊或报纸中会有很多类似的案例。通常在这些期刊或杂志上提到一些较详细的、其本身从事的调研计划。针对找到的案例，尽可能多地确认出涉及的每一个营销调研流程的步骤。

6. 假设你负责决定为本校汽车营销专业吸引更多的生源，请列出完成该项任务应该采取的步骤。

学习项目二
文案调查

学习目标：
1. 文案调查的含义及特点。
2. 文案调查的资料及调查程序。
3. 文案调查资料的管理与利用。

情 境

一家主要汽车生产厂家不明白为什么日本对手在美国可以不给消费者折扣而销售与顾客厂家销售的同样价格的车，顾客厂家生产的车却在失去市场份额。于是他们聘请高特佛里德森教授和他的公司进行市场调查。这家公司以卓越的搜集资料的能力著称。

调查团队收集到了12项不同的对客户公司的汽车生产和销售过程至关重要的数据，包括工厂人数、工资额、工厂面积、每个工厂的设备资本投入、每天汽车生产量，以及哪个工厂负责生产中的哪个步骤。清楚地掌握这些数据点，为客户厂家与他的对手进行比较建立了一个客观基础。接着他们到汽车零售商那里收集了客户厂家以及对手厂家的宣传册和市场营销材料。他的团队同时还到SEC文件以及其他公开文件中深入挖掘，寻找成本方面的基本结构，去了解更多的关于双方的销售网络的组织结构和盈利能力。

经过头一个月的研究努力，拜恩团队认识到，客户厂家的汽车和同一价格下的日本人的产品在质量上有着显著的差别，日本汽车厂生产的汽车质量非常好。一个有说服力的事实：过去的5年，美国车增加了2200美元成本，并且，美国车可能需要更多"没有覆盖的维修"（这是对于故障和缺陷的业内说法）。客户厂家考虑能否通过延长普遍提供的质保期来帮助解决这一问题，但是拜恩指出这个行为只不过是个品牌广告，根本对消费者要面对的要额外跑到维修店的"麻烦事件"于事无补。

汽车购买者似乎都认可：日本车卖二手的话相对比较保值，同时日本对手生产一辆车的成本更低以及赚到的利润比它的美国同行更多。高特佛里德森总结道："消费者选择购买日本车是极端理智的行为。"

任务一 文案调查的含义及特点

在认识事物时，一般会有这样一个过程：首先会听说许多相关信息，然后才可能会出于某种需要或目的，进行实地验证。在调查实践中，大量的调查也都是开始于收集现有资料，只有当这些资料不能提供足够的证据时，才进行实地调查。因此，文案调查常常被当作调查作业的首选方式，也是一种比较简单易行的调查方法。

一、文案调查的含义

文案调查法又称文献调查法、桌面调查法和间接调查法，是指围绕一定的调查目的，通过查看、检索、阅读、购买、复制等手段，收集并整理企业内部和外部现有的各种信息、情报资料，对调查内容进行分析研究的一种调查方法。文案调查法所收集的资料也称二手资料，是指一些调查者已经根据特定调查目的收集整理过的各种现成资料，所以又称次级资料。如经常见到的报纸、期刊、经济或统计年鉴、文件、数据库、报（统计）表等。

汽车市场营销信息的来源或是第一手资料，即实地调研资料；或是第二手资料，是指在某处已经存在并已为某种目的而收集起来的信息。文案调查，就是对第二手资料的调查活动。

文案调查的对象是各种历史和现实的统计资料。例如，通过资料研究，可以进行汽车市场供求趋势分析、汽车市场相关因素分析以及汽车市场占有率分析等。

分析二手资料对于界定调研问题非常必要。通常情况下，收集二手资料是市场调查活动的开始，在此基础上，才进行原始资料的收集。尽管收集二手资料不可能提供特定调查问题的全部答案，但二手资料在很多方面都是有用的。

> **学与练**
>
> 下载汽车之家 APP 或访问相关网站，看看链接中有些什么内容，讨论这些内容与目前的价格有什么样的联系。

二、文案调查的特点

1. 文案调查法收集的是已经加工过的次级资料，而不是在实地进行原始资料的收集

简单来讲，文案调查法就是可能在足不出户的情况下，通过一些文案工作获取已有信息，用来佐证调查项目，支持决策活动。

营销调研视野 2-1 日本某公司的信息来源。

日本某公司进入美国市场前，通过查阅美国有关法律和规定得知，美国为了保护本国工业，规定美国政府收到外国公司商品报价单，一律无条件提高价格 50%。而美国法律中规定，本国商品的定义是"一件商品，美国制造的零件所含价值必须达到这件商品价值 50% 以上"。这家公司根据这些条款，找出一条对策：进入美国公司的产品共有 20 种零件，在日本生产 19 种零件，从美国进口 1 种零件，这一件零件价值最高，其价值超过 50% 以上，在日本组装后再送到美国销售就变成了美国商品，就可直接与美国厂商竞争。

2. 文案调查法收集资料主题明确

文案调查法一般以搜集文献性信息（各种文献资料）为主，在我国主要是印刷型文献资料。社会主义市场经济的发展给出版业带来了巨大的繁荣，也给二手资料的收集带来了较大困难：如当代印刷型文献资料种类、数量繁多庞大，行业、产业分布十分广泛，体系、内容重复交叉，品质、可信度参差不齐等。所以，在文案调查法收集资料时，一定要主题鲜明，然后确定相关范围，学会对各种文献资料信息进行筛选、分析，以避免资料主题的认定偏差，而带来收集资料成本的提升。由于二手资料种类繁多，为了节省时间，目前大多是将资料相关标题目录输入电脑，而进入了电子管理时代。在我国，一些政府行业部门授权发布的信息资料比较有权威性。

3. 文案调查法所搜集的二手资料分动态和静态两个方面

动态资料分析可以反映出市场发展变化的历史与现实过程；静态资料是一个相对概念，指某一个时间段内变化相对较小的一些市场态势，可以作为动态资料的参照，以方便市场调查分析。文案调查法偏重于动态资料的收集。

4. 文案调查法作为信息收集的重要手段的优缺点

文案调查法的优点如下。

(1) 有利于明确或者重新明确探索性调研中的调研主题。

(2) 可以提供一些切实解决问题的方法。一家为汽车企业进行长期战略策划的咨询公司需要潜在客户的地区简介。那么他可以利用各个城市的名录来编辑这份简介，而不需要收集原始资料。一家调研公司发现在市场调查中使用文案调查法可以帮助公司节约很多资金。

(3) 文案调查法可以提供必要的背景信息以使调研报告更具有说服力。文案调查法中使用的二手资料经常能为设计调研计划方案提供大量的背景资料。它能够粗略地概括出潜在顾客、非潜在顾客、新产品所需的特别广告。

文案调查法的缺点如下。

(1) 具有不可得性，对于有些问题，可能就不存在二手资料，因而无法收集。如果宝马汽车想要知道大学生对于新款两座跑车的设计的反映，它就必须向学生展示跑车原型并评价他们的意见。

(2) 具有不可预见性，所收集资料因形式或方法上的原因，而无法直接为调查者所应用。比如迈克是一个出售亚洲地毯的零售商，它确定地毯的主要顾客是家庭总收入在4万~8万元的家庭。当他准备展开文案调查时，却没有合适的信息。一个资料显示的阶层划分是3万~5万元、5万~7万元、7万~9万元，依次类推。而且即使有数据可以用，这些数据也可能过时了。因为市场变化太迅速了。

(3) 缺乏准确性，调查者在收集、整理、分析和提交资料过程中，难免会有一些错误，这些错误会导致收集到的资料缺乏准确性，因而对调查者能力要求较高。

(4) 所收集的资料具有不充分性，在文案调查中，即使调查者获取了大量准确的相关资料，也不一定就能完全据此做出正确的决策。

营销调研视野 2-2　绝非如此！

默里施瓦茨和李克特写了一本书，书名是《绝非如此：媒体如何制作和毁灭事实的科学图景》。在他们的书中写到：很多时候调查研究以第二手资料的形式报告，但报告的却不是原貌。这些作者通过引用一个"活跃的"组织——食品调查与行动中心——的研究来证明自己的观点。该组织的目标是揭露饥饿问题以及增加政府支出来消除饥饿。该组织的研究报告指出：在去年，每八个儿童就有一个有过挨饿经历。但是调研人员并没有采取直接的方式来测量饥饿，而是使用了近似的饥饿测量方法。他们测量了人们关于饥饿的谈话（美国人口普查局以收入来近似测量饥饿)。这样的测量准确吗?就算是准确的,但是哥伦比亚广播公司(CBS)却错误地报道了这件事,它说研究表明,美国12岁以下的儿童有1/8的人今夜在挨饿。这就与报告中所说的去年全年有过挨饿经历的儿童远非一回事。

任务二 文案调查的资料及程序

一、文案调查的资料

作为企业来讲,文案调查法所收集的资料大致可分为内部资料和外部资料。内部资料主要是企业内部会计、统计资料、销售报告、广告支出、存货数据、顾客的忠诚度、分销商反馈报告、营销活动、价格信息等有关资料。外部资料主要是指可以从企业外部获取的一些资料,如图书馆及各类期刊出版单位的文案资料及政府、行业协会公布的数据、在线数据库等。

1. 企业内部资料的来源

(1) 业务资料:包括与企业营销业务活动有关的各种资料,如原材料订货单,进货单,发货单,合同文本,发票,销售记录;半成品、成品订货单,进货单,发货单,合同,发票,销售记录;业务员访问报告、顾客反馈信息、广告等。通过这些资料的收集和分析,可以掌握企业所生产和经营商品的供应和需求变化情况。

(2) 统计资料:包括企业各部门的各类统计报表,年度、季度计划,企业生产、销售、库存记录等各种数据,各类统计资料的分析报告等。通过统计资料的分析,可以初步掌握企业经营活动的一些数量特征及大致规律。

(3) 财务资料:包括企业各种财务、会计核算和分析资料,主要有生产成本资料、销售成本资料、各种商品价格、销售利润、税金资料等。通过财务资料的分析,可以考核企业的经济效益,为企业以后的经营决策提供财务支持的依据。

(4) 生产技术资料:主要是生产作业完成情况、工时定额、操作规程、产品检验、质量保障等;产品设计图纸及说明书、技术文件、档案、实验数据、专题文章、会议文件等资料;生产产品的技术、设备配备、新产品的开发与市场潜力等资料。通过生产技术资料的分析,可以了解企业的一些生产技术水平、产品设计能力、设计技术信息等。

(5) 档案资料:主要包括企业各种文档、文件资料,这些文件一般由企业为了特定的经营目的而制定并归档保存下来。通过档案资料的分析,可以了解企业日常经营活动的一些方案及决策活动的过程。

(6) 企业积累的其他资料:包括各种调查报告、经营总结、顾客意见和建议记录、竞争对手的综合资料及有关照片、录影带等。通过这些资料的分析,可以对企业的市场调查提供一定的参照。

营销调研视野 2-3 内部数据库营销。

数据库营销能够将顾客个性化的信息通过直接邮寄传递给每一个人。这就是为什么数据库营销有时被称为"微营销"。数据库营销能创造出一种人们过去与街道里的杂货店店主、肉店老板和面包师之间的老式人际关系的电脑版本。"数据库是一种集体的记忆",一家辛辛那提的资讯公司——频率营销公司(Frequency Marketing Inc.)总裁查德说,"它能够以和以前那些熟知顾客的姓名并且出售他们想要的东西的夫妻杂货店一样的方式同你做生意"。

有些数据库的规模之大是令人吃惊的。福特汽车公司的数据库有 5000 万个名字，卡夫通用食品公司有 3000 万个。例如，美国运通公司能够从它的数据库中调出过去 6 个月中在高尔夫用品专卖店买过东西的人，或者是去听过交响音乐会的人，或者是去年去欧洲超过一次的人，又或者是很少数以上三项活动都做过的人的名单。

2. 企业外部资料的来源

外部资料是指各种存在于企业外部的一些已出版或未出版的资料，这些资料可能是政府部门或非政府机构发布的；还有更多的资料来自各种商业期刊，以及经常刊登关于经济、特定的产业甚至是对个别公司的研究和论文的新闻媒体。作为调查人员，要想及时获得有用的资料，一定要熟悉这些机构或刊物，熟悉他们所能提供信息的种类，以便根据不同的调查对象、调查目的选择不同的资料。外部资料的来源主要有以下几种。

（1）各级、各类政府主管部门发布的有关资料，包括各级发改委、工商部门、财政税务部门、商务部门、海关、银行等定期或不定期地发布的有关政策法规、市场价格、商品供求等信息。这些信息具有权威性强、涵盖面广的特点，便于对宏观信息的搜集，是非常重要的市场调查资料。

（2）各种信息中心、咨询机构、行业协会和联合会发布的市场信息和有关行业情报资料。这类信息一般包括行业法规、市场信息、发展趋势、统计数据及资料汇编等。比如，我国一些机械工业协会发布的机器设备报价资料对会计师事务所进行财产评估就具有非常大的参考价值。

（3）国内外新闻媒体、有关的专业书籍、报刊、杂志及各种类型的图书馆等经常能够提供大量的文献资料，可以发现大量公开的商业信息，或者提供某些索引来找寻其他资料。这也是非常重要的二手资料来源。

（4）国内外各种展览会、展销会、发布会、交易会、订货会等和各种专业研讨会、交流会、论坛所发放的会议资料、论文、发言稿等。

（5）汽车研究结构的调查报告。许多汽车研究所和从事汽车市场调查的组织，除了为各个单独的委托人完成研究工作外，为提高知名度，还经常发表汽车市场报告和汽车行业研究论文。

（6）国际互联网。互联网作为一个全球性的电信网络，使计算机及其使用者能获得世界范围内的数据、图像、声音和文件等信息。

营销调研视野 2-4　汽车公司的数据库营销。

当时，梅塞德斯-奔驰公司新"M"级越野车决定在美国进行市场投放。面对已经很拥挤的汽车市场，只靠梅塞德斯的品牌，传统的广告效应已经不能保证销售的成功。它必须尝试新的营销模式，试图有所突破。于是，梅塞德斯选择了数据库营销。

梅塞德斯美国公司收集了目前越野车和奔驰车拥有者的详细信息，将它们输入数据库。接着，他们根据数据库的名单，发送了一系列信件。首先是梅塞德斯美国公司总裁亲笔签署的信。大意是，"我们梅德赛斯公司正在设计一款全新的越野车，我想知道您是否愿意助我们一臂之力。"该信得到了积极的回复。每位回信者均收到了一系列反馈问卷，问卷就设计问题征询意见。

有趣的是，在收到反馈问卷的同时，梅塞德斯公司不断地收到该车的预约订单。客户感觉梅塞德斯在为他们定做越野车。结果，梅塞德斯原定于第一年销售35000辆目标仅靠预售就完成了。公司原计划投入7000万美元营销费用，通过数据库营销策略的实施，将预算费用减至4800万美元，节省了2200万美元。

除此之外，数据库营销能帮助汽车企业保留客户，提高顾客忠诚度。我们可以看看大众公司是如何保留客户的，大众汽车公司成立俱乐部项目，发放俱乐部卡，对客户进行一对一的管理。

具体来讲，大众汽车公司提供了以下四个方面的服务。第一，为了加强与客户的联系，对客户进行产品及客户本身的关怀，引入直邮项目，阶段性地传递新车信息及厂家促销内容，并给予节日电话问候等深切关怀。第二，采编制作大众杂志，开发俱乐部商品，稳固客户与大众汽车的亲密性，与顾客对话，加深与客户的交流。第三，应用积分管理系统，与众多如银行、电信、汽车俱乐部合作，通过让顾客收集奖励积分来奖励顾客忠诚，并通过系统记录掌握客户购买、咨询等行为，把握顾客消费产品的变动趋势。第四，提供司机服务、出游路线指南、票务热线等增值服务，借此提高客户忠诚度。最终研究结果显示，顾客对俱乐部印象非常好：加强了与顾客之间的联系。

二、文案调查的程序

文案调查法作为一种较简单的调查方式，尽管易于着手操作，但是，要想在保证信息质量的前提下，资料收集工作又不至于成本过高，就需要依照一定的工作程序来进行。

1. 明确资料需求

在浩如烟海的信息世界里，文案调查者必须有针对性地来收集资料，为此，调查者应该首先围绕调查目的确定所需资料范围。所考虑的资料范围越广，越有可能涵盖所有的资料来源，资料主题的认定也就越准确。具体来讲，调查者在明确所需资料时，应该考虑此次调查所需资料的现实需求和长远需求。现实需求是本次文案调查工作为解决什么样的现实问题提供信息支持；长远需求则是通过本次文案调查工作为企业经常性的经营管理活动和方案提供基础性的资料和数据。只有明确了所需资料，调查者完成工作所花费的时间、精力、财力才能尽量少。例如，消费者需求研究所需的资料有消费者数量与分布、消费者基本特征、消费能力与水平、消费者购买行为、消费者购买动机、消费者满意度等。

2. 寻找资料信息来源

资料目标确定以后，调查者就可以开始资料收集工作。一般情况下，首先会假设调查目标所需收集的资料都是存在的，尽管可能收集不到直接佐证调查目的的二手资料，但是通过有效的引用、目录或其他工具，就可以划定资料来源范围。这时，调查者就可以全神贯注地查找能够协助自己取得所需资料的各种辅助工具，包括书籍、期刊、官方文献资料的目录、索引、新闻报道等，从一般线索到特殊线索，这是文案调查人员收集信息资料的重要途径。

3. 收集信息资料

信息资料的来源渠道逐渐清晰后，调查人员就可以着手信息资料的收集工作。这个环节的工作总体上有以下两个要求。

（1）要求保证信息资料的数量。在资料收集范围内，尽可能多地收集信息资料，以保证其涵盖面。

（2）要求保证信息资料的质量。在收集信息资料时，除了详细记录这些资料的来源出处（作者、文献名称、刊物名称、刊号、出版社名称、出版时间、资料所在页码）外，以方便在调查过程中对资料的利用，还应该对资料使用的一些限制、资料产生的程序及其他相关事项进行仔细研究，以防止资料本身的限制导致所收集资料的质量下降，从而影响市场调查的客观性。

在收集资料时，根据先易后难的原则，二手资料的收集可以按以下程序进行。

首先，查找内部资料。专业的调查人员从内部资料获取信息是首先应该考虑的工作，因为这些资料就在附近，收集成本较小，与此同时，对外部资料的查找也会提供方向性的帮助。

其次，查找外部资料。在内部资料的收集过程中，调查人员可能会发现收集工作面临困境，如资料不完整、利用价值低、涵盖面有限等，这就需要去借助外部资料来满足资料收集要求。这时可以到图书馆或一些专业资料室，根据调查的主题和项目，利用图书资料索引收集资料，也可以在国际互联网上进行资料搜索，通过网络搜索引擎，输入关键字，就会出现所有网上公开的信息，然后从中挑选使用。

第三，访问查找。在内部资料、外部资料查找过程中，有时候发现有些资料具有较高的时效性、专业性和科学性，甚至有些资料整体保密性较强。这时调查人员首先应该考虑替代资料，如果替代资料不易获取或者获取成本较高，就需要进一步地访问这些资料的来源地，如有关企业协会和统计机关。一般情况下，经过良好沟通，说明调查目的，遵循保密性原则，就应该可以从这些地方获取可信赖的资料信息。

第四，购买资料。通过以上措施所获得的二手资料如果还不能满足调查的需要，调查人员还可以去一些专门以出售信息资料赢利的市场上去购买调查所需的信息。如许多经济年鉴、统计年鉴、地方志、企业名录等面向社会公开发行的资料。

另外，文献资料的收集可以按以下程序进行。

（1）参考文献查找法：是指利用有关论文、著作、报告，以及相关的书籍等末尾所列出的参考文献的目录，或文中涉及的文献资料，进行文献资料查找的办法。

（2）手工检索查找法：是指运用适当的检索工具进行资料查找的一种方法。这些检索工具有目录（如产品目录、企业目录、行业目录等）、索引、文摘。在实践查寻中，除了检索工具的使用外，还可以按照作者名称、资料名称、资料排序、资料内容等途径进行查询。

（3）计算机网络检索：是指利用迅速发展起来的信息传输方式，通过上网查询获取大量的二手资料。计算机网络检索方便、快速、费用低、信息量大、效率高，可以打破获取信息资料的时空限制，能提供完善、可靠的信息。随着计算机网络的逐渐普及，这种方法已被广泛应用。

二手资料搜索参考网址：

中国网	http://www.china.org.cn
中国政府网	http://www.gov.cn/
新华网	http://www.xinhuanet.com/
人民网	http://www.people.com.cn
央视网	http://www.cctv.com
中华人民共和国统计局	http://www.stats.gov.cn/
中国商用汽车网	http://cv.ce.cn/
中国专用车网	http://www.zgzycw.com/

（4）情报互联网检索：情报互联网是指企业自己在某一范围内所设立的情报网络，用

来收集市场情报、竞争情报、技术经济情报等。一般情况下,在重点市场上会设立比较固定的情报点,由专人负责或营销人员兼职。例如,著名的跨国汽车企业在我国的北京、上海和广州这些汽车消费一线城市都设有代表处,这些代表处就兼有情报信息搜寻的职能。

4. 整理信息资料

在实际调查中,二手资料种类繁多,对其整理、分析是事关二手资料能否充分利用的一项重要工作。这个环节的工作应有以下基本要求:围绕调查的目的和内容,根据资料来源,结合适当的收集方法做到去伪存真、去粗取精,从众多资料中将对调查目的有价值的资料选取出来,去除那些不确切、有限制的资料。具体可以这样做:在事先划定资料清单或分析计划的基础上,运用恰当的统计方法,也可以制成图表以利于对比分析。值得注意的是对于一些关键资料一定要多方考证,以证明其翔实无误。

5. 补充信息资料

对于大型的市场调查项目,资料的收集难免会有欠缺,或者在对已收集资料的整理分析过程中,会发现有些资料欠缺、证据效力较弱,难以满足市场调查的需求,而这些情形的出现可能会对预测、决策构成潜在或直接影响时,就需要通过再调查或利用其他信息渠道来将所需资料补充完整。

6. 撰写文案调查报告

在收集到充分的信息资料后,调查人员通过科学的方法进行分析,并把这些信息资料综合成一个严谨的调查报告提交给决策者。撰写文案调查报告应注意以下几点。

(1)数据准确。全部数据要进行认真核对,争取做到准确无误。

(2)方便阅读。尽量将有关资料制成非常直观的统计图表,以方便使用者阅读。

(3)重点突出。在撰写调查报告时结论按重要程度排序,以突出重点,避免一些不必要的修饰。

(4)结论明确。在提出结论时,应该避免一些不客观、不切实际的内容。在考虑了一切有关的实际情况和调查资料的基础上,客观公正地提出调查报告。

任务三　文案调查资料的管理与利用

在企业经营过程中,为了特定的目的可能要进行多次的市场调查,每次调查都会收集到大量的二手资料。那么　次调查结束后,是将已收集的资料丢弃,还是保留下来?在新的调查开始后,是可以借鉴旧资料,还是一切从头再来呢?

从资料信息的相关性来讲,显然,远期资料与近期资料之间有许多必然联系,资料的长时间积累,至少有利于调查者进行纵向的比较;从收集资料的成本来讲,如果能够将已收集的二手资料加以合理应用,就会大大节约调查费用。

回答了所收集资料去还是留的问题后,无论从管理学的角度出发,还是继续支持营销决策的做出,我们都应该考虑调查资料的管理与合理利用问题。在信息爆炸的今天,管理利用好信息已经变得比如何获取信息更为重要。具体的做法是,作为现代化的企业都应该建立一个自己的信息管理系统,将日常运营过程中收集到的各种市场资料分门别类地进行归档,通过对其中的资料进行补充、分析、整理、修正、汇总,形成决策支持系统。

一、文案资料的管理

资料管理就是指建立信息资料的获取、处理和存储系统,当进行管理决策时能够非常方便地提取到所需信息。具体工作包括资料的遴选及整理、资料的注释及归档等工作,这些工作有时十分乏味,其效果也并非立竿见影,所以要求资料管理人员要有一定的专业素质。

1. 资料的收集遴选

资料管理人员首先要有目标意识,在大致阅读所收集到资料的基础上,从中挑选出营销决策过程可能需要的信息,将信息进行分门别类地编号,或者剪贴、复制、装订成册,以方便保存和利用。

2. 资料的注释与归档

在文案调查中,信息需求量非常大,作为资料管理人员,应该能以最快的时间提供各种所需资料,并能随时更新各种信息,并且能够制定科学的索引或目录,使阅读者在信息查询时方便快捷。

资料管理人员还应该依据资料性质选择适当的保存工具,对资料妥善保存并归档。可选择的工具有:资料袋、登记卡片、卷宗、文字处理机、录(影)像带、计算机等。档案存放地点应该保证安全、所存放的档案完整无缺。对于过期或失去效用的信息,应该定期销毁,在销毁时,有些资料、资料眉批或统计数据应该做好记录,以备后期查对的需要。

二、文案资料的利用

现有文案资料是一种潜在的资源,一经开发利用,就会转化为现实的生产力,从而避免重复劳动,节约大量人力、物力,产生一定的经济效果。那么,如何利用这些资料呢?

1. 对资料进行分门别类的处理,以加强针对性

在企业的信息管理系统中,都有大量切实有效的市场信息资料。由于企业中各个部门的职责不同,所需的信息也有差异,所以调查人员应该在资料管理员的帮助下,按照对路、适用的原则,对所有的市场信息资料进行筛选分类,按照不同管理层次的不同需求,分别进行处理,提高资料的针对性。如向上层报送市场信息分析资料,要紧紧围绕上层决策的需要,强调参考价值。为同一层次提供资料信息,需要大量的来自上下左右的资料,力求做到在详尽占有材料的基础上,有分析、有建议、有措施。向下属提供市场信息资料,要加强对下层决策的指导性。

2. 对资料进行合理取舍,以提高可用性

由于市场信息资料具有差异性,有用的资料不一定对任何人、在任何时候都有用。因此,调查人员和资料管理人员不但要了解市场信息资料本身的价值,还必须分析信息对使用者是否有用,以及被采用后会产生什么样的效果。也就是说,在筛选市场行情信息资料时,有用则取,无用则舍,使提供的资料信息有较高的可用性。

3. 对市场资料进行深加工,以揭示规律性

市场信息资料的深度与广度,直接决定着市场信息资料本身的质量。如对同样市场信息资料的利用,有的人虽然对市场跟得很紧,看到什么赚钱就做什么,结果往往被市场左右。一些理性的市场信息利用者,虽然也随时关注市场动态的变化,但不会被市场表面现象所左右,而是另辟蹊径,或填补市场空白,或开始寻找新的市场机会,待进入市场时往往获得成功。其原因就在于掌握了市场行情供求规律,从收集的信息资料中,找到了规律性的东西。

4. 对资料进行系统处理，以把握整体性

市场资料分析利用是一个系统工程，有其内在的规律性。每条资料信息都不是孤立存在的，它必然和诸多事物有着内在和外在的联系。从众多复杂的资料中，抓住事物的本质和内在的联系，进行系统处理，使所获取的市场信息资料成为一个有序的整体，使决策者能从中了解到事物的来龙去脉，把握全局，这样，才能有效地提高信息资料的利用效果。

三、文案调查的方式

汽车市场的文案调查主要包括有偿收集和无偿收集两种方式。

1. 有偿收集方式

有偿收集方式是指通过经济手段获得汽车市场文献资料。通过一定的正式渠道实行有偿征集和转让，这种方式实际上是实现汽车市场信息、情报商品化，能比较有效和及时地获得高质量的汽车市场情报信息。因为情报信息是有偿获得的，所以汽车企业调查部门要考虑情报信息的费用与其带来的经济效益的关系，避免得不偿失，也正因如此，有偿收集更具有情报信息的针对性、可靠性、及时性和准确性。

有偿收集的具体形式有采购（订购）、交换和复制三种。

（1）采购包括现购、邮购和委托代购等。国内公开发行的书刊文献是向邮局或新华书店采购，内部发行物一般是直接订购。采购形式可以保证汽车企业情报信息的来源。

（2）交换主要是通过汽车企业业务上和隶属关系的联系和相互协商的办法，汽车企业及其他企业或部门各自为了从对方获得所需要的情报，通过交换的形式来实现。一般收集限制发行或内部使用、内部整理的资料时，采用交换的形式。这种形式的特点是专业性强、传递迅速。

（3）复制。对于无法通过采购和交换形式获得的汽车市场情报资料，如发行量极少的历史性的绝版资料、难得的原版资料以及过期报刊等，只能采用复制形式。复制资料一般成本较高，要量力而行。

2. 无偿收集方式

无偿收集方式是指不需要支付费用，较为经济地获得汽车市场文献资料。汽车企业可根据自己需要的内容，通过书信索取、询问、现场收集和接受赠阅等方式获得一些文献资料。但随着国内外汽车市场、汽车产品和汽车技术竞争的激烈化，通过无偿收集方式获得有效情报比较难，获得的汽车市场资料常常是粗略而简单的介绍，参考价值有限，可能只给汽车企业带来一定的启发或提供某些线索。一般与汽车相关的交流会、洽谈会、展销会和参观访问等，是汽车市场调查人员无偿索取资料的有利时机。

四、文案调查的方法

可以按照不同的分类方法，对文案调查方法进行分类。按照获取方式，文案调查方法可以分为以下三种：文献资料筛选法、报刊剪辑分析法和情报联络网法。按照查找方式，文案调查方法可以分为以下两种：公共文献查找方法和企业文献查找方法。

1. 按获取方式划分

（1）文献资料筛选法：是指从各类文献资料中分析和筛选出与汽车企业生产经营有关的信息和情报的一种方法。在我国主要是从印刷型文献资料中筛选。印刷型文献资料按对文献内容编辑出版的形式不同，主要分为图书、科研报告、会议文献、论文、专刊文献、档案文献、政府政策条例文献、内部资料以及地方志等。采用文献资料筛选法收集汽车市场情报资料，常常是根据汽车市场调查课题的目的和要求，有针对性地去查找有关文献资料。

文献资料筛选法的特点是所得情报资料记录方便、传播广泛、积累系统，以及便于长期保存和直接利用。它是汽车企业获取技术、经济情报的最基本、最主要的来源。

（2）报刊剪辑分析法：是指汽车市场调查人员平时从各种报刊上所刊登的文章、报道中，分析和收集汽车市场情报信息的一种方法。信息社会最突出的特点是信息量大和信息流快。汽车市场情况的瞬息万变在日常新闻报道中都有所体现，只要用心去观察、收集和分析，便可从各种报刊上获得与汽车企业生产经营有关的情报信息，以扩大视野，灵通耳目。

在信息社会里，汽车企业间的竞争实质上是信息竞争，只要汽车企业善于利用公开发行的报刊和杂志，就可以获得对汽车企业有用的信息，收到意想不到的经济效果。为此，汽车企业要积极订阅各种报刊、杂志，收集情报信息，以及时发现汽车市场机会，夺取和占领汽车市场。同时，还应充分利用广播、电视等现代通信宣传渠道。

（3）情报联络网法：是指汽车企业在全国范围内或国外有限地区内设立情报联络网，使情报资料收集工作的触角伸到四面八方的一种方法。情报联络网的建立是汽车企业进行文案调查的有效方法。汽车企业情报联络网的建立，自然要受到汽车企业资金和人力上的制约，可以在重点地区设立固定情报资料收集点，由汽车企业派专门人员或驻地人员兼职；一般地区可以同其他汽车企业或部门以及有关的情报中心挂钩，定期互通情报，以获得各自所需的资料。这样，在情报联络网内，各地区的有关汽车市场供求趋势、汽车消费者购买行为、汽车产品价格情况、经济活动研究成果、科技最新发明创造乃至政治形势等情报，都可以及时通过情报联络网传输给汽车企业。

一般情况下，中小汽车企业无力建立自己独立的情报联络网，可以借助于其他部门的情报联络网。情报联络网法的特点是：涉及的范围广，获得的情报信息量大，综合性强。

2. 按查找方式划分

（1）公共文献查找方法：可利用参考文献、检索工具书及图书目录查找，也可以利用互联网进行搜索。国际互联网是个全球互相连接的网络，它连接服务器，同时把互联网上的企业、科研院所、商贸协会、政府部门、科学设施以及个人连接起来。现在互联网上有很多的搜索器，有一些是专门用于搜索文献资料的，输入关键词就可以获取大量的文献资料。在线数据库也越来越多，有的是免费的，有的要收费。

通过互联网搜索文献资料，是汽车市场调查人员获取汽车市场文献资料的一条捷径。

（2）企业文献查找方法：查找汽车企业资料，是指向汽车企业统计部门、财务部门和供销部门查询有关统计报表、财务报表、供销业务记录以及有关经办人员的业务报告等，以及向汽车企业办公室、市场信息部门等索取各类汽车市场信息汇编和存档资料。

汽车企业中的各种业务经营部门承担着汽车企业的市场营销业务。其在业务经营活动中所积累的销售资料、发票、购销合同、送货或退货单、订购单、客户目录、促销资料、修理单和往来函电等，都是重要的二手资料。通过对各种业务资料的收集和分析，可以了解汽车企业主要营销活动的内容、顾客或用户对汽车企业产品的需求状况及变化动向等，有利于汽车企业营销活动的开展。

汽车企业中的财务部门承担着对汽车企业经营活动的数量关系进行记录、核算以及资金筹措、成本和利润的核算等职能。其管理活动中所形成和保存的各种财会资料，有利于汽车市场调查人员掌握汽车企业的经济效益和各类汽车产品的经营状况，有利于对汽车企业营销活动从经济上进行考核。

汽车企业中的计划统计部门承担着整个汽车企业经济活动的规划，各种资料的汇总、分析等职能。其在业务中形成和保存的各种计划、日报、月报、季报和年报等统计报表，是十分重要的二手材料，其中许多可以直接用于汽车市场调研和预测活动。

汽车企业中的生产技术部门承担着汽车产品的开发、设计、生产和新技术开发等职能。其在活动过程中积累的各种台账、设计和开发方案、总结以及报告等，是分析、研究汽车企业生产状况、汽车产品状况、科技进步状况、储存情况和设备等重要的二手资料。

汽车企业中的档案部门承担着保管汽车企业重要资料的职能。其保管的规章制度文件、计划总结以及合同文本等资料，通常全面地反映了汽车企业的概貌，是不可忽视的二手资料来源。

汽车企业积累的其他资料，如剪报、各种调研报告、经验总结、顾客意见和建议、同业卷宗及有关照片和录像等，也是汽车市场调查人员获取文献资料的一个来源。

营销调研视野 2-5　地理图形信息系统（GIS）。

一般包括一个人口统计资料数据库、数字化地图、一台计算机和向系统组合中添加数据的应用软件。公用事业、石油公司、大型零售商和政府部门都早已使用这些系统，对大量的资料进行地理学式的演示和分析。下面举一个例子。

汽车售后服务是年收入 900 亿美元的高竞争产业，经销商一直致力于售后服务和市场份额的提高。美尼克消声器折扣店应用了 GIS。每周，美尼克公司的 900 个特许经营者将顾客信息和服务记录送回美尼克总部。记录信息包括用户姓名、家庭住址、车辆来源、模型和出厂年份，维修活动及支付方式。它也说明了客户如何获知美尼克信息，如通过黄页、朋友或电视宣传。

美尼克每周通过 GIS 系统处理 5000 条记录。该系统清理信息，如去掉信箱号，将地址标注为"南"或"北"，并在地图上标出每个地方。这样，美尼克就可以就客户信息绘制关于自己和竞争者及其他零售网店的地图了。

通过 GIS，公司可以绘制特定市场上由于电台或电视广告光顾服务网店的所有用户，从而测量广告计划的有效性。地理位置编码的方式也可用于发掘潜在的服务地点。

美尼克能够切实地使它的服务区更适合顾客。当市场调研显示一些客户不是跨过一条河或是一个州的边界在离他们最近的网店接受服务，而是驱车两英里到不同邮政编码的另一家美尼克服务网店时，公司会使用 GIS 绘制一张反映实际购买模式的地图。这样，它就可以包含区域顾客的数据并以此确定社区的总体营销潜力。

项目小结

本项目介绍了文案调查法的含义和特点，并对文案调查的主要对象——二手资料的含义做了界定。与其他调查方式相比，文案调查并不直接针对消费者或顾客，而是各种文献资料，所以将其称作间接调查法。同时本项目对于二手资料的来源也进行了较为详细的列举，二手资料在调查活动中具有许多优点，如信息较丰富，收集起来方便、简单，能够节省调查的费用，内容比较客观，可为实地调查提供经验和大量背景资料等。鉴于二手资料的数量庞大且内容复杂，在实际调查活动时，应该根据一定程序进行，才能做到事半功倍。在信息爆炸的今天，决策者原来担心的如何获取信息，已经转移到了如何有效地管理和利用浩如烟海的信息资源，从而做出更好的决策。

在实践活动中，一些发达国家已经建立了各种数据库，来为自己的决策提供更多的帮助。因此可以这样理解，文案调查的重点已不再是如何想方设法地获取信息，而是如何将大量的信息进行规范化管理，使其在调查实践中得到更好的利用，从而为营销决策的做出提供更有价值的参考。

关键概念

文案调查　内部资料　外部资料　内部数据　二手资料

课后自测

一、选择题

1. 文案调查收集的资料具有（　　）缺点。
   A. 不可得性　　　B. 不可预见性　　　C. 缺乏准确性　　　D. 不充分性
2. 企业的业务资料包括（　　）。
   A. 原材料订货单、订货单　　　　B. 发票、销售记录
   C. 半成品、成品订货单　　　　　D. 业务访问报告、顾客反馈信息
3. 文献资料的收集方法有（　　）。
   A. 参考文献查找法　　　　　　　B. 手工检索查找法
   C. 计算机网络检索　　　　　　　D. 情报互联网检索
4. 文案调查报告一般要求（　　）。
   A. 数据准确　　　B. 方便阅读　　　C. 重点突出　　　D. 结论明确
5. （　　）是利用企业内部和外部现有的各种信息、情报资料，对调查内容进行分析研究的一种方法。
   A. 市场调查　　　B. 直接调查　　　C. 文案调查　　　D. 抽样调查
6. 在二手资料的收集过程中，许多资料需要采用经济手段获得，此种企业外部资料的获得方式为（　　）
   A. 无偿调查　　　B. 有偿调查　　　C. 直接调查　　　D. 间接调查
7. 所谓（　　），即要求考虑所收集的资料的时间是否能保证调查的需要，能否反映最新市场情况。
   A. 广泛性原则　　　B. 时效性原则　　　C. 有效性原则　　　D. 连续性原则

二、判断题

1. 简单来讲，文案调查法就是可能在足不出户的情况下，通过一些文案工作获取已有

信息，用来佐证调查项目，支持决策活动。（   ）

2. 文案调查法所收集的二手资料分为动态和静态两个方面。文案调查法一般偏重于静态资料的收集。（   ）

3. 一般情况下，二手资料的获得更便宜和快速，无论是一个完整的报告或只是一个主要事实、数字或名字，都不用考虑来源的正确性和可靠性。（   ）

4. 我国的人口普查数据提供了详细的人口状况，这是一种非常典型的二手资料。
（   ）

5. 在实践中，只要文案调查遵循科学的程序进行，获取可信度较高的调查结果后运用于预测，必然能得出正确的市场决策。（   ）

三、简答题

1. 简述文案调查法的特点。
2. 在实践调查中，为什么要先收集二手资料，后收集原始资料？
3. 二手资料与原始资料相比较，其优点和缺点是什么？
4. 为什么互联网对查询二手资料有重要意义？
5. 为什么二手资料经常比原始资料更受欢迎？
6. 使用二手资料时容易范什么错误？

四、案例分析题

如果要理解沃尔玛连锁商店如何理解和利用海量的购买数据，我们可以香蕉为例来进行考查。根据沃尔玛的调研，香蕉是美国人购物车里最常见的商品，甚至比牛奶和面包还要常见。因此，尽管沃尔玛大型商业中心在鲜货部销售香蕉，他们也会在卖麦片的走廊里摆放一些香蕉来帮助多销售一些麦片。

沃尔玛的香蕉摆放技巧，曾于它在阿肯色州的零售总部附近开设沃尔玛近邻市场时实验过。如果沃尔玛大规模扩张这种小市场，势必会把公司摆放在与其他一些大型超市竞争的地位上。

许多零售商都在谈论着一种好的销售方式，即通过挖掘结算记录数据来进行销售。沃尔玛是美国最大的零售商，它从大约1990年就开始这样做了。现在，它拥有大量详尽的信息，所了解的商品信息已远远超过许多生产商所掌握的情况。

沃尔玛的数据库规模仅次于美国政府。在收集销售额、销售毛利和商品数的同时，沃尔玛还从所有分店的顾客数据中收集"购物篮数据"，因此它知道什么商品应该捆绑销售。例如，沃尔玛发现买箱子的人经常购买其他旅行用品，所以，现在的连锁店在行李的旁边摆设着旅行熨斗和闹钟。

沃尔玛超级购物中心占地19200平方英尺，相当于4个足球场大。沃尔玛很快就发现顾客在寻找商品时遇到了麻烦。为了帮助顾客解决困难，沃尔玛从超级购物中心收集了大量的购买数据，并想出很多方法帮助顾客找到那些他们有潜在需求的商品。比如把某品牌的纸巾放在纸品走廊的尽头，和感冒药放在一起；量勺放在家用器皿部，和油酥摆放在一起。

另一种有趣的策略是利用交易数据帮助沃尔玛，把顾客从低利润商品区带到高利润商品区。在购物中心，拖把和扫帚一两种厨房耐用品，介于低利润的食物和高利润的家用设备如（园艺工具）之间，同时在附近摆放电子器具和衣物。在婴儿用品走廊里，婴儿食品、玩具和尿布同婴儿的衣物和药品一起摆放。

请根据案例分析谈谈你对数据收集这种调查方法的理解，并结合现在的互联网趋势谈谈你的看法。

实训操作

1. 将班级分为4~5组。每一组都在互联网上搜索数据库营销。之后每一组向全班汇报一家具体的公司是如何利用数据库来提高营销效率的。

2. SUV市场：通过互联网查找信息。

刘刚是一家汽车公司的营销部门经理，刚回顾了去年公司SUV车型的营销计划和产品收入。他发现该车型的销售收入在上升，并超出了公司的目标。然而他也发现今年的趋势不如去年。油价高涨、车船税改革、交通拥堵等因素可能会让该类车型的销售情况更加严峻。他决定集合一个由产品调研人员组成的专门任务小组，分析明年的SUV市场如何运作。

如果你是小组成员的一员，你该如何通过网上信息来分析？

如中国SUV市场目前的规模；市场趋势；目前市场上的领导品牌等。

给定调研主题，让学生利用网络资源和学校图书馆、资料室等查阅文案资料完成调研任务。

(1) 实训目的：通过这项实训活动，使学生亲自感受文案调查的操作流程、注意事项，学会利用二手资料完成调查任务。为以后从事市场信息工作积累实战经验。

(2) 实训要求与内容：

① 此实训项目不需要分组，每个人独立完成调研任务。

② 老师布置调研任务。

③ 每位学生要在两天之内利用可接触到的二手资料完成调研任务。

④ 对所得二手资料进行整理分析。

⑤ 撰写调研报告。

(3) 总结与评估：

① 小组内推选出一份最佳调查报告参加公开评比。

② 全班同学进行讨论，老师点评，评出前三名。

③ 优秀学生进行总结，公开交流自己的调研心得。

④ 调研题目为："中国汽车行业2017年竞争状况调查"。

调研人员可以利用网络、图书馆等资源，从国家统计局、国家机械工业局、中国汽车协会等机构所公布的2017年汽车行业信息中搜集有用的信息，并对该信息进行整理、分析，写成调研报告。

学习项目三
实地调查

学习目标：
1. 观察调查法。
2. 询问调查法。
3. 实验调查法。
4. 焦点小组访谈法。

情 境 ▶▶ 一汽-大众奥迪的神秘顾客

有车一族王律师的业务蒸蒸日上，需要出席的正式场合与会见的大客户越来越多。于是他萌生了买新车的念头。通过反复比较、筛选，王律师最终锁定奥迪品牌。当他打电话到一家一汽-大众奥迪特许经销商标准展厅时，电话刚响两声，便传来一个礼貌的声音："您好，奥迪展厅销售顾问徐娜。"王律师随即说明了自己的需求："我想买一部车，主要用于商务场合，你能不能给我介绍一下奥迪车型？"徐娜迅速记录了王律师的需求并约定时间请王律师到展厅详谈。

王律师如约而至。徐娜在详细了解王律师对新车的要求和用途等各方面信息后，向他推荐了奥迪 A6 2.8，并建议选装舒适包，随后对这款车的动力、安全等各方面性能和舒适包的所有装备和功能一一进行了说明。

光听口头介绍，王律师似乎还有些拿不定主意。徐娜看出王律师的心思，说道："我们可以为您安排试乘试驾，请您亲身感受一下这款车的性能。""太好了！"第二天，王律师开上了一辆崭新的黑色奥迪 A6 2.8……

其实，王律师是一名秘密客户，这是一次"秘密采购"过程。秘密采购？是国家安全部门采购装备么？不！秘密采购是一汽-大众通过真实的潜在用户，模拟真实的购车过程，对奥迪特许经销商销售过程进行监督管理的一种先进方法。

秘密采购的考查部分由"侦查员"——秘密客户完成。"侦查员"是一名真实的潜在用户，在经销商毫不知情的情况下，到其奥迪标准展厅模拟真实购车过程进行咨询。由于"侦查员"身份完全隐蔽，与真实潜在用户没有任何区别，经销商无法识别他们，在为其服务过程中不能进行任何掩饰或做假，从而确保秘密采购能够反映经销商的真实服务情况。秘密采购结束后，"侦查员"们从第一个咨询电话到最后购买完成，对经销商售前服务逐一按奥迪标准销售服务流程进行打分，最后将结果呈交一汽-大众。

秘密采购的考核部分由独立的调研公司完成，考核结果向一汽-大众汇报。这样，通过来自"侦察员"的第一手资料，一汽-大众非常准确而直观地掌握其营销网络售前服务的工作情况，迅速发现这一环节中可能存在问题并立即加以改进，强化对经销商的管理，不断提高售前服务质量。通过这套科学、严格的管理机制，一汽-大众奥迪庞大营销网络的服务质量得到了保障，消费者能在任何时间、任何一家一汽-大众奥迪经销商那里得到统一、稳定的服务。

实地调查法是指调查人员直接把调查触角深入到被调查的具体对象、对象所在地进行调查，并对调查数据、材料进行分析研究而得出结论的一种方法。这种方法所获取的信息具有及时、确切的特点。

汽车市场实地调查的对象主要有：顾客、行人等随机性的目标人群；专家、新闻媒体人员和汽车企业及汽车企业员工等定向目标人群。

实地调查法主要包括观察法、访问法、实验法和焦点小组访谈法。下面结合汽车市场分别予以说明。

任务一 观察调查法

一、观察法的含义

观察法是调查人员凭借自己的感官和各种记录工具，在被调查者未察觉的情况下，直接观察和记录被调查者的行为，以收集市场信息的一种方法。调查者可以用眼看、耳听，也可以利用摄录设备一起来捕捉一些重要信息。具体形式体现为对现象的观察和对顾客的观察。

有些情况下，观察是唯一可用的调查方法，比如对于由于年龄小而不能准确表达自己偏好和动机的幼儿，就只能使用观察法去判断他们所要表达的意思。但是，观察法只能观察到一些表面状况，不能了解到一些内在因素的深刻变化。在实践中，观察法要较多地与其他调查方法结合运用，才能取得更好的效果。

二、观察法的类型

观察法有多种形式，从事市场调查的人员可以根据不同的情况，采取不同的观察方法。作为收集资料的主要方法之一，观察法可以根据不同的标准划分为以下类型。

1. 参与观察与非参与观察

参与观察是指观察者直接加入到某一群体之中，以内部成员的角色参与他们的各种活动，在共同生活中进行观察，收集与分析有关的资料。

非参与观察是指观察者不参与被观察者的任何活动，以旁观者的身份，置身于调查群体之外进行的观察。在非参与观察中，作为一名旁观者，观察结果可信度高，但是不能了解到被观察者的内心世界，不能获取深入细致的调查资料。

2. 公开观察和非公开观察

公开观察是指被观察者知道自己正在被观察。通常情况下，观察员的公开出现将影响被观察者的行为，他们可能会表现出与平常有所偏差的特征。

非公开观察是在不为被观察者所知的情况下观察他们行动的过程。非公开观察最普遍的形式是装扮成普通顾客在现场观察人们的行为，观察结果相对真实、可靠。例如，市场调查人员可以装扮成一个购物者来到食品超市，观察购买食品的顾客如何到某大类产品前，测量他们在陈列区停留的时间有多长，看看他们是否在寻找某个产品时遇到了困难，他们是否阅读产品包装，如果读的话，在包装上面寻找信息是不是看上去很困难等。

3. 结构式观察和非结构式观察

结构式观察是指调查者事先制定好观察的范围、内容和实施计划的观察方式。由于观察过程标准化，能够得到比较系统的观察材料供解释和研究使用。

观察表是结构式观察中必不可少的工具。设计汽车市场观察表时，要预先对所研究的汽车市场现象进行分析，找出最能说明问题、最有意义的因素，然后集中分类形成各个可观察的项目。观察项目应尽量通用化和标准化，这样可以提高汽车市场观察表对不同情境的适用性和使用的便利性。汽车市场观察表的具体格式和项目，应根据观察内容和特点而定。

非结构式观察是指对观察的范围、内容和计划事先不进行严格限定，依现场的实际情况随机决定的观察。非结构式观察主要适用于对探测性调查或者对被调查者缺乏足够了解的情况，比较灵活，可以充分发挥调查者的主观性、创造性。但是得到的观察资料不系统、不规范，受观察者个人因素影响较大，可信度较差。

非结构观察主要用于：探索性的汽车市场调查；难以简单定位、定向和定量的汽车市场观察课题；某些只有在自然状态下表现的汽车市场现象；某些随活动变化发展的汽车市场；汽车市场中临时出现的事件。

学与练

跟4S店经理协商，设计一份服务评价表，自己进行观察并形成结论。

4. 直接观察与间接观察

直接观察是指观察者直接到现场观看被观察者的情况，即观察者直接"看"到被观察者的活动。

间接观察是指观察者通过对与被观察者关联的自然物品、社会环境、行为痕迹等进行观察，以便间接反映调查对象的状况和特征。例如，通过对住宅小区内停放的车辆档次等方面的观察，可以反映该小区人们生活水平的变化等。

市场调研中所进行的大部分观察都是直接观察，也就是说，直接地观察目前的行为。

5. 其他类型的观察

其他类型的观察，如自我观察、设计观察、机器观察等。

自我观察就是个人按照一定的观察提纲自己记载自己的行为、行动。进行自我观察，观察者既是主体，又是被观察对象。

设计观察是指观察者没有扮演任何角色，被观察的人没有意识到他们受到观察，在这种经过设计的环境中进行的调查活动。

机器观察是指借助机器完成的调查活动。在特定的环境中，机器观察比人员观察更客观、精确，更容易完成任务。

三、观察法的特点

1. 观察法的主要优点

（1）实施简便易行。观察法灵活性较强，观察者可随时随地进行调查，对现场发生的现象进行观察和记录,通过一些影像手段,还可以如实反映或记录现场的特殊环境和事实。

(2) 过程排除干扰。调查人员不会受到被调查者回答意愿、回答能力问题的困扰。特别在非参与观察的情况下,调查人员不需要和被调查者进行语言交流,可以排除语言交流、人际交往给调查活动带来的干扰。

(3) 信息直观可靠。观察法可以在被观察者不知情的情况下进行,避免了对被调查者的影响,被调查者的行为能够保持正常的活动规律,所观察到的信息客观准确、真实可靠。

2. 观察法的主要缺点

(1) 耗时过长导致调查成本提高。在实践中,一些特殊的调查项目需要大量观察员进行多次、反复的观察,调查费用随之提高;有时还需要一些特定环境的设计,也会出现调查时间的延长。例如,超市中的一个观察员等待观察人们选择某品牌香皂的购买行为,那么他可能会等上很长时间。如果被选为观察对象的消费者是根据一定的限制条件选择的(比如下午5点后去杂货店购物的顾客),那么得到的可能就是误导的数据。

(2) 只看表象致使观察深度不够。观察法只能观察表面资料,不能了解一些市场因素发生变化的内在原因,因而观察的深度往往不够。

(3) 人员素质引发观察结论误差。观察法对观察人员素质提出了较高的要求。观察者必须具备熟练的市场营销知识和操作技能以及敏锐的观察力、必要的心理学理论和良好的道德规范。在进行观察时,人的因素非常关键,观察者的素质不同,观察的结果也不同,易产生观察者误差。

3. 观察法的应用范围

在汽车市场调查实践中,经常采用观察法进行以下内容的调查。

(1) 商品资源和商品库存观察。汽车市场调查人员通过观察了解汽车企业生产状况,判断汽车市场产品资源数量,提出汽车市场汽车产品供应数量的报告。通过对库存场所的观察、库存汽车产品的盘点计数,了解判断汽车产品的分类结构,观察汽车产品的储存条件,从而计算库存货源及销售数量,计算储存成本,检查分析热销汽车产品的情况等,为汽车企业购销决策提供依据。

(2) 顾客行为观察。顾客情况是汽车市场调查的重要内容。通过观察顾客活动的情况及其进出汽车营业场所的客流情况,一方面可以了解顾客在汽车营业场所的活动情况,对比了解顾客的构成、顾客的行为特征、服务方式及成交率等重要的汽车市场信息资料;另一方面,了解不同时间顾客进出汽车营业场所的客流情况,进行汇总统计分析,研究客流规律,使汽车企业能不断改进服务方式、改进汽车产品的经营结构,合理调整劳动组织结构,加强经营管理,提高服务质量和劳动效率。

营销调研视野 3-1　购买行为研究。

星巴克、麦当劳和宝洁等公司曾选择一家调研企业 Envirosell 来观察消费者行为。这家公司每年录制大约 15000 小时的有关购物者的录像带。这些录像带可以作为研究行为趋势的资料而加以分析。Envirosell 的一些研究发现包括:

★ 设立刊物和书架等读物架子,可以将顾客结账等候时间缩短 15%。

★ 人行横道可以使人们在 25 英尺内减速,所以没有明显视觉吸引力的商店可能会被错过。

★ 店内的特别展品如果移到后面靠近后部"解压区"的地方,可以让更多的顾客看到,因为顾客需要调整以适应灯光和环境。

★ 老年人趋向于三三两两一起购物,所以商店在通道边应设有椅子和读物,当他们更有活力的朋友浏览其他商品时,他们可以休息。

(3) 营业状况观察。主要是通过观察汽车营业场所营业现场汽车产品陈列情况、顾客付款是否方便、汽车产品价格的变动和顾客流动状况等,综合分析判断汽车企业的经营管理水平、汽车产品供求情况等,从中找出汽车企业所存在问题的症结,并提出相应的改进建议。

(4) 痕迹观察。有时观察被调查者活动的痕迹比观察活动本身更能取得准确的汽车市场资料,如通过意见簿、回执单等,可以了解汽车市场的反映,收集一些难以直接获取的可靠资料。

(5) 顾客流量观察。观察、记录某一地段、街道在一定时间内过往的行人或车辆的数量、类型及方向,借以判定、分析该地域的汽车商业价值或交通情况。

除上述内容外,还可以运用观察法了解顾客的爱好、品味,了解城市的人流量,来判定汽车的发展趋势等。为了提高汽车市场观察调查的效果,汽车市场观察人员要在观察前制定好计划,观察中注意运用技巧,以取得深入、有价值的资料,以便得出准确的调查结论。

4. 适合使用观察法的条件

观察法的成功使用必须满足一些条件。这些条件是:事件发生的时间短;被观察行为发生在公共场所;研究对象容易发生记忆错误。

事件发生的时间短是指事情从开始到结束只有很短的时间。例如,在超市购物、在银行排队线前等候、购买衣服、当孩子看电视节目时观察他们。但也有一些事情要花费较长的时间(如买房),这样花大量人力、物力去观察它的整个过程就不值得了。出于这个原因,观察法适用于那些在短时间内就可完成的事件,或者观察某一长事件的一段活动。

公共行为是指该行为发生时观察者可以迅速观察到。例如,做饭、与孩子一起玩耍或私人宗教仪式都不是公共行为。因而,这些事件都不宜用观察法。

记忆错误往往发生于当该行为或活动重复多次,以致受访者无法记清到底发生了多少次之时。例如,人们在排队购买一场畅销电影的电影票时记不清他们到底看了几次手表,或者不记得上周四14:00收听了哪一个调频频道。

营销调研视野3-2 观察调查法在许多国家的使用极具争议性。

观察调查法在美国和日本被广泛地使用,但在欧洲则少得多。例如,在爱尔兰观察法几乎不被使用。观察调查法往往被看作是获得调查思想,或是帮助调研者决定问题的哪些方面值得研究的一种概括性技巧,它可以作为检验其他调研技术的方法。由于不能观察态度、动机和计划这类因素,因而许多调研人员避免使用这种方法。

爱尔兰的公司曾经一度不情愿地让消费者亲临现场观察消费者行为。许多爱尔兰调研人员会对他们所观察到的内容的可靠性提出质疑,因为很多人都倾向于不按照他们本来的方式行事。大部门观察法都是自然的、直接的、非强迫性的。

四、观察调查法的实施

1. 观察调查法的原则

观察调查法的运用是观察人员的主观活动过程。为使观察结果符合客观实际,要求观察人员必须遵循以下几个原则。

(1) 客观性原则:即观察者必须持客观的态度对市场现象进行记录,切不可按其主观倾向或个人好恶歪曲事实。

(2) 全面性原则：即必须从不同层次、不同角度进行全面观察，避免出现对市场片面或错误的认识。

(3) 持久性原则：市场现象极为复杂，且随着时间、地点和条件的变化而不断变化。市场现象的规律性必须在较长时间的观察中才能被发现。

2. 观察调查法的步骤

(1) 制定观察计划：计划确定后，就要围绕计划设计观察提纲，包括谁、什么、何时、何地、怎么样、为什么等内容。另外，为了便于使用，观察提纲可制成观察表、卡片等形式。

(2) 确定观察目标：明确观察目的，确定观察对象，包括观察范围、数量、内容、对象、次数、手段等。

(3) 进入观察环境：保持被观察者的自然状态，避免干扰。接触观察对象，与其建立适当的关系，尽可能减少观察活动对被观察者的干扰。

(4) 认真做好观察记录：记录的方式可以多样，尽可能地利用设备进行观察，如摄像、录音等。

(5) 分类记录整理和存放观察记录。

(6) 进行分析，撰写观察报告。

任务二 询问调查法

询问调查常用的方法主要有入户访谈、拦截调查、电话调查、邮寄调查等几种类型。在西方国家，约有55％的调查访问是通过电话完成的；入户调查约占10％；邮寄调查相对较少，约占5％。这表明电话调查的应用程度广泛。还有一些是将各种调查方法结合起来进行的调查。

一、入户访谈

入户访谈是指被访问者在家中单独接受访问。在调查实践中，入户访谈曾被认为是最佳的访问方式，这是因为，对于被访问者来讲，可以轻松地在一个自己感到熟悉、舒适、安全的环境里接受访谈；对于访问者来说，面对面的访谈，能够直接得到信息反馈，还可以对复杂问题进行解释，从而加快了访问速度、提高了数据质量。然而，今天随着人们生活节奏的加快、观念的更新，在家中面对面访谈越来越少了，取而代之的是，大多数访谈改在购物区进行。另外，入户访谈也广泛运用于与工业、企业用户进行的访谈之中，这类访谈主要指对商务人员在他们的办公室进行有关工业品或服务的访问，所以也称经理访谈。

1. 入户访谈的优点

(1) 信息获取的直接性。进行面对面的访谈时，调查者可以采取一些方法来激发应答者的兴趣。特别是可以使用图片、表格、产品的样本等来增加感性认识。

(2) 调查组织的灵活性。调查者依据调查的问卷或提纲，可以灵活掌握提问的次序并及时调整、补充内容，弥补事先考虑的不周，而且一旦发现被调查者与所需的调查样本不符合时，可以立即终止。

(3) 调查过程的可控制性。整个调查过程中有调查人员的监督，调查人员可直接观察被调查者的态度，判别资料的真实可信度。

（4）调查数据的准确性。由于程序较标准和具体，调查人员还可以充分解释问题，从而提高了数据的准确性。

2. 入户访谈的缺点

（1）时间限制。现代社会生活节奏快，人们来去匆匆，很难有人能够有时间回答完全部规定的问题，调查人员不得不费力寻找合格的应答者，这就提高了调查成本。对于大规模、复杂的市场调查更是如此。

（2）调查者的影响。调查者的素质、人际交往的能力、语言表达能力、责任感和道德观等都会影响调查的质量。访问员素质下降，无论是教育水平还是酬金引起的，都已成为一个重要的问题。而操作员的操作不完整，对错误的对象进行访谈等，即使进行检查也太迟了，因为重新收集数据的费用往往很高。

（3）拒访率较高。人们私密意识的加强，导致拒访的现象时有发生。

3. 访问技巧

（1）访问前的准备工作。首先是基本情况方面的准备。访问员要了解被调查者的一些基本情况，如生活环境、工作性质及由此形成的行为准则、价值系统。其次要做好工具方面的准备，最常用的如照相机、录像机、录音机、纸张文具，以及表格问卷等。

（2）访问的步骤。

第一步要把自己介绍给被调查者。

自我介绍：您好！我是××学校的学生××。我们正在进行一项关于××型号汽车的市场调查，我想占用您一点时间，希望您能配合！

提示：自我介绍时要做到不卑不亢，使对方尽快了解你的身份，并认为你的访问是善意的，他的答复是有价值的，或这项调查研究是与他的切身利益有关的。说话语气一定要彬彬有礼，同时可递上介绍信或学生证、工作证，以消除被调查者的戒心。

第二步要详细说明这次访问的目的。

说明主题：我们这次调查的目的是为了了解您对××品牌汽车的性能、外观等的意见和建议，以便我们公司能更好地适应消费者的需求。

提示：言简意赅，尽快说明调查的主题范围，与被调查者初步建立起一种互相信任的关系。

第三步就是开始提问。

提问开始：这是我们的问卷，您看我们现在就开始好吗？

提示：发问开始，一般按问题的先后次序一一提问，可以适当地活跃气氛，避免使被访者感到枯燥机械而情绪受到影响。即使被调查者答非所问，也要耐心地听，同时设法切入正题，但要选择有利的机会，避免对方察觉而感到不快。有些问题需要进一步"追问"的，使用"立即追问"、"插入追问"、"侧面追问"等方法，以被访者不感到厌烦为限度。

（3）特殊情况的处理。正在进行的访问也可能出现拒绝访问、因事忙碌或不想继续接待，被调查者身体不适，突然有事外出等。遇到这种情况调查人员不必气馁，除耐心说明调查目的外，还要了解拒访的原因，以便采取其他方法进行，也可以另约时间；或者帮助被调查者做点力所能及的事，争取得到继续的接纳；对于一些较敏感的问题或者被调查者认为有关他安全的问题，应该耐心解释或通过其他途径了解。

营销调研视野 3-3　不同的对象访问内容会有差异。

某大型汽车公司准备对行业专家、经销商和优秀销售顾问进行访谈，其内容见表 3-1。

表 3-1　访谈内容

访谈内容 访谈对象	行业竞争关键要素	区域竞争关键要素	商务政策评价	营销渠道	产品配置	产品质量	品牌知名度	促销活动	售后服务
行业专家	√	√		√			√		√
经销商		√	√	√	√	√	√	√	√
优秀销售顾问	√				√		√		√

二、拦截调查

拦截调查又称街头访问，有两种方式：一种是由访问员在事先选定的若干个地区选取访问对象，征得其同意后，在现场依照问卷进行面访调查；另一种是先确定地点，然后由访问员在事先选定的若干个地区选取访问对象，征得其同意后，领到确定的地点进行面访调查。全美国大约有 500 多家超市中设有调查机构的访谈室。作为入户访谈的替代方式，拦截调查是一种十分流行的询问调查方法，约占个人访谈总数的 1/30。

拦截调查程序如图 3-1 所示。

图 3-1　拦截调查程序

1. 拦截调查的优点

（1）节省费用。由于被访问者出现在访问员的面前，访问员可将大部分时间用于访谈，而省略了入户访谈的行程时间及差旅费用，所以能够节省费用。

（2）避免入户困难。在公开场所，被调查者没有过度的私密感，没有怕被露底的心态，所以相对来讲比较容易接受访问。

（3）便于对访问员的监控。拦截调查通常是在选好的地点进行，同样具有入户访谈的优点，可以对被调查者进行启发，可以指派督导现场进行监督，以保证调查的质量。

2. 拦截调查的缺点

（1）不适合内容较多、有较复杂或不能公开问题的调查。所用问卷的设计应注意：内容不要太长，因为行人一般有其他事情要做，不可能有太多的时间来回答你的问卷，对于拦截调查，问卷长度不能超过 15 分钟；问题最好不要涉及个人隐私方面的问题，因为在大庭广众之下，这样的问题会引起反感而遭到拒访。

（2）调查的精确度可能很低。由于所调查的样本是按非概率抽样抽取，调查对象在调查地点出现带有偶然性，这可能会影响调查的精确度，另外，在某一固定地点调查，很难得到能够代表大部分外地区的样本。

（3）拒访率较高。因为调查对象有非常多的理由来拒绝接受调查。

3. 拦截调查的运用

为了获得适合于大多数消费者的研究总体样本，购物中心、广场或商业街区往往就成为街头拦截调查最普遍的地方。在大多数街头拦截调查中，市场调查人员被派到购物中心寻找可能适合于调查的人员。访问员接近被调查人员，并请求他们参与现场采访。如果他们同意，调查访问开始，并且要感谢被访问者。如果他们拒绝，调查员继续寻找下一个人。

街头拦截调查的技巧如下。

（1）地点选择。一般选择繁华交通路口、户外广告牌前、商城或购物中心内（外）、展览会内（外）等。

（2）对象选择。该环节调查人员必须有足够的耐心，通过运用自己所具备的知识、经验和职业素养，从过往行人的言行、举止、穿着、大致年龄段等要素就应该能够大致选定符合调查目标的对象。

（3）拦截对象。语言要求礼貌、具有一定说服力，同时为了保证随机性，应该按照一定的程序和要求进行拦截。例如，每隔几分钟拦截一位，或每隔几个行人拦截一位等。

营销调研视野 3-4

Chi-Chi's墨西哥饭店的生意一度很不景气，营销调研问题被界定为该饭店在整个市场中的竞争劣势。具体而言，下列问题必须得到说明：当地经济发展的特点是什么？市场上哪些饭店受欢迎？什么因素导致顾客不光顾？

经分析认为，所回答的问题集中、简明，且堵截地点比较集中，出现在此地点的人群在特定时间偶然性较小，故决定采用拦截法开展实地调查活动。经过调查发现，当地的经济正处于萧条期，当饭店给当地人的感觉是赚当地人的钱，同时损害当地旅馆的生意。为了改变这种形象，Chi-Chi's饭店制定了一个公关型的社区网络计划，其中包括组织女童子军餐馆饭店和进行一系列公益及社区赞助活动。后来，饭店的生意开始好转。

三、电话调查

电话调查是指通过电话向被调查者询问有关调查内容和征询市场反映的一种调查方法。这种方法适用于样本数量多、调查内容简单明了以及易于让人接受的汽车市场调查活动。具体来说，其适用范围如下。

（1）对于汽车市场热点问题、突发性问题的快速调查。

（2）关于汽车市场某特定问题的消费者调查。例如，对新上市的某品牌汽车的消费者购买意向的调查。

（3）汽车市场特定群体调查。例如，对使用某品牌汽车的消费者进行售后服务的满意度调查。

（4）在已经拥有了关于汽车市场调查对象相当多的信息、只需进一步验证情况时采用。

1. 电话调查的优点

（1）效率较高。省去了花费在路途上的时间，跟入户调查相比，时间短、速度快。

电话调查能及时收集被调查者的答案，跟邮寄调查相比，速度快，因而是效率较高的调查方式。而且与入户访谈相比较，还可以访问到不易接触到的对象。

（2）可以获得更为有效的应答。电话铃响起，一般人都会去接，这就大大降低了拒访的可能；一些比较敏感的问题，如教育水平、收入、分期付款等问题，在入户调查和拦截调查面对面的情况下，被访问者会感到有些不自然，回答率较低，而在电话访问中，则能获得较坦诚的回答。

（3）易于控制实施质量。访问员集中在同一房间中拨打电话，督导可以随时检查访问情况、访问技巧等,也可以随时对问题进行更改。与入户调查和邮寄调查相比较,其调查资料质量可以大大提高。

营销调研视野 3-5 市场调查公司对电话访问的监督。

为了加强对电话访问员的监管,市场调查公司通常会采用下列方法:
- 除由兼职 QC 督导现场监控的问卷及项目督导陪访的问卷可不作电话复核外,每城市所有问卷必须 100% 电话复核。
- 问卷的电话复核必须在项目督导收到问卷的 24 小时内进行。
- 因被访者个人原因(如出差、电话无人接听、挂机、关机等情况)无法进行电话复核,该类问卷不可超过各城市样本量 5%,项目督导根据配额将超出 5% 部分作废卷处理。
- 统筹城市按各地代理访问员完成量的 40% 抽查复核代理公司所完成的问卷。

(4) 费用较低。电话调查与入户调查相比,入户调查需要的调查人员很多,交通费用大,所花的费用高。电话调查相对来说,费用较低。

2. 电话调查的缺点

(1) 访问成功率受限制。电话号码的编制采用的是随机数表的方法,有些号码可能未开通,或是空号,或已经停用,另外,受访对象如果正在忙于其他事务,或误以为是一般传销商的电话,都可能拒绝接受访问。这些原因使电话访问的成功率较低。

(2) 电话调查时间受限制。设计的问题不宜过长,电话调查的时间一般应控制在 20 分钟以内,以免引起被调查者的反感。

(3) 电话普及率不高会影响调查。特别是在偏远地区。

(4) 对被调查者提示受限制。由于无法提供直观教具。

3. 电话调查的条件类型

(1) 传统式电话访问。就是采用普通的固定电话对目标对象进行访问的一种调研方法。除电话外,访问员还要准备好一份调查问卷、一支笔,以作访谈记录。在采用电话调查方式进行汽车市场调查时,访问员要经过专业培训。可以采用汽车市场调查的全部对象为调查样本;也可以采用随机拨号,如利用现成的电话作为抽样框,任意选取电话号码或采用等距离抽样方法抽样打电话。

(2) 计算机式电话访问。即利用一台起总控制作用的计算机主机、若干台与主机相关联的终端、耳麦和相关软件等,由经过培训的访问员在屏幕前按计算机提示的程序进行汽车市场调查工作,自动随机拨号系统会根据汽车市场研究人员事先设计好的抽样方案自动拨号并保存拨号记录,访问员按屏幕上显示的问题进行访问。

(3) 短信式手机访问。随着手机的普及和手机信息的广泛应用,手机短信被广泛应用于商业活动,手机短信调查也成为一种重要的汽车市场调查方法。不过,这种方法一般要与有奖问答相结合。

市场调研资料 3-6 CATI。

- CATI,即计算机辅助电话访问调查 (Computer Assisted Telephone Interview) 是传统的调查技术与近年高速发展的通信技术及计算机软硬件技术相结合的产物。
- 目前,电话访问法通常采用 CATI 电话系统访问,即提供计算机随机拨号、戴耳麦操作,访问员直接将被访问者的答案录入计算机,可直接录音,可以不必复核,抽取录音即可。

- 1970年，CATI在美国出现。
- 20世纪90年代中期，我国的一些专业调查机构陆续采用CATI技术，近几年发展十分迅速。
- 在使用CATI的30个年头，有些国家CATI访问量高达95%。其如此流行，一方面得益于电话的普及率，另一方面迫于大都市入户访问成功率越来越低。

四、邮寄调查

邮寄调查是指事先设计好调查问卷，投寄给被调查者，由被调查者填写完成以后再寄回，调查人员通过对问卷进行整理、分析，获取市场信息的一种调查方式。

1. 邮寄调查的优点

（1）费用较低。邮寄调查不需要专门进行调查人员的招聘、培训、监控，以及支付报酬，调查的成本不是很高。

（2）调查者的影响较小。该方式避免了由于调查人员的干扰而产生的信息失真。

（3）调查区域广泛。该方式下被调查的对象广泛，调查面广。

（4）应答更确切。被调查者匿名性较强，又可以有充分的时间来考虑，填写较为灵、自由、方便。

2. 邮寄调查的缺点

（1）问卷回收率低。就是调查问卷没有被收回或未答完就寄回。

（2）缺乏对被调查者的控制。被调查者可以在回答任何问题前浏览和思考所有问题，所以对问题呈现的顺序无法控制，造成结果的真实度降低。

（3）应答者会有选择偏见。这是指那些有别于没有填完问卷就归还问卷的被调查者，他们反馈回来的问卷存在答非所问的情况。因此，通过这种方法获得的样本就不具有普遍意义上的典型性。

3. 增加邮寄调查反馈的方法

邮寄调查存在着回收率低、回收时间长等问题，并且一直是困扰市场调查人员的艰巨事务。为了提高邮寄调查的反馈率，从事市场调查的机构和个人做了许多探索，也总结出不少方法，如物质刺激、贴上回程的邮票、电话提醒等。

营销调研视野 3-7 奇瑞与中国邮政的合作。

奇瑞公司曾经利用邮寄的方式开展市场调查并取得了较好的效果。在调查之前芜湖邮政和奇瑞公司反复进行沟通，一起分析选择何种寄递方式，最后，与奇瑞达成一致意见，确定本次直邮项目的寄递方式采用挂号印刷品形式，费用只有45万元。为保证此次商函顺利寄递，芜湖局成立了项目组，将项目涉及环节具体化，一是客户公关、谈判、协调，二是名址整理、内件封装、信封打印、挂号标签粘贴、邮件登单，三是内部封发衔接、退函处理等，做到各环节作业流程清晰，责任落实明确。本次调查问卷全部从芜湖交寄出去，江苏省大区对直邮项目进行调查分析，就获得的情况，他们对回复率较为满意。

五、如何降低拒访率

1. 调查者要做充足的准备

（1）要求调查人员衣装得体、精神饱满、言语诚恳、胆大心细、材料证件齐全。

（2）做好访问前的准备工作，如培训工作、试访演练、制作证件。

2. 询问应该依据被调查者的心理活动过程进行

（1）适应。开始询问非常关键，全部信息的准确性在很大程度上取决于市场调查人员询问的开头。调查经验表明，如果被调查者了解了要求并回答了前三个问题，那么在一般情况下，对其他所有问题也会给予回答。因此，调查人员往往先提出一些与调查题目无关和信息内容不多、能吸引人参加谈话的问题。

（2）达到既定目的。在回答调查问题的过程中，篇幅很大时，为了提高兴趣，可使用功能心理问题（如与女被访者谈论服饰，与男被访者谈论运动），问题的内容应使被调查者感到有兴趣。其次，当遇到被调查者明显不真实的答复时，访问员应该及时停止，重复提问，并通过观察被调查者的态度，以及客观环境来判断其答复不真实的原因，具体情况具体分析。如果确定被调查者不愿配合，只是敷衍了事，调查人员提醒后仍然如此，必须终止访问，另换一个人再访。

（3）结束询问。结束询问也比较重要。如果被调查者还未说完，还有某些紧张感，就要设计一些轻松的问题，有助于消除紧张状态和提供表达感情的可能。

任务三　实验调查法

实验调查法是指在市场调查中，调查者经常通过改变某些因素（自变量），来测试对其他因素（因变量）的影响，通过实验对比分析，收集市场信息资料的一种调查方法。实验调查属于因果关系研究的范畴。如产品的品质、价格（自变量）等改变后，企业产品销售量、市场份额（因变量）有什么样的变化。实验法是一种特殊的汽车市场调查方法。它是根据一定的汽车市场调查研究目的，确定汽车市场调查对象，创造某些条件，采取某些措施，然后观察其后果的一种汽车市场调查方法。其应用范围非常广，常常是汽车产品在改变款式、设计、价格和广告等因素时，应用这种方法。

一、实验调查的实施程序

实验调查的实施程序如图 3-2 所示。

图 3-2　实验调查的实施程序

二、实验调查的主要方法

由于实验调查法可以有控制地分析、观察某些汽车市场现象间的因果关系及其相互影响程度，取得比较客观的实验根据，因此实验调查法在汽车市场调查中的应用范围是比较广泛的。汽车市场实验调查法的形式有多种，主要介绍下面几种。

1. 实验前后无控制对比实验

这种实验方法是指通过对实验单位在实验前和实验后的情况进行测量、对比和分析，引入实验因素（自变量和因变量），来了解实验效果的一种方法。

例如，某汽车生产企业为了扩大销售，计划改进汽车功能，但对汽车功能的提升会不会大幅度提高销量没有把握,因此决定采用实验单位前后对比实验的方法进行调查。具体操作步骤如下。

(1) 选定实验对象,即将该企业 A、B 两种品牌的汽车作为实验单位。
(2) 实验前一段时间,如一个月内的汽车销售额进行统计。
(3) 销售改进了功能的汽车。
(4) 统计相同时间内新功能汽车的销售额。
(5) 实验效果如表 3-2 所示。

表 3-2　××品牌汽车销售统计

实验单位	实验前销售额 y_1/万元	实验后销售额 y_2/万元	前后变化 y_2-y_1/万元
A	35600	54600	19000
B	18900	25800	6900
合计	54500	80400	25900

通过表 3-2 的数据,实验变量效果为 y_2-y_1,可以看出汽车功能的改进使销售额增加了。经分析,在汽车销售额上升的过程中,无其他因素影响或影响甚少,可以判定是功能的提升带来了销售量的扩大,可以做出改进汽车功能的决策。

2. 实验前后有控制对比实验

这种实验方法是指为了消除实验期间一些外来因素的影响(如季节变化、供求关系等),提高实验结果的准确性,在同一时间周期内,随机抽取两组条件相似的单位作为实验单位,一组为实验组,另一组为参照组或对比组,也称控制组。在实验时,要对这两组分别进行实验前测量和实验后测量,一般将实验前实验组的销售量或销售额设定为 x_1,控制组的销售量或销售额设定为 y_1;实验后实验组的销售量或销售额设定为 x_2,控制组的销售量或销售额设定为 y_2。然后进行事前、事后对比,以得出实验结论,为决策提供依据。实验变量效果为 $(x_2-x_1)-(y_2-y_1)$。

例如:某食品销售企业为了扩大市场份额,对其主要产品某品牌的巧克力进行包装调整,但对广告公司提供的包装设计样品没有太大把握。于是公司决定在市区内选择 6 组市场规模及消费水平非常接近的超市进行对比测试。其中 A、B、C 为实验组,销售改换包装后的巧克力;E、F、G 为控制组,继续销售未改包装的巧克力;实验期为 1 个月。

具体销售数据如表 3-3 所示。

表 3-3　××牌巧克力销售统计

组别	实验前 1 个月的销量/盒	实验后 1 个月的销量/盒	变动量/盒
A、B、C 实验组	$x_1=2400$	$x_2=3100$	700
E、F、G 控制组	$y_1=2400$	$y_2=2600$	200

从表 3-3 中可以看出,实验组和控制组在实验前的销售量都是 2400 盒;实验组在实验后销售量为 3100 盒,控制组为 2600 盒。实验前后对比,实验组销售量增加了 700 盒;控制组增加了 200 盒。实验变量效果为 $(x_2-x_1)-(y_2-y_1)=700-200=500$ 盒。该企业设计的新型外包装使巧克力销售量增加了 500 盒,可以判断,外包装的改变对销售有促进作用,企业便可做出改变外包装的决策。

> **学与练**
>
> 选择一种产品,进行改进前后变化的分析对比。

3. 随机对比实验

这种实验方法是指按照随机抽样法选定实验单位进行的汽车市场实验调查。前述的几种实验方法中,都是按照判断分析的方法选定实验单位,简便易行,也能够获得较好的调查效果。但在实验单位很多,汽车市场情况十分复杂且不太熟悉时,按主观的判断分析选定实验单位就比较困难。这时,可以采用随机对比实验,即采用随机抽样法选定实验单位,使众多的实验单位被选中的概率相同,从而保证实验结果的准确性。随机对比实验主要有以下两种形式。

(1) 完全随机设计。随机地选取实验对象。

(2) 分组随机设计。汽车市场研究者除了考查基本自变量因素的影响外,还可将某个主要的外部因素孤立起来研究。

随机对比实验调查方法的优点:能够测算实验误差,从而有利于提高实验结果的准确性;同时,可以缩短分析过程和节省时间,并与其他实验方法相互结合、相互补充,解决实验单位不易选定或选定不准的问题。

随机对比实验调查方法也有缺点:在汽车市场调查应用中花费时间长,费用开支大。

三、实验调查的优缺点

1. 实验调查的优点

(1) 实验法的结果具有一定的客观性和实用性。它通过实地实验来进行调查,将实验与正常的汽车市场活动结合起来,因此取得的数据比较客观,具有一定的可信度。

(2) 实验法具有一定的可控性和主动性。汽车市场调查中,调查者可以主动地引起汽车市场因素的变化,并通过控制其变化来分析、观察某些汽车市场现象之间的因果关系以及相互影响的程度,是研究汽车市场中各事物因果关系的最好方法。

(3) 实验法可提高调查的精确度。在汽车市场实验调查中,可以针对汽车市场调查项目的需要,进行合适的实验设计,有效地控制实验环境,并反复进行研究,以提高汽车市场调查的精确度。

2. 实验调查的缺点

(1) 市场中的可变因素难以掌握,实验结果不易相互比较。由于汽车市场现象与自然现象相比,随机因素、不可控因素更多,政治、经济、社会和自然等各种因素都会对汽车市场发生作用,因此,必然会对实验结果产生影响,完全相同的条件是不存在的。

(2) 有一定的限制性。实验法仅限于对现实汽车市场经济变量之间关系的分析,而无法研究过去和未来的情况。

(3) 时间长。实验法要求制定出很精确的实验计划和方案,实验时间较长;而在汽车市场调查的实际工作中,往往要求在尽可能短的时间内得出调查结论。

(4) 风险大,费用高。在进行汽车市场实验调查时,要冒一定的风险,在操作时要由专业人员来运作,难度较大,费用也相对较高。

采用实验法进行汽车市场调查的最大特点,是把汽车市场调查对象置于非自然状态下开展市场调查。它是在实验者事先设计的条件下进行调查，容易受一些可变因素的干扰，对实验假设条件以外的其他条件的影响无法控制，对实验人员自身行为所引起的影响难以避免。干扰是指这样一个事实，来自测试地区以外的购买者因为实验原因可能会到测试地区购买产品，这些外来购买者会扭曲实验结果。外来购买者可能住在测试地区边缘，看到电视广告，仅仅是因为测试地区提供了较低的价格、特殊的折扣或其他一些诱因去购买商品。他们的购买将意味着被测试的特殊销售刺激因素比实际情况更有效。因此，在设计实验条件时，应尽量充分考虑各种内在和外在的因素；同时，在汽车市场实验调查过程中，实验人员应该尽量使自己保持中立、客观的立场。

任务四　焦点小组访谈法

一、焦点小组访谈法概述

焦点小组访谈法又称小组座谈法，就是采用小型座谈会的形式，由一个经过训练的主持人以一种无结构、自然的形式与一个小组的具有代表性的消费者或客户交谈，从而获得对有关问题的深入了解。

营销调研视野 3-8

卡夫食品已经知道顾客认为冷冻比萨饼吃起来像纸板，他们认为，当地比萨店的外卖比放在烤箱里的冷冻比萨饼要好吃。卡夫是如何通过它的新产品 DiGiorno Rising Cruse Pizza 来改变这一观念的呢？卡夫必须查明为什么人们爱吃比萨饼，不管是冷冻的还是外卖。SMI-Alcott 给 1000 名比萨饼的爱好者寄调查问卷，询问他们的习惯。他们什么时候吃比萨饼？他们能否描述出最近两次吃比萨饼的情况？结果表明人们通常在欢乐的社交场合、家中无人愿意做饭、聚会、大型运动节目的电视转播，或者仅仅是想和自己的伴侣过一个安静的夜晚的时候吃比萨饼。人们说在时间紧张时，仅是为了方便才吃冷冻比萨饼，但是叫外卖却处于很多原因。他们怀疑冷冻比萨饼的质量，认为冷冻比萨饼的味道不能和外卖的相比。

Lcoran 营销小组对年龄在 25～54 岁的女性顾客焦点小组的访谈支持了这一发现。参加者说她们希望冷冻比萨饼具有刚出炉的味道，但目前还没有找到这种比萨饼。于是 Lcoran 营销小组让这些人亲眼目睹了 DiGiorno 的表面在烤箱中膨胀，让持怀疑态度的顾客相信即使是冷冻的比萨饼也一样具备她们的要求。

当然味道要好。一系列测试证明这点没有问题：顾客被蒙上眼睛去品尝和比较 DiGiorno 与外卖和其他冷冻比萨饼。通过将有关广告的想法在一系列的访谈中告知消费者，卡夫再一次得知人们希望冷冻比萨饼看上去和吃起来都和外卖的一样，他们还说只有确认 DiGiorno 具有这些特点才会买。因此，在广告中需要体现 DiGiorno 在烤箱中膨胀的情形。

尼尔森的数据表明，自 1996 年 DiGiorno 上市后销量一直在稳定增长，现在的年收入为 3 亿美元，在所有种类中位居第二（卡夫的另一品牌 Tombstone 位居第一）。根据 Millward Brown，品牌知名度也有明显的提升，从 1996 年的 23% 上升到 77%。值得注意的是：49% 的 Millward Brown 参与者说，DiGiorno 具有替代外卖比萨饼的价值。

调查研究和焦点小组访谈为 DiGiorno 创造了需求。广告创意测试或任何形式的询问调研的核心都是问卷。问卷设计的目的是什么？一个错误的问卷设计会导致访谈员的访谈失败，同时使访问者感到疑惑，这样反过来又使访谈因被访者而告终。

二、实施步骤

1. 准备焦点小组访谈

（1）环境：一般是有一个焦点小组测试室，主要设备应包括话筒、单向镜、室温控制设备、摄像机。对调研者来说，焦点小组访谈法是一种了解消费者动机的理想方法。

（2）征选参与者：一般是在商业街上随机地拦住一些人或是随机选择一些电话号码。征选时应极力避免在小组中出现重复的或"职业"性受访者。一个小组一般包括8名参与者。注意，并不存在理想的参与人数，这应根据小组的类型而定，经历性的小组比分析性的小组所需的受访者要多。

另外，经调查发现，人们同意参加焦点小组的动机依次是：报酬，对话题感兴趣，有空闲时间，焦点小组有意思，受访者对产品知道的很多，好奇，它提供了一个表达的机会。

2. 选择主持人

拥有合格的受访者和一个优秀的主持人是焦点小组访谈法成功的关键因素。焦点小组对主持人的要求是：第一，主持人必须能恰当地组织一个小组；第二，主持人必须具有良好的商务技巧，以便有效地与委托商的员工进行互动。不仅对主持人的培训和主持人自身的准备是非常重要的，而且委托商的员工在观察小组之前也必须做好充分的准备。

3. 编制讨论指南

编制讨论指南一般采用团队协作法。讨论指南要保证按一定顺序逐一讨论所有突出的话题。讨论指南是一份关于小组会中所要涉及的话题概要。主持人编制的讨论指南一般包括三个阶段：第一阶段是建立友好关系、解释小组中的规则，并提出讨论的个体；第二阶段是由主持人激发深入的讨论；第三阶段是总结重要的结论，衡量信任和承诺的限度。

4. 编写焦点小组访谈报告

访谈结束主持人可进行一次口头报告。

正式的报告，开头通常解释调研目的，申明所调查的主要问题，描述小组参与者的个人情况，并说明征选参与者的过程。接着，总结调研发现，并提出建议，通常为2~3页的篇幅。如果小组成员的交谈内容经过了精心归类，那么组织报告的主体部分也就很容易了。先列出第一个主题，然后总结对这一主题的重要观点，最后使用小组成员的真实记录（逐字逐句地记录）进一步阐明这些主要观点。以同样的方式一一总结所有的主题。

三、焦点访谈的注意事项

企业在进行焦点访谈时，应该注意以下事项。

（1）焦点访谈的目的决定了所需要的信息，从而也决定了需要的被访者和主持人。

企业可以应用一些特殊的调研技术，如测试态度的量表技术，以及一些特殊的仪器，如广告效果测试时，常常需要瞬间显示器和投影仪，这些都需要提早落实，准备到位。

（2）曾经参加过焦点访谈的人，是不合适的参与者。

（3）参与者中应该避免亲友、同事关系，因为这种关系会影响发言和讨论，万一发生这种现象，应该要求他们退出。

（4）每个小组参与者的数量。一直以来认为8～12人是合适的，但经常有4～5人的焦点访谈实施，这主要应该看讨论的内容是什么。如我们为一个家用电脑软件实施焦点小组访谈时，为了让消费者能充分熟悉软件功能、并尽量深入发表意见，每组只有4个参与者，而座谈持续3小时以上。

（5）吸引参与者参加座谈的措施。

① 报酬越高越能吸引人参与。

② 越枯燥的调研项目报酬越要高。

③ 座谈会要尽量安排在周末举行。

④ 向目标人选描述座谈会如何有趣、有意义。

⑤ 强调目标人选的参与对研究十分重要。

（6）主持人在焦点小组访谈中要明确工作职责，其工作职责包括以下内容。

① 与参与者建立友好的关系。

② 说明座谈会的沟通规则。

③ 告知调研的目的并根据讨论的发展灵活变通。

④ 探寻参与者的意见，激励他们围绕主题热烈讨论。

⑤ 总结参与者的意见，评判对各种参数的认同程度和分歧。

（7）主持人应把握会场气氛。

主持人在座谈开始时就应该亲切热情地感谢大家的参与，并向大家解释焦点小组访谈是怎么一回事，使参与者尽量放松。然后，真实坦诚地介绍自己，并请参与者都——自我介绍。沟通规则一般应该包括以下内容，并诚恳地告诉参与者。

① 不存在不正确的意见，你怎么认为就怎么说，只要你说出真心话。

② 你的意见代表着其他很多像你一样的消费者的意见，所以很重要。

③ 应该认真听取别人意见，不允许嘲笑贬低。

④ 不要互相议论，应该依次大声说出。

⑤ 不要关心主持人的观点，主持人对这个调研课题跟大家一样，主持人不是专家。

项目小结

常用的实地调查法有观察法、询问法和实验法。

观察调查法是指调查员凭借自己的感官和各种记录工具，在被调查者未察觉的情况下，直接观察和记录被调查者行为，以收集市场信息的一种方法。

询问调查法主要有入户访谈调查、拦截调查、电话调查、邮寄调查等几种类型，每种方法各有优点和局限性。

实验调查法是指在市场调查中，通过实验对比来取得市场情况第一手资料的调查方法，主要有实验前后无控制对比实验、实验前后有控制对比实验和随机对比实验三种方法。

焦点小组访谈法又称小组座谈法，就是采用小型座谈会的形式，由一个经过训练的主持人以一种无结构、自然的形式与一个小组的具有代表性的消费者或客户交谈，从而获得对有关问题的深入了解。

关键概念

访谈法　观察调查法　询问调查法　实验调查法　焦点小组访谈法

课后自测

一、选择题

1. 文案调查法获取的是（　　）。
   A. 原始资料　　B. 第二手资料　　C. 未加工过的资料　　D. 初始资料
2. 被调查者的活动不受外在因素的干扰，处于自然的活动状态，因而取得的资料更加接近实际的方法是（　　）。
   A. 访问法　　B. 观察法　　C. 实验法　　D. 询问法
3. 下列哪种方法不属于观察法？（　　）
   A. 参加商品博览会　　　　　　　　B. 商场安装摄像机记录顾客的购物行为
   C. 参加展销　　　　　　　　　　　D. 询问商场营业员商品的销售情况
4. 观察法是调查者到现场利用（　　）来搜集被调查者行为表现及有关市场信息资料的一种方法。
   A. 感官　　B. 仪器　　C. 录像机　　D. 感官及仪器
5. 入户调查的优点有（　　）。
   A. 信息获取的直接性　　　　　　　B. 调查组织的灵活性
   C. 调查过程的可控性　　　　　　　D. 调查数据的准确性
6. 拦截访问的缺点有（　　）。
   A. 不适合内容较多、较复杂或不能公开的问题的调查
   B. 调查的精确度可能很低
   C. 拒访率较高
   D. 问卷长度不能超过 15 分钟
7. 邮寄调查的优点有（　　）。
   A. 费用较低　　　　　　　　　　　B. 调查者的影响较小
   C. 调查区域广泛　　　　　　　　　D. 应答更确切

二、判断题

1. 实地调查是收集二手资料的方法之一。　　　　　　　　　　　　　　　　　（　　）
2. "神秘顾客"是非公开观察的一种方法。　　　　　　　　　　　　　　　　　（　　）
3. 实地调查采用的方法不同，所需的费用也不同。　　　　　　　　　　　　　（　　）
4. 在面对面的访谈调查活动中，调查人员应该灵活变通、因地制宜，以求随时掌控访谈进程，取得较好的调查效果。　　　　　　　　　　　　　　　　　　　　（　　）
5. 实验调查能够揭示市场变量之间的因果关系，从而采取相应的营销措施，提高决策的科学性。　　　　　　　　　　　　　　　　　　　　　　　　　　　　（　　）

三、简答题

1. 什么是询问调查法？其有哪些类型？
2. 什么是观察调查法？其主要的类型有哪些？
3. 什么是实验调查法？其有哪些主要的方法？
4. 有人说"人们买东西并非为了它的用途，而是为了它的意义。"结合观察调查法，讨论这一说法。

实训操作

1. 学生分组或者独立进行，当一回"用心的顾客"，观察一家4S店或者是图书馆、西餐厅等，看看能发现些什么问题，写出观察结果。

2. 从下列题目中任选一个，在你的班上组织一次焦点小组访谈。

    A. 学生对新能源汽车的认识

    B. 天猫汽车无人超市的新模式

    C. 宝马共享汽车

    D. 蔚蓝汽车

学习项目四
问卷调查

学习目标：
1. 理解调查问卷的含义及类型。
2. 掌握调查问卷的结构及问卷设计的一般程序。
3. 掌握调查问卷中问题及答案的类型、设计的技巧及应注意的问题。

情 境

沃尔沃美国公司认为，美国的汽车市场正在经历巨大的变化，这会影响到它的市场份额。沃尔沃决定进行一次重要的调查研究，以对变化中的市场做出书面鉴定报告。整个调研过程包括定量调研阶段和定性调研阶段。在调查过程的第一个阶段，调研者做出精简的问卷，得出了下列结论。

潜在购买者对沃尔沃的看法很不同。一些人看重沃尔沃，并将轿车的品牌选择局限在沃尔沃和其他某一个品牌之间，其他人也很看重沃尔沃，但在最后决策时却将它放弃了。

有的消费者很看重沃尔沃，但连沃尔沃的展厅都没有去过。

虽然沃尔沃在美国市场上的份额很小，但问卷调查仍然提供了几个重要的细分市场。

问卷调查是汽车企业进行实地调查，收集第一手市场资料的最基本的工具。在现实的汽车市场调查活动中，汽车市场调查的内容是非常丰富的，人们不仅要了解市场潜量、市场需求规模等方面的市场调查总体的数量特征信息，还要了解产生各种购买行为的动机、态度等方面的心理特征信息。问卷调查法为有效地收集和测定这些方面的市场特征资料提供了良好的技术手段，所以在汽车市场调查活动中被普遍地运用。

问卷设计是汽车市场调查必不可少的关键环节，对调查数据的质量乃至分析结论都有重要的影响。问卷设计中的缺陷不仅会影响市场调查其他环节的顺利开展，甚至可能导致整个调查研究项目的失败。因此，科学严谨和周密的问卷设计，是保证市场调查工作取得成功、调查分析结论具有较高价值的重要基础。要设计出一份优秀的问卷，设计者一方面需要具备广博的知识，另一方面还应注意遵循问卷设计的必要程序和原则，掌握问卷设计的基本技巧。

问卷制作过程中包括哪些步骤？因特网对问卷有和影响？下面本章将对这些问题进行探讨。

任务一　问卷调查概述

一、问卷的含义

问卷是指调查者事先根据调查的目的和要求所设计的，由一系列问题、说明，以及待选答案组成的调查项目表格，所以又称调查表。问卷调查是调查者依据心理学原理，将精心设计的各种问题全部以询问的形式在问卷中列出来，许多问题还给出了多种可能的答案，提供给被调查者进行选择。这种方式有助于被调查者能够及时、准确地获取调查的内容，领会调查意图，从而能提高调查的系统性和准确性。

在问卷调查中，调查者事先将设计好的调查项目、调查问题和答案规范地罗列在问卷中，并确定了相应的计算机编号，这就使调查结束后的数据处理变得方便快捷，也能够将调查者依据数据处理的结果进行深入的统计分析和定量研究，从而提高了调查的科学性。

此外，问卷中将调查目的、调查内容进行说明和编排，并提出了相应的应答要求，一般无需再让调查人员就有关问题向被调查者进行说明，对方就可以完成回答。这样就省去了调查者与被调查者进行大量解释的时间，缩短了调查作业流程，从而节约了调查成本。

二、问卷的类型

1. 自填式问卷和代填式问卷

自填式问卷是指向被调查者发放，并由被调查者自己填写答案的问卷。这种问卷适合于面谈调查、邮寄调查、网络调查及媒体发放的问卷调查时使用。

代填式问卷是指向被调查者进行询问，由调查人员根据被调查者的回答代为填写答案的问卷。这种问卷适合于面谈调查、座谈会调查和电话调查中采用。

2. 结构式问卷和开放式问卷

结构式问卷也称封闭式问卷，是指问卷中不仅设计了各种问题，还事先设计出一系列各种可能的答案，让被调查者按要求从中进行选择。这种问卷适合于规模较大、内容较多的市场调查。如请选择两者中的一个作为回答。

问题：您家有汽车吗？　□有　□没有

开放式问卷又称为无结构式问卷，是指问卷中只设计了询问的问题，不设置固定的答案，被调查者可以自由地用自己的语言来回答和解释有关想法。这种问卷适合于小规模的深层访谈调查或实验性调查。

"您认为您使用轿车的原因是什么？"；"哪种颜色的品牌轿车是您最喜欢的？"

这种开放式问题的优点是：被调查者可以充分自由地按照自己的想法和方式回答问题和发表意见，不受任何限制，有利于发挥被调查者的主动性和想象力。被调查者在回答问题时，一般使用的是生活语言而非营销术语，这样有助于诸如广告主题和促销活动的设计，使文案的创作更接近于生活语言。因此，开放式问题特别适合于那些潜在答案很多或者比较复杂或者尚未弄清各种可能答案的问题。当然，开放式问题也存在它的缺点，可能会造成调查偏差。如果被调查者性格内向或者表达能力不强或者准备不够充分，他们往往会放弃回答或者答非所问，使问卷的回收率和有效率降低。另一方面，开放式问题在编辑和编码方面费时、费力；由于被调查者提供答案的想法和角度不同，对答案分类时往往会出现困难；如果使用了太多的类别，各种类别的频次可能很少，从而使解释变得困难；如果类别太少，回答都集中在几个类别上，信息又变得太一般，重要的意思就会丢失，造成难于进行整理和定量分析。

以下是一些有用的开放式问题，通常没有注意到，但却能产生很深刻的理解。

（1）什么因素可以使你使用或者购买我们公司的汽车？

（2）我们公司的产品、服务和促销，什么才是最好的？

学与练

设计一些简单的结构式问句和开放式问句。

营销调研视野4-1　运用技术手段记录开放式问题的回答

Adults Surveys开发了一种称为AS/Vioce/CATI的系统。当屏幕上出现了一个开放式问题时，访谈员能将全部回答以应答者的原声录入磁盘，而不必用录音机录入。假设访谈通过个人计算机而不是通过信息转储终端进行记录。这一系统为分析开放式问题提供了新的重要的益处。

通过记录全部开放式回答，访谈员就不会因为要澄清问题、记录回答而打断谈话。

通过获得的谈话内容来了解对一件事的看法。

能够记录访谈员的提问方式和访谈员与回答者如何交换意见。

这个系统将回答储存在电脑上，就像将数字文件存在硬盘或软盘上。因此，逐字记录下来的回答可以像其他电脑文件那样被分类处理。这些数据也可以像其他数据或软件那样，邮寄给委托公司的研究人员或通过电话线路传送。

例如，在分析顾客满意度的研究中，分析员可以分类处理满意和不满意的回答，然后听取每一组关于其原因的真实意见。在分析、报告介绍和准备阶段，真实的声音、开放式回答可以通过问卷中其他问题的答案和传统的分类方式（性别、年龄、收入等）进行分类处理。

3. 传统问卷与网络问卷

传统问卷是指目前在一些传统方式（如面访调查、邮寄信函调查、电话及媒体刊载问卷）进行的调查中仍在大量使用的纸质问卷。

网络问卷是指随着电子计算机和互联网技术的发展而出现的、网上调查所用的无纸化问卷。

三、问卷的作用

1. 使调查活动简单易行，能够将人为因素造成的计量误差减少到最低

问卷提供了标准化和统一化的数据收集程序。它使问题的用语和提问的程序标准化。每一个访问员问完全相同的问题，每一个应答者看到或听到相同的文字和问题。只要被调查者有一定的文化水平和语言表达能力，就能完成问卷。由于此种方法简捷易行，因此问卷调查的适用面非常广泛。

如果不用问卷，而是由访问员和应答者进行口头交流，随感而问，那么，应答者的回答可能受到访问员语调、语速和用词的影响，而不同访问员的提问方式也会不同，导致的结果是所收集的资料精度下降，这会严重影响调查报告的质量。但是，如果问卷设计得不好，那么所有精心设计的抽样方案、训练有素的访问人员、合理的数据分析技术和资料的编辑和编码都将是资源的浪费。

2. 便于对调查资料进行统计分析，提高了调查结论的科学性

问卷调查的结果统计可以用计算机将每一个被选择的答案进行汇总、归类，大大地方便了数据资料的整理和分析。通过提问和回答的方式，问卷将消费者实际的购买行为体现出来，同时也揭示出了消费者的态度、观点、看法等定性的认识，并将其转化为定量的研究，这样就使调查人员既了解了调查对象的基本状况，同时，对于跟调查对象有关的各种现象也可以进行相关分析。如果不用问卷，对不同应答者进行比较的有效基础就不存在了，从统计分析的角度看，收集到一大堆混乱的数据也难以处理。所以说，问卷在这里是一种作用非常大的控制工具，它使数据资料的收集、整理和分析工作变得有章可循。

3. 大大节约了调查时间，提高了作业效率

经过调查人员的工作，许多项目被设计成由被调查者以备选答案的形式回答的问题，调查人员对调查问卷只需稍作解释，说明意图，被调查者就可以答卷。而且一般不需要被调查者再对各种问题进行文字方面的解答，只需对所选择的答案做上记号或标识即可。因此，可以节省大量时间，使调查者能在较短的时间内获取更多有用的信息，而且不需要访问人员做大量记录，因此在加快调查进度的同时，调查的内容就更全面、更准确，更能反映出被调查者的意愿。

任务二　问卷的基本结构与内容

一、问卷的结构

从结构来讲，问卷主要包括三个主要部分：介绍部分、问卷主体部分和基础数据部分。介绍部分的主要作用是为了使调查活动获得被调查者的认同，被调查者的资格得到确认，调查活动得以有效展开，因而除了必须具有说服力外，还要提一些识别合格应答者的问题，也称过滤性问题；问卷主体部分包括了各种问题，这些问题中蕴含着大量用以解决市场营销中存在问题的信息，问题的具体内容应与被调查对象所具备的知识背景相一致，主要目的是提高调查结论的有效度；基础数据部分主要指被调查者的重要信息，主要作用是了解被调查者的人口统计特征以及有关生活方式和心理测试方面的问题，以方便后期分析。

二、问卷的具体内容

市场调查问卷通常是由标题、说明词、填表说明、问题与备选答案、被调查者的背景资料、编码、作业记录等项内容组成。

1. 标题

问卷的标题是对调查主题的大致说明。与写论文一样，题目应该醒目、吸引人。问卷标题就是让被调查者对所要回答的问题先有一个大致的印象，能够唤起被调查者积极参与调查的兴趣。问卷的标题要开门见山，直接点明调查的主题和内容。

问卷标题举例：关于SUV消费者需求的调查；关于××品牌汽车售后服务的调查。

2. 说明词

说明词主要用来说明调查的目的、需要了解的问题，及调查结果的用途。有些问卷还要有问候语，以引起被访者的重视。同时还要向被调查者介绍调查组织单位，请求被调查者合作，向被调查者表示感谢等。说明词在问卷调查中非常重要，它可以消除被调查者的顾虑，激发他们参与调查的意愿。

下面是一份调查问卷的说明词。

顾客您好！

感谢您对我们4S店的大力支持。我们进行这次市场调查是为了了解您在我们4S店接受服务时有哪些我们做得好或者不好的地方，为我们的经营管理提供决策帮助。我们诚恳地希望得到您的支持和合作，请将您的真实想法提供给我们，我们保证对您所谈的内容严格保密。占用了您宝贵的时间，向您表示深切的谢意！

3. 填表说明

是指对调查表的内容所作的解释。目的在于帮助填表人正确填写调查表格，填表说明的内容一般是解释调查表中的各个项目，说明填写时应注意的事项，指出在每种情况下应如何理解和回答调查项目中提出的问题。填表说明应力求简单明确，通俗具体，使填表人易于掌握。

下面是一份调查问卷的填表说明。

填表说明：

A. 选择类问题请在选项 A、B、C、D 中选择正确答案。

B. 有注释的部分，请仔细阅读注释内容后再作填写。

C. 请回答所有问题。如有一个问题未按规定作答，整个问卷将作废。

4. 问题与备选答案

问题与备选答案是问卷的主体部分，也是问卷中的核心内容。它主要以提问的方式提供给被调查者，让被调查者进行选择和问答。显然，这部分内容设计得好坏关系到整个问卷的成败，也关系到调查者能否很好地完成信息资料的收集，以实现调查目标。

下面是一份调查问卷的一道问题和备选答案。

以下装备中，您认为在行车安全中最不能少的是：

A. 安全气囊

B. 安全带

C. 车身钢板厚度

D. ABS 防抱死系统

5. 被调查者的背景资料

被调查者的背景资料也称问卷中的基础数据，是指被调查者的一些主要特征。被调查者的有关背景资料也是问卷的重要内容之一，被调查者往往对这部分问题比较敏感，但这些问题与研究目的密切相关，必不可少。如在消费者调查中，消费者的性别、年龄、婚姻状况、家庭的类型、人口数、文化程度、职业、经济情况等，单位的性质、规模、行业、所在地等，具体内容要依据研究者先期的分析设计而定；又如在企业调查中，企业名称、企业类型、所有制性质、商品销售额、利润总额、职工人数情况等。通过这些项目，可以对调查资料进行分组、分类。

下面是一份调查问卷中所列的背景资料。

请填写您的基本资料：

A. 单位名称

B. 所有制类型
C. 您的性别

6. 编码

编码是指问卷中事先确定了一个数字作为每一个问题及答案的代码。这是为了调查后期数据处理的方便。一般情况下，市场调查问卷都应该编码，以便分类整理，方便计算机处理和统计分析。编码工作一般在问卷设计时完成，即将代表了相应变量的阿拉伯数字标在答案的最右边，在调查结束后直接输入计算机。与此同时，问卷本身也要进行编号，该编号除了表示问卷顺序之外，还应包括与该样本单位有关的抽样信息。

下面是一份调查问卷中的编码。

贵公司所追求的经营目标是什么？

① 完成经营计划（　　　）　　　　　　　　　　①
② 提高企业形象（　　　）　　　　　　　　　　②
③ 提高市场占有率（　　　）　　　　　　　　　③
④ 加大自主创新力度（　　　）　　　　　　　　④

7. 作业记录

调查作业记录应包括记录调查人员的姓名、访问日期、访问时间、访问地点等，其目的是核实调查作业的执行和完成情况，以便于对调查人员的工作进行监督和检查。有些重要的调查还需要记录调查过程中有无特殊情况发生，及被调查者的配合情况等，因为这些情况的发生和处理方式都将影响调查结果。

> **学与练**
>
> 讨论调查问卷中被调查者的背景资料对后期分析有什么样的意义。

任务三　问卷设计的程序与具体操作

调查问卷的设计要目的清晰，容易让被访者接受，问题的编排应该合理有序，用词简明扼要，表述准确，应答者的回答便于整理分析。在现实市场调查活动中，为了达到上述要求，在设计调查问卷的过程中，设计者必须注意各个环节、各个项目及内容的相关性，依据一定程序进行，才能保证问卷的科学性和易操作性。

一、问卷设计的程序

问卷设计的具体程序可分为以下几个步骤。

1. 围绕调查目的开列所需收集的资料清单

这是问卷设计的准备阶段。在问卷设计之前，调查者必须明确调查课题的范围和项目，将所需的资料全部列出。为此，调查者首先要将所要了解的信息划分类别，列出资料清单，并归纳出具体的调查项目；其次应该划分哪些是主要资料，哪些是次要资料，以确定分工收集时的着力点；第三应该依据调查项目确定资料的收集方向，如要了解企业的市场营销行为，调查者需要了解市场调查、市场细分、目标市场选择、市场定位、市场拓展、市场竞争等宏观资料，还应该了解产品、价格、渠道、促销等微观项目资料，依据所列的调查项目，调查者就可以设计出一系列具体的需要被调查者回答的问题,从而获得所需要的信息资料。

在此阶段,调查者还需要区分和了解被调查者的各种特性,如被调查者的社会阶层、收入水平、行为习惯等社会经济特征;文化程度、知识结构、理解能力等文化特征;需求动机、购买心理、消费意向等心理特征,以此作为拟定问卷的出发点和基础。同时应该广泛听取有关人员意见,做到使问卷符合客观实际,以满足未来分析的需要。

2. 根据所需资料的性质、特点选定其适当的收集方法

市场资料可以分为原始资料和二手资料。调查目的的不同,所需要收集的资料也不同,调查者所选择的调查方式和方法也会随之不同。如在面谈调查中,由于可以与被调查者面对面地交谈和沟通,故可以询问一些较长和复杂的问题。在电话调查中,由于时间限制,调查者只能问一些较短和简单的问题。邮寄问卷由于是被调查者自己填写,故询问的问题可以多一些,但要给出详细的填表说明。网络调查收集资料的速度快,且多是匿名访问,故可以询问一些社会热点和敏感性问题。

3. 结合调查项目和资料收集方法设计问题和备选答案

在确定了调查需要收集的资料和调查方法的基础之上,设计准备工作已经基本就绪。调查者就可以根据所需收集的资料,遵循设计原则开始设计问卷的初稿,即主要对提问的问题和答案进行设计。在此过程中,调查者需要注意这样的程序:首先,将调查项目细分,即把调查的项目转化成具体的调查细目;其次,标明每个细目下的资料需要采用什么方法提问,并设计出问句和答案;第三,对问题进行检查筛选,考虑每个问题是否是必需的,而且能否获取答案。当然也得考虑到问卷是否需要编码及说明词的内容。需要说明的是,问卷中的问题并非越多越好,因为问卷的空间有限,如果问题太多,加之答案不好获取,会使调查对象感到厌烦而拒绝合作,从而影响了调查的进行,还会增加调查的成本和数据处理难度。

4. 依据逻辑思维习惯对设定问题进行排序

问题的排序通常有以下原则:要按照问题的类型、逻辑性、难易程度、思维习惯进行排列。具体做法是由浅入深,由易而难,从简到繁。即将一些简单的、容易引起对方兴趣的问题排在前面,将那些复杂的、易引起对方不适和敏感的问题放在后面,中间的过渡和衔接要连贯和自然,同时,调查者也应考虑人的思考习惯和思维逻辑。只有合理安排调查提问的顺序,才可能保证调查活动的正常进行。

5. 对问卷进行预先检测与修正

一般来说,在问卷的初稿完成后,调查者应该在小范围内进行实验性调查,了解问卷初稿中存在哪些问题,以便对问卷的内容、问题和答案、问题的次序进行检测和修正。实验调查的具体方法可以是这样:选择一些有代表性的调查对象进行询问,将问卷中存在的问题尽可能表现出来,如问卷中的语言使用、问题的选项、问卷的长短等;然后依据试调查的结果,看调查对象对问卷中所有问题是否乐意回答或能够回答,哪些问题属于多余,还有哪些不完善或遗漏的地方。发现问题,应该立即进行修改。如果预先测试导致问卷内容发生了较大的变动,调查者还可以进行第二轮测试,以使最后的定稿更加规范和完善。

6. 问卷的定稿和印刷

对问卷进行了修订以后,就可以定稿并准备印刷了。在问卷定稿阶段,调查者要确定问卷说明词、填表说明、计算机编码等,再一次检查问卷中各项要素是否齐全,内容是否完备。在印刷阶段,调查者要决定问卷外观、纸张质量、页面设置、字体大小等。

总体来说,在设计问卷调查的基本流程时,应该将其作为一项市场调查大系统中的子系

统来考虑，如图 4-1 所示

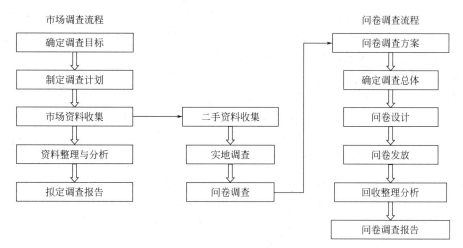

图 4-1　问卷调查与市场调查的关系

二、问卷设计的具体操作

1. 调查资料清单的确定方法

一般来讲，调查资料清单的确定是要解决这样几个问题：需要什么样的信息？这些信息资料中哪些是主要资料，哪些是次要资料？这些信息资料的来源在哪里？这些信息资料是否具有较高的准确性和可分析性？这几个问题的解决需要调查人员从分析调查目的和内容入手，确立调查项目，依据项目确定所需资料类型，然后才可以进行资料清单的开列。资料清单的开列是问卷设计的前提，也是问卷设计的基础，因此确定资料清单必须有清晰的思路。

（1）解决需要什么信息的问题。问卷是信息的载体，设计问卷需要确定所需资料清单，那么，确定应收集什么样的信息就成为当务之急。一般应该根据调查的目的来设定调查内容，依据调查内容需求来设定问卷内容，同时还应该考虑调查内容的针对性、系统性，然后将所需信息资料项目一一列出，经过甄别，将资料分为主要资料和次要资料，以备安排调查人员和确定调查方法之用。有时，调查发起者可能自己都不知道自己真正需要获得哪些信息。这就要求调查设计人员与调查发起者进行交流，深入了解调查发起者的真正需求，然后才能确定调查目标，进而确定所需资料内容。例如新产品上市要进行调查，那么竞争对手的市场份额、潜在用户对产品的评价等肯定是必需的信息。

（2）解决资料重要性的问题。市场信息是指有关市场经济活动的各种消息、情报、数据、资料的总称。按不同的分类标准可以有：原始信息和加工信息，内部信息和外部信息，历史信息、现时信息和未来信息，市场情报信息、企业经营管理信息、营销环境信息、文献性信息，物质性信息和思维性信息等。这些信息有明确的来源，而且复杂多样，市场调查往往是围绕获取某一方面的市场信息而展开的。这就要求市场调查人员在围绕调查目的确定所需资料范围的基础上，还要将各种资料信息进行分类。有些信息资料是与调查目标直接相关的，而有些是有间接联系的，调查人员应该将资料进行有针对性的分类，以识别出哪些是重要资料，哪些是次要资料。这既是市场调查科学性的要求，也是调查成本控制的必然选择。

（3）市场资料信息的来源非常广泛，如一些二手资料可以有以下内容：企业内部资料，诸如企业销售记录、业务员访问报告、市场研究报告、剪报、同业资料、经验总结、顾客意见等；企业外部资料，诸如政府部门或者统计机构的年鉴、报告和金融机构、学术研究机构或其他机构发布的报告和资料，另外还有外部刊物及索引类资料和专业书籍等。因此，一定要在把握调查项目的基础上，深入研究具体需要哪些信息，提出正确的信息来源方向，最终确定的问卷信息才可能满足调查发起者的需要。

2. 调查资料收集方法的选择

调查资料的收集可以采用这样一些方法：面对面访谈、电话调查、邮寄信函调查、留置调查、互联网调查、观察调查、实验调查等。不同的调查方法对问卷设计的要求是不同的。比如在大街上进行的拦截式的面对面访谈，应该尽量控制在较短的时间内，因为行色匆匆的路人一般没有太多时间接受访谈，如果过分要求，可能会造成受访者的不配合或回答随意性太强；在进行电话调查时，要求调查者在尽量短的时间内，用较为清晰的语言表达，使被访者尽快了解正在调查的问题；在入户调查时，要求调查员能够正确借助文字材料或图片信息，使应答者明确调查目标；在邮寄信函调查时，要求调查说明应该详细书写，以避免因缺乏面对面的解释而带来的对调查目标的曲解。

3. 问题的设计方法

问题设计总的要求是：不仅要考虑调查目的和被调查者的类型，还要考虑访问的环境和问卷长度，最为重要的任务之一是适合于应答者或潜在的应答者。

所以，在设计问卷时应尽量为被调查者考虑，以避免由调查者引起的计量误差。设计者如果仅从自己设计提问的角度来决定问卷形式，忽略被调查者的感受，主观假定被调查者对不同形式问题的反应无显著差异，结果必然导致计量误差。

调查问卷中的问题一般涉及以下几种类型。

（1）直接性问题和间接性问题。直接性问题是指通过直接的提问，立即就能够得到答案的问题。直接性问题通常是一些已经存在的事实或被调查者的一些不很敏感的基本情况。

例如：你现在使用的汽车是什么品牌的？

间接性问题指的是被调查者的一些敏感、尴尬、有威胁或有损自我形象的问题。一般不宜直接提问，而必须采用间接或迂回的询问方式发问，才可能得到答案。间接性问题通常是指那些被调查者思想上有顾虑而不愿意或不真实回答的问题。

如家庭人均收入、消费支出、婚姻状况、政治信仰等方面的内容，如果不加思考直接询问，可能会引起被调查者的反感，导致调查过程出现不愉快而中断。

（2）开放式问题和封闭式问题。开放式问题是指调查者对所提出的问题不列出具体的答案，被调查者可以自由地运用自己的语言来回答和解释有关想法的问题。

例如：你认为消费者买车时最看中的是什么？

开放式问题的优点是比较灵活，能调动被调查者的积极性，使其充分自由地表达意见和发表想法；对于调查者来说，能收集到原来没有想到，或者容易忽视的资料。同时由于应答者以自己的提问来回答问题，调查者可以从中得到启发，使文案创作更贴近消费者。这种提问方式特别适合于那些答案复杂、数量较多或者各种可能答案尚属未知的情形。

开放式问题的缺点是被调查者的答案可能各不相同，标准化程度较低，资料的整理和加工比较困难，同时还可能会因为回答者表达问题的能力差异而产生调查偏差。

封闭式问题是指事先将问题的各种可能答案列出，由被调查者根据自己的意愿选择回答。封闭式问题的优点主要有标准化程度高，回答问题较方便，调查结果易于处理和分析；可以避免无关问题，回答率较高；可节省调查时间。

封闭式问题的缺点主要有被调查者的答案可能不是自己想准确表达的意见和看法；给出的选项可能对被调查者产生诱导；被调查者可能猜测答案或随便乱答，使答案难以反映自己的真实情况。

> **学与练**
> 设计三个开放式和三个封闭式问题来测量顾客对大众汽车的态度。

（3）动机性问题和意见性问题。动机性问题是指为了了解被调查者一些具体行为的原因和理由而设计的问题。

例如：你为什么购买某一款汽车？

动机性问题所获得的调查资料对于企业制定市场营销策略非常有用，但是收集难度较大。调查者可以多种询问方式结合使用，尽最大可能将调查者的动机揭示出来。

意见性问题主要是为了了解被调查者对某些事物的看法或想法。

意见性问题在营销调查中也经常遇到，它是很多调查者准备收集的关键性资料，因为意见常常影响动机，而动机决定着购买者的行为。

在实际市场调查中，常常是几种类型的问题结合使用。在同一份问卷中，既会有开放式问题，也会有封闭式问题；甚至同一个问题，也可能隶属于多种类型。调查者可根据具体情况选择不同的提问方式，使用不同的询问技术。

但是，不管采用什么样的询问技术，最终都会归结到问题的措辞上。从语言文字表述来讲，问题的提出又有以下要求。

① 清晰、简明、扼要。

语言表达过于专业　请问您对本次双代赔偿是否满意？

在汽车保险中，双代是指被保险的车辆发生出险时不在投保地。由出险地的公司负责代为定损和代为赔偿，但对被调查者来说这个词语过于专业。

分析提示：有些顾客可能对汽车并不十分了解，即使给出答案也没有什么实际意义，调查结果显然会出现误差。所以在决定问题措辞时，应避免使用过于专业的一些术语。

② 意思明确。

语言含糊　你对本 4S 店的印象如何？

分析提示：这样的问题提法过于笼统，意思不明确，因为对于顾客来讲，印象可能来自店面装修、服务质量等方面。

③ 避免诱导性或否定式问题。

诱导性问题　很多人都认为这款车比较耗油，你认为呢？

分析提示：这是一个诱导性问题，问题中已经包含了建议答案或推荐被调查者在该问题上应该采取的立场。

否定式问题　你并不认为这是一辆性价比高的车，对吧？

分析提示：这是一个否定式问题，这种否定句提问对被调查者的回答有诱导作用。

④ 不要求评价或假设性的问题。

假设性问题　假如你很富有，你会买奔驰还是宝马？

（4）答案的设计方法。在问卷调查实践中，无论哪种问题类型，都要进行答案设计，尤其是封闭性问题，必须进行全面、系统、详尽的设计，才可以将调查内容信息准确地传输给被调查者，取得对方的充分合作，使其不带偏见地去回答有关问题。一般较常用的答案设计方法有以下几种。

① 二项选择法：也称是非法，是指所提出的问题只有两种对立的答案可供选择，被调查者只能从两个答案中选择一项。

例如：您家里现在有汽车吗？答案只能是"有"或"无"。

又如：您是否打算在近五年内购买家用轿车？回答只有"是"或"否"。

分析提示：这样的答案设计态度明朗，利于选择，可以得到明确的回答，能迫使倾向不定者偏向一方，能够在较短的时间内得到答案，统计处理方便；缺点是不能反映意见的差别程度，调查不够深入，由于取消了中立意见，结果有时不准确。

② 多项选择法：是指所提出的问题有两个以上的答案，让被调查者在其中进行选择。

例如：您最喜欢哪一款车？（在您认为合适的车型下画线）

斯柯达　骐达　标致　悦动　宝来

分析提示：多项选择法的优点是可以缓和二项选择法强制选择的缺点，应用范围广，能较好地反映被调查者的多种意见及其程度差异，由于限定了答案范围，统计比较方便。缺点是回答的问题没有顺序，且答案太多，不便归类，对问卷设计者的要求较高。

③ 顺序法：又称排序法，是指提出的问题有两个以上的答案，由被调查者按重要程度进行顺序排列的一种方法。在实践中，顺序法主要有两种，一种是对全部答案排序，另一种是只对其中的某些答案排序。究竟采用何种方法，应由调查者根据问卷情况来决定。具体顺序则由被调查者根据自己所喜欢的事物和认识事物的程度等进行排列。

例如：您认为影响您选购汽车的主要条件是（请根据所给答案按重要顺序按1，2，3等编号）

价格合适　低油耗　外观美观　维修方便　牌子有名　经久耐用

分析提示：顺序法不仅能够反映出被调查者的想法、动机、态度、行为等多个方面的因素，还能比较出各因素的先后顺序，既便于回答，又便于分析。但是在实践应用中应注意，被选答案不宜过多，以免造成排序分散，加大整理分析难度；调查内容必须要求对备选答案进行排序时再使用。

④ 比较法：是指采用对比的方式，由被调查者将备选答案中具有可比性的事物进行比对做出选择的方法。

例如：比较下列车型，哪种外形更美观？

奥迪A6　丰田花冠　本田雅阁　大众帕萨特　现代索纳塔

分析提示：这种方法采用了一一对比方式，具有一定的强制性，使被调查者易于表达自己的态度。但在实际应用时应注意，比较项目不宜过多，否则会影响被调查者回答的客观性，也不利于统计分析。

（5）问卷中问题的排序方法。心理学研究表明：问题排列的前后顺序有可能影响被调查者的情绪。同样的题目，安排得合理、恰当，有利于有效地获得资料。编排不当，可能会影响被调查者作答，影响问卷的回收效率，甚至影响调查的结果。例如，问卷结构很乱，问题排列没有逻辑顺序，致使被调查者回答时思维跳跃过大，易产生反感。又如问卷一开始就是一些较复杂或敏感的问题，使被调查者产生紧张或厌烦情绪，会影响他们对后面问题的回答。问题排列顺序、结构混乱，既不利于调查员提问，也容易使被调查者疲劳。尤其对于较复杂的问卷，调查员提问和被调查者回答都可能出错。问题排列顺序不当可能产生诱导。如对某品牌的产品进行市场调查，一开始就询问对该品牌的看法，之后才询问消费者所喜欢的产品品牌，结果反映出对该品牌的喜欢程度明显偏高。

所以，在设计问卷时，应站在被调查者的角度，顺应被调查者的思维习惯，使问题容易回答。下面是题目编排的一般原则。

① 问卷中问题的排序应注意逻辑性。问题的编排应注意尽量符合人们的思维习惯，这样才可能使调查有一个良好的开端。如果未加仔细考虑，问题排序杂乱无章，让人思维空间变幻过快，心理上会产生明显的反差，这就会影响被调查者回答问题的意愿，不利于其对问题的回答。所以，一般当面访问时，开头应采用简单的开放式问题，先造成一个轻松、和谐的谈话氛围，使后面的调查能够顺利进行。采用书面调查时，开头应是容易回答的、具有趣味性的一般性问题，需要思考的核心调查内容放在中间部分，专门或特殊的问题放在最后。

学与练

讨论设计问卷时，注意题目编排的原则有什么样的意义。

② 问卷中问题的排序应先易后难。一般性问题的最先出现可以使人们开始考虑有关概念、公司或产品类型，然后再问具体问题。也就是将容易回答的问题放在前面，难以回答的题目放在后面，问卷的前几道题容易作答能够减少应答者的反感情绪，提高其积极性，有利于建立起一种融洽关系。如果一开始就让他们感到费力，容易使他们对完成问卷失去兴趣。

一般对公开的事实或状态的描述简单一些，因此放在问卷的较前面位置，而对问题的看法、意见等需要动脑筋思考，因此放在问卷稍后一点的位置。

从时间的角度来考虑，最近发生的事情容易回想，便于作答，因此放在问卷前面一点的位置。过去发生的事情，由于记忆容易受到干扰，不容易回想，因此放在问卷较后一点的位置。例如，可先问"您现在使用的是什么牌子的牙膏？"然后再问"在使用这种牌子的牙膏之前您使用过什么品牌？"

③ 一些特殊问题置于问卷的最后。许多特殊问题，如收入、婚姻状况、政治信仰等一般放在问卷的后面，因为这类问题非常容易遭到被调查者的拒答，从而影响回答的连续性。如果将这类问题放在后面，即使这些问题被拒答，其他前面问题的回答资料仍有分析的价值。并且，此时应答者与访问者之间已经建立了融洽的关系，被调查者的警惕性降低，有助于提高回答率，从而增加了获得回答的可能性。

复杂的开放性问题一般需要较长时间来回答，通常情况下，一般的被调查者是不愿意花太多的时间来完成一份问卷的。如果将复杂的开放性问题放在问卷前面的位置，会使被调查者觉得回答问卷需要很长时间，从而拒绝接受调查。所以，复杂的开放性问题一般放在后面，即使不作答，也不至于影响了其他问题的回答价值。

营销调研视野 4-2　敏感问句的处理技巧。

敏感型问题是指被调查者不愿意让别人知道答案的问题。比如，个人收入、民族习惯中忌讳的问题和个人生活问题等。像"您是否逃过税？"这样的问题就会使被调查者产生种种的顾虑，出于本能的自卫而不愿意回答或者给予不真实的回答。因此，问卷中应尽量避免但有时为了研究的需要必须了解这类信息,这时,就要讲究处理技巧以降低问题的敏感程度。

① 释难法:就是通过在问题之前加上一段有助于不使被调查者询问的问题,使问题自然化。一般在问卷引言中都公开声明,本次调查仅用于统计分析目的,个案资料绝对保密,这样就有助于打消被调查者的疑虑。

② 人称代换法:就是要将直接向被调查者询问的问题,改为关于第三人称的问题,使被调查者处于纯客观的地位,便于回答问题。例如:"您是否认为机动车购买者可以不缴纳第三者责任险?"绝大多数人会回答:"否"。但这不是所有人对敏感性问题的真正看法。如果问句改成"您的朋友们是否认为机动车购买者可以不缴纳第三者责任险?"这时候,被调查者就容易坦率回答。

③ 数值归档法:像年龄、收入等敏感问题可使用数值归档法,即将要研究的变量的取值划分为几个连续的区间,由被调查者选择,这样效果会更好。

(6) 问卷检测与修正的方法。问卷草稿设计好后,问卷设计人员应对其进行检测与修正。

① 问卷中问题的必要性。调查人员应该根据调查目标确定问卷中所列的问题是否都是必需的,能否满足管理者决策的信息要求。每个调查目标都应该有相应的提问,不能有遗漏。而且每一个问题都必须服从一定的目的,比如过滤性的、培养兴趣的、过渡用的。更多的问题是直接与调查目的有关的,如果问题不能达成上述目的中的任何一个,就应删除。

② 问卷的长度。调查人员应该通过实验来确定问卷的长度。一般情况下,对于拦截式调查,问卷的长度应控制在 15 分钟之内,否则,应考虑适当删减。对于电话式调查,应控制在 20 分钟之内。对于入户访问,如果超过 45 分钟,也应当给应答者提供一些有吸引力的刺激物,如电影票、钢笔、铅笔盒、现金或其他小礼品等。

③ 问卷的外观设计。针对邮寄问卷和留置问卷等自填式问卷,外表要求质量精美,非常专业化;适当的图案或图表会调动被调查者的积极性;正规的格式和装订、高质量的纸印刷、精心设计的封面等是很有必要的。被访者能感觉到研究者的认真态度,也更愿意予以合作。

④ 开放式问题应留有足够的回答空间。开放式问题在问卷内部要留出足够的空间,方便提问、回答、编码,以及数据处理。文中重要的地方注意加以强调,以引起被调查者的注意。

(7) 对初稿的检测与修改。问卷的初稿很可能存在一些潜在的问题,一般都要经过仔细检查和修改,必要时应按上述几个步骤重新检查,反复推敲每个问题的每个词语。这一阶段,耐心、严谨、认真非常重要。然而,即使经过认真的检查,一些潜在的问题未经实际调查,还是发现不了,因此在正式使用问卷之前,一般要对它进行充分测试,在与正式调查的环境相同时考察调查方式是否合适,向调查者和被调查者询问问卷设计有何问题,对实验调查得到的答案进行编码、试分析,检验问卷是否能够提供需要的信息等。出现问题的,需要立即修改问卷,必要时删除不能提供所需信息的问题。

营销调研视野 4-3　什么是量表。

在市场调查工作中,经常需要对被调查者的态度、意见或感觉等心理活动进行测量和判别，这些工作需要借助各种数量方法进行度量。量表就是对定性资料进行量化的一种度量工具，即通过一些事先确定的用语、记号和数目，来测量被调查者的态度、意见或感觉等心理活动的程度。它可以对被调查者回答的强度进行测量和区分，而且将被调查者的回答转化为数值后，可进行编码计算，便于进行深入的统计分析。

① 评比量表：是比较常用的一种定序量表，调查者在问卷中事先拟定有关问题的答案量表，由回答者自由选择回答。如：A. 很好 B. 较好 C. 一般 D. 较差 E. 很差。一般情况下，选项不应超过5点，否则普通应答者可能会难以做出选择。

② 矩阵量表：也称语义差别量表，是用成对的反义形容词测试被调查者对某一事物的态度。在市场调查中，它主要用于市场与产品、个人与集体之间的比较，人们对事物或周围环境的态度的研究。具体做法是，在一个矩阵的两端分别填写两个语义相反的术语，中间用数字划分为7个等级，由回答者根据自己的感觉在适当的位置画上记号。

③ 李克特量表：是李克特于1932年提出的，也是广泛运用的量表，它要求被调查者表明对某一表述赞成或否定，回答者将赞成和不赞成分成若干等级，以区别它们的态度。

三、问卷的整体设计

仅仅掌握问卷的基本结构只能让设计人员构造出问卷的大概轮廓，但如何使一份问卷更加吸引人、引起被调查者更加强烈的兴趣，则需要充分了解问卷的整体设计。问卷的整体设计主要有以下两个方面：问卷整体外观设计、引言和指导语设计等。

1. 问卷整体外观设计

（1）问卷的外在质量。这对于动员被调查者参与合作具有重要的作用。既然希望对方认真合作，那么问卷本身就应该庄重大方，以显示被调查者的尊敬。如果是重大调查课题，或者是有实力的执行者或委托者参与的课题，更应该使问卷做到印刷精良，以引起被调查者对调查的重视。

（2）问卷的版面格式。这对于调查结果来说也很重要。版面设计时应避免使用过多的颜色、字体和不必要的插图等，以使被调查者感觉到这是一次科学的调查活动。同时，过于紧密的排版也会使问卷在收集数据时导致错误的产生，因为这样会使回答变短、变少，还会形成问卷比较复杂的印象，使回答率和完成率都变低。

（3）问卷的尺寸规格。应该尽可能采用小型纸张。如果页数不多，则可以采用折叠式；如果页数较多，则应装订成册。此外，每一页都应印有一个供识别的顺序号，以免在整理时各页分散。

（4）问卷的文字。文字要适当，在行距不使人感到过密的情况下，要尽可能把内容排印得紧凑些，尽量减少页数。这样可以给被调查者造成页数不多的印象，以免一开始就产生厌烦情绪。问题应当只印在纸张的一面，而且必须为答案留出足够的空白，特别是自由回答的问题。

为了方便填答，对于问题和答案可以分别使用不同的字体，如问题用黑字体，答案用宋体字。对于关键的词或句子，还可以用划线或加大字号的编辑方法处理。

2. 引言和指导语设计

（1）引言的设计。应该针对被调查者对调查项目的关注和兴趣，以促使被调查者更好地配合调查工作。引言通常包括如下内容。

① 调查者的自我介绍。在问卷的开始，调查者应当介绍自己属于什么调查咨询公司，项目委托单位是谁，包括单位名称、地址、电话号码以及联系人或项目负责人等。这样可以使被调查者认识到本次调查的正规性，努力打消他们拒绝合作或应付的念头。

② 调查目的和中心内容，最好不要简单概括，应尽可能让被调查者认识到本次调查的具体意义，甚至让他们感到自己就是调查结果的间接乃至直接受益人。

③ 抽样方法和保密承诺。为了打消被调查者的戒心，可在此处说明并保证。例如："本次汽车市场调查使用科学的抽样方法，而您有幸被选中为其中一位。本次调查系匿名调查，所以个案资料只作为统计分析的基础，我们将对您的回答严格保密。"

④ 感谢词。一般在引言的最后向被调查者表示衷心的感谢。如果此次市场调查附送纪念品或礼金，可在此处说明。

（2）指导语的设计。关于指导语，如果是单独列出，它一般紧跟在引言之后、指导问题之前，并标有"填表说明"字样。对于封闭式问题，要讲清楚对所选答案做标记，或圈点、书写符号和序号，或连线的方法，有的应列出回答的样例；对于开放式问题，要写明答案的字数要求和填写方式要求。

对于访问试卷，应把访问人员应该说的话、应该做的事的内容要求和时间限定等都写清楚，以免实地调查中出现随意性。如果调查内容很重要，且对访问人员要求的内容又较多，可以另行编写"访问人员操作须知"。

3. 不同类问题的排列原则

对一份问卷来说，问卷上的问题可以归为不同的类。每个类下都有属于这一类的一些具体问题。在排列这些具体的问题时，设计人员需要注意以下一些在整体设计中问题排列的细节问题。

（1）花瓶原则。即在安排一类或一个系列问题时，从最一般的问题逐渐过渡到把焦点放在一些特定的、限制性的问题；从宽泛的问题过渡到个性特征的问题。

例如下面这组关于特定品牌轿车广告的问题：

最近您听到或看到一些关于轿车的广告吗？

这些广告中有一些是关于进口轿车的吗？

这些进口轿车广告有一些是电视广告吗？

这些进口轿车电视广告有一些关于××牌轿车的广告吗？

关于××牌轿车的电视广告讲了些什么？

（2）对于不同类别的实质性问题，应先事实、行为类问题，后动机、态度类问题。因为事实、行为类问题是现实的客观存在，被调查者比较容易回答；而动机、态度类问题涉及个人舆论、看法和社会评价等，安排靠后会有一些缓冲作用。如果调查问卷在一开始就提问动机类问题，则容易使被调查者感到突然或问题富有攻击性，他们可能会逃避回答。

（3）对于不同类别的问题，应先问简单易答的问题，后问复杂难答的问题；先问被调查者较熟悉的问题，后问他们感到生疏的问题。

（4）在内容转折处应使用提示语或引导语，保持问题的流畅，以避免被调查者对提问有唐突感。

（5）对于分叉式问题，要用"接问"、"跳转到第几题"等指示词合理衔接，跳跃要注意逻辑。

任务四 网络问卷调研

互联网彻底改变了问卷调研的方式。大多数公司现在都在互联网上进行调研。全球互联网人数在持续上升。随着世界范围内互联网用户的增多，一个国家居民的性格特点和互联网用户的性格特点正趋于同化。在线调研显著增长的原因很简单，优点远远多于缺点。

一、在线问卷的优势

如今，大多数公司都在面临着产品寿命短、竞争激烈、外部环境变化快等问题。经营决策者面对复杂的问题必须快速做出决定。网络问卷能够及时地提供信息，帮助他们做出决策。在线问卷的优势具体包括以下几点。

（1）快速实施，实时报告。在线问卷能同时散发给成千上万的潜在参与者。参与者完成后，问卷被收回，经过统计将结果制成表格发给企业委托人审阅。因此，决策者们可以在很短的时间内获得网络问卷的结果，比使用传统问卷时快很多。

（2）节省费用。电子问卷的使用不仅比传统的电话问卷节约了25%～40%的费用，而且只需要用一半的时间就可以获得问卷结果。对于任何一种传统市场调研方式，数据收集的费用占了全部预算的大部分。电话问卷是劳动密集型活动，会产生培训费、通信费和管理费用。在线问卷几乎避免了这方面的所有花费。使用传统问卷方法时，访谈的数量与花费是成正比的，而电子问卷的费用却不会随着问卷的数量增长而成倍增长。

（3）支持个性化。网络问卷能够根据每个参与者的具体情况进行高度个性化，这样有助于参与者更快完成问卷。参与者更希望问卷的问题与自己相关，并且可以根据自己的需要暂停或者继续进行问卷回答，能够回顾之前回答的问题并做相应修改。

二、在线问卷的缺点

对在线问卷最常见的质疑是认为互联网用户并不能代表整个样本。不过观点速递公司的首席运营官史密斯对网络调研和邮件问卷进行过一次对比研究。根据他的研究，要传递相同质量的信息，与传统邮件相比，通过互联网所需的时间和费用都只是原来的八分之一。其他研究表明，在大多数互联网渗透率超过20%的国家，在线问卷得出的结论与传统的电话和纸笔问卷得出的结论是相似的。

第二个问题是关于无限制网络样本，即只要自己愿意，任何人都可以参与问卷调研。这完全是一个自我选择的过程，并且结果可能对其他不使用网络的人不具代表性。如果一个人反复参加同一个调研情况就更糟了。为了防止这种情况的发生，所有负责任的机构都会在进行网上问卷调研时提供给参与者一个唯一的密码。这个密码只能允许参与者参加一次问卷调研。

其他问题还包括缺少对"开放式"的问答进行"回访"的流程，潜在的问卷程序错误等。

项目小结

本项目阐述了问卷的含义、基本结构和内容,问卷的设计步骤和设计技巧。在解释问卷的过程中,进一步说明了问卷的类型、问题的类型,其中问题的类型主要有直接性问题和间接性问题、开放式问题和封闭式问题、动机性问题和意见性问题。本章的主要技能应该是掌握依据设计流程制作并编排一份优秀问卷的方法,这些方法包括:调查资料清单的确定方法、调查资料收集方法的选择、问题的设计方法、答案的设计方法、问卷中问题的排序方法、问卷检测与修正的方法、对初稿检测与修改的方法。

问卷是市场信息的重要载体,也是市场调查活动过程的重要控制工具。

关键概念

问卷　结构式问卷　无结构式问卷　开放式问题　封闭式问题

课后自测

一、选择题

1. 自填式问卷是指向被调查者进行询问,由被调查者自己填写答案的问卷。这种问卷适合于(　　)时使用。
   A. 面谈调查　　　B. 邮寄调查　　　C. 网络调查　　　D. 电话调查
2. 在问卷设计实践中,往往要求设计者注意(　　)。
   A. 用词必须清楚、简洁　　　　　　　B. 选择用词应避免对被调查者的诱导
   C. 应考虑到被调查者回答问题的能力　　D. 应考虑到被调查者回答问题的意愿
   E. 避免所提出的问题和答案不一致

二、判断题

1. 问卷中问题与答案的设计应生动、新颖,以吸引被调查者的注意,有时为了使其配合调查,可以将问卷偏离调查目标与内容。(　　)
2. 为了保证收集到重要资料,问卷设计一定要面面俱到,时间至少控制在 30 分钟以上。(　　)
3. 问卷中的一些词汇,如"经常"、"通常"等已经成为人们有较大共识的词语,可以在设计时大量采用。(　　)

三、问答题

1. 解释问卷在调研过程中的作用。
2. 讨论开放式问题和封闭式问题的优缺点。
3. 举几个措辞不佳的问卷的例子,这些问卷的不足之处在哪里?

4. 现在，网络、手机 APP 可能对问卷调查方式产生什么影响？
5. 一份完整的调查问卷包括哪些部分？
6. 问卷设计的程序是什么？

实训操作

一家大型汽车制造商让你设计一份问卷，测量车主们对其车辆服务的满意度。一组问题要问到车主们对设计、构造、行车开支、性能和所需服务的满意度如何。为了解释这些结果，调研人员决定再问另一些问题以便弄清汽车故障的责任问题，即车主们是倾向于埋怨制造商、经销商的服务工作，还是车主们对车的保养太差和驾驶习惯不好？你会提问些什么样的问题来收集这一信息呢？

学习项目五
抽样调查

学习目标：
1. 了解抽样调查的基本概念、特点及程序。
2. 掌握抽样方案的设计方法。
3. 掌握各种概率抽样与非概率抽样方法。
4. 掌握抽样误差的测定方法、样本量的确定与总体资料的统计推断方法。

情 境 ▶▶ 常缘丰田邀您参加顾客满意度抽样调查

常缘丰田4S店为了了解顾客满意度，以便更好地提高服务质量，曾经进行了一次抽样调查。为了保证调查结果的公正、客观，他们采用第三方调查公司随时抽样的方式进行调查。调查活动的执行公司分别为"新华信国际信息咨询有限公司"，查出的呼出号段为4001000136、4001000133以及4008827100，以及"清雪市场研究有限公司"，该公司的邀约呼出号段为010-59621427/25。

市场调查根据对象涵盖面的大小可分为全面调查和非全面调查。全面调查指的是通过对总体中的每个个体信息进行调查，并汇总得到其特征的一种调查方式，具体形式主要是普查。但这种方式费时费力，且受到多种条件制约。非全面调查是指按照一定的方式，从总体中抽选出一部分个体作为样本进行调查，并据此推断总体特征和趋势的调查活动，具体的形式就是抽样调查。在大量的实地汽车市场调查活动中，由于各种条件限制，汽车市场调查人员不可能对每一个需要了解的调查对象进行逐一的调查，而只能从被调查者总体中抽选一部分具有一定代表性的样本进行调查。因此，抽样调查在汽车市场调查中被广泛地应用。

任务一 抽样调查概述

作为目前市场营销调研活动中通行的一种较科学的调查方式，抽样调查的理论基础是概率论，如中心极限定理等一系列理论；在实践中，科学、合理地设计抽样调查也具有其他调查方法无法相比的优点。

一、抽样调查的基本概念

绝大多数汽车市场营销调查工作的目标是获取研究总体的各类信息及其特征。一般来说，有两种方法可以采用：一是普查；二是抽样调查。抽样调查是指从调查单位总体中抽取一部分单位作为样本，并以对样本进行调查的结果来推断总体的调查方法。这种从总体中选择一部分代表的过程就是抽样。抽样调查是社会经济领域中应用最广泛的统计调查方法。表5-1 描述了抽样和普查方法的适用条件。

表 5-1　抽样和普查方法的适用条件

项　目	抽样	普查	项　目	抽样	普查
预算	小	大	抽样误差成本	低	高
调查周期	短	长	非抽样误差成本	高	低
调查总体或母体的大小	大	小	调查的特性	有破坏性	无破坏性
调查对象的特征变化	小	大	关注个体案例	是	否

抽样是人类认识客观事物的一种常用方法。在日常生活中，人们常根据对客观事物组成部分的观察和认识，来推断事物总体的一般特征。抽样作为一种科学的方法，是将概率的理论引入其中，从而更具科学性，在社会科学领域和自然科学领域被广泛地应用。

对抽样调查最通俗的理解就是根据抽取样本进行调查。由于抽取样本的依据不同，抽样方法可分为概率抽样（也称随机抽样）和非概率抽样（非随机抽样）两大类。在汽车市场调查实践中，这两类抽样方式都被经常采用。

概率抽样调查是指按照随机原则抽取样本的调查，即在总体中抽取调查单位时，完全排除了主观因素，使每一个调查单位都有同等被抽中的可能性。等概率原则，一方面可使抽出来的调查单位的分布有较大的可能性接近总体分布状况；另一方面有助于调查者准确地计算抽样误差，从而提高调查结果的可靠性。

非概率抽样不遵守随机原则，它是从方便出发或者根据调查者主观意愿和判断来选择调查对象的。非概率抽样主要依赖研究者个人的经验和判断，无法估计和控制抽样误差，使用样本值推论总体情况时缺乏数学依据。但是非概率抽样简单易行，尤其适用于汽车市场探索性研究。

为了进一步理解抽样调查的含义，应首先了解一些基本术语。

1. 总体和抽样总体

总体是指所要调查对象的全体，可分为有限总体和无限总体。有限总体的数量可以确定，无限总体的具体数值则无法准确确定。在实际中有时根据调查工作的需要也把较多的个体总数看作是无限的。

抽样总体是指从总体中抽取出来所要直接观察的全部单位，又被称为样本量或样本。每一个被抽到的个体或单位就是一个样本。

2. 总体指标与样本指标

根据总体各个单位标志值计算出来的综合指标称为总体指标，用 X 表示，它是想知道的对象特征的数量反映。根据样本中各样本单位标志值计算出来的综合指标称为抽样指标，用 x 表示，它是能够得到并且希望用它来推断总体指标的指标。常用的指标主要用平均数（$\overline{X}$）和成数（P）来表示。

(1) 总体平均数：是调研总体所研究标志的平均值，有简单式和加权式两种计算方法。简单式计算，其计算公式为

$$\overline{X} = \frac{\sum_{i=1}^{N} X_i}{N}$$

式中，X_i 为总体单位标志值；N 为总体单位数目。

也可以用较精确的加权公式法来计算：

$$\overline{X} = \frac{\sum_{i=1}^{N} X_i N_i}{\sum_{i=1}^{n} N_i}$$

式中，X_i 为各组标志值；N_i 为各组总体单位数目；n 为组数。

(2) 总体成数：是指一个现象有两种表现时，其中具有某种标志的个体数在总体中所占的比重。如在调查汽车消费状况时，被调查者可分为已经拥有和尚未拥有两种情况，其拥有率或尚未拥有率就称为成数。总体成数的计算公式为

$$P = \frac{N_1}{N} \quad \text{或} \quad Q = \frac{N_0}{N}$$

式中，P 或 Q 为成数，并且 $P+Q=1$；N_1、N_0 分别为两种表现的总体单位数，并且 $N_1+N_0=N$。

3. 总体方差和均方差

总体方差和均方差是用来说明总体指标变异程度的指标，是理解和应用抽样调查时很重要的基础指标。方差与均方差的关系是平方和开平方的关系，可分别计算平均数与成数的方差和标准差。

总体平均数方差和均方差的计算公式为

简单式 $\quad \sigma^2 = \frac{\sum (X_i - \overline{X})^2}{N} \quad$ 或 $\quad \sigma = \sqrt{\frac{\sum (X_i - \overline{X})^2}{N}}$

加权式 $\quad \sigma^2 = \frac{\sum (X_i - \overline{X})^2 N_i}{\sum N_i} \quad$ 或 $\quad \sigma = \sqrt{\frac{\sum (X_i - \overline{X})^2 N_i}{\sum N_i}}$

4. 抽样指标

抽样指标是指根据样本总体各个标志值计算的综合指标。常用的抽样指标有抽样平均数、抽样成数、抽样方差和均方差，其计算方法与调查总体综合指标计算方法相同。在市场调查中，一般用抽样平均数、抽样成数、抽样方差和均方差来推断总体平均数、总体成数、总体方差和均方差。

5. 抽样框

编制抽样单位的目录称为抽样框。抽样框的范围与被抽样总体一致，但由于抽样单位可大可小，往往根据需要确定，因而编制抽样框的单位不一定是被抽样总体中的基本单位。在汽车市场抽样调查实践中，抽样框可以有以下几种形式。

(1) 名单抽样框，即以名单一览表形式列出总体的所有单位。例如，要从 10000 辆私家车中抽取 300 辆组成一个样本，则这 10000 辆车的牌号登记册就是抽样框。

名单抽样框一般可采用现成的名单，如户口、企业名录和企事业单位职工名册等。在没

有现成名单的情况下，可由汽车市场调查人员自己编制。应注意的是，在利用现有名单做抽样框时，要首先对该名录进行检查，避免有重复、遗漏情况的发生，以提高样本框对总体的代表性。

（2）区域抽样框，即按地理区域划分并排列出总体的所有单位，如对汽车销量进行调查抽样时，先按地理区域划分为长三角地区或东北地区等，然后再进行抽样调查。

（3）时间表抽样框，即按时间顺序排列总体单位，如在流水线生产的汽车产品检验抽样调查中，把一天时间划分为许多抽样时间单位，并按先后顺序排列。

对于汽车市场抽样调查来说，样本代表性如何，首先取决于抽样框的质量，抽样框应符合以下三个特点。

（1）完整性：这是指总体中的每分子都有被选中的机会。许多抽样框没有包括完整的总体，遗漏一部分甚至几部分的情况时有发生，必须引起足够重视。

（2）统一性：这是指总体中每分子都有相等的被选中的机会。许多抽样框中每分子可能有不同的被选中的机会，在这类汽车市场调查抽样中可以不要求每一个调查单位具有完全相同的被抽中概率，但是，汽车市场研究人员必须知道每个已被抽中的概率，这可以在收集资料的过程中，或者通过仔细检查被抽中单位的名单等方式而做到。如果做不到这一点，即不可能得到关于被选中的单位的概率是多少，那么就不能精确地计算样本值与总体值之间的关系，也就失去了概率抽样的意义。

（3）有效性：这是指抽样框不包括调查者不想调查的部分，也就是说抽样框不会大于或者超过总体界定的范围。

在可供选择的抽样框中，选取一个尽可能与理想的完整的抽样框相近的抽样框，应具备以下两个条件。

（1）包含尽可能多的样本单位，而且总体是清晰的，易确定的。

（2）所有样本单位出现在这一集合中的概率相等，即在这一抽样框中每个样本单位出现的机会相同。

当以上条件难以在现实中得到满足时，可以按照一定原则进行人为的假定。

二、抽样调查的特点

与普查相比抽样调查有许多优点。

（1）费用低，易广泛应用。样本容量只是总体中的一小部分，确定合理的样本容量既可以把调查对象降低到很小的程度，又能保证调查的有效性，减小调查工作量，降低费用开支。同时，由于抽样调查只需要较少的人力、财力、物力，企业易于承担，容易组织和实施。

（2）质量可控，可信度高。汽车市场调查遵循随机原则，可以排除个人主观因素的影响，保证汽车市场调查样本的代表性。抽样调查与普查的结果有一定差别，这种差别称为抽样误差，但是通过科学的手段可以将误差控制在一定的范围内。普查由于调查规模大、内容多以及参加人员庞杂，调查误差较大；抽样调查只调查部分总体单位，调查规模小，参加调查的人员较精干，调查误差小，准确度高。

（3）时间短，收效快。汽车市场调查对时间的要求往往十分严格。由于抽样调查只对汽车市场调查总体中的少量单位进行调查，故能十分迅速地得出调查结论，这样才能满足汽车市场调查对信息的要求。

当然,抽样调查也有缺点。

(1) 抽样调查比较适合于对汽车市场的定量研究,不适合对汽车市场的定性研究。

(2) 在对汽车市场调查总体范围不太明晰的情况下,汽车市场调查样本单位的特征不清,难以取得有代表性的汽车市场调查样本。

(3) 在汽车市场抽样调查中,较多运用数学、电子计算机技术和跨学科知识,因此实际运用时会受到一定的限制。

抽样调查技术在汽车市场调查中的应用,主要包括以下几个方面。

(1) 适合于对大量汽车市场现象的调查。当对汽车市场调查总体不能或难以采用全面调查时,即为无限总体、动态总体及范围过大、分布过散的有限总体等时,只能采用抽样调查来取得有关数据资料。

(2) 适合于需要进行汽车市场调查,但限于人力、物力和财力而不可能经常进行汽车市场全面调查的情况。例如,对汽车售后服务消费者满意度的调查。

(3) 适合于有破坏性的汽车产品质量调查。

按照抽样的随机性,抽样调查可以分为随机抽样调查和非随机抽样调查。随机抽样调查又可以分为简单随机抽样调查、分层抽样调查、整群抽样调查和系统抽样调查等。非随机抽样调查又可以分为判断抽样、方便抽样、配额抽样和滚雪球抽样等。

三、抽样调查的程序

通常抽样调查的程序包括以下环节(图 5-1)。

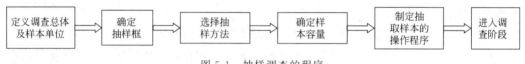

图 5-1 抽样调查的程序

1. 定义调查总体及样本单位

汽车市场调查人员要根据汽车市场调查主题的要求和汽车市场调查提纲所涉及的内容,确定汽车市场抽样调查基本对象的范围。而汽车市场调查主体的确定,往往与汽车企业的目标市场选择与产品定位策略密切相关。在汽车市场调查中,为了满足调研目的,也应该详细说明和描述提供信息或与所需信息有关的个体或实体所具有的特征,确定调查范围及总体单位。调查总体是指市场调查对象的全体。它可以是一群人、一个企业、一个组织、一种情形或一项活动等。如果调查总体界定不准确,轻则使调研无效,重则误导调研。调查总体的界定就是确定在实施抽样时哪些对象应包括在内,哪些对象不应包括在内。调查总体应根据个体、抽样单位、范围和时间来界定。样本单位是对总体划分成的互不相交的各个部分,也就是说,总体中的每一个体应属于而且只属于一个单位。样本单位是抽样的基本单位,有时是个人,有时为家庭或公司等。假设某公司想了解其目标消费者群"25 周岁以下的青年人"对某新型移动电话的评价,一种选择是直接对 25 周岁以下的青年进行抽样调研,此时样本单位与个体相同;另一种选择是对所有包含 25 周岁以下青年的家庭抽样,然后再访问 25 周岁以下的青年人,这里的样本单位是家庭,范围指的是地理界限。

2. 确定抽样框

在汽车市场抽样调查的抽样设计中,比较理想的情况是具备现成的汽车市场调查总体抽样框。在某些情况下，汽车市场调查人员可以通过汽车企业信息库等各种方式获得调查总体的抽样框。有时抽样框也可用其他的事物代替，如果无可代替物，可由调查员自行编制。

需要注意的是，在这些可选择的替代物中有的可能包括了部分非总体单位，调查人员仍然可以使用，但是要注意应对样本按照确定的总体单位特征进行过滤。

抽样框的作用是准确、方便地抽样。通常，总体和抽样框之间不一定完全一致，某些情况下，这种不一致性可以忽略不计，但大多数情况下，调研人员必须处理抽样框误差。这里介绍两种处理方法。

其一，根据抽样框重新界定总体。如果抽样框是电话簿，则家庭成员总体可以被重新界定为指定区域内被正确地列入电话簿中的那部分家庭的成员。

其二，筛选个体。在数据收集阶段，通过筛选被调查对象来解释并说明抽样框误差。可以依据人口统计特征、产品的使用习惯特征等筛选回答者，该做法的目的是剔除抽样框中不适当的个体。

营销调研视野 5-1　调查总体描述

调查总体通常可以从以下几个方面进行描述。

① 地域特征：指总体单位活动的范围或区域，可能是一个城镇、一个城市、整个国家或是许多国家。有时指的是单位总体的户籍所在地或长期居住地。如北京的房地产在向山西推介前进行的市场调查，山西即为此次调查活动的地理区域。

② 人口统计学特征：考虑到调查目标和企业产品的目标市场，要着重考虑人口统计学变量方面具有某些特征的总体单位。如在介绍卷烟市场时，被访者主要是男性，而其中在18岁以上，50岁以下的被调查者的意见是最关键的，其他年龄段受访者的意见相对意义不大（许多国家规定，未成年人是不允许吸烟的）。

③ 产品或服务使用情况：同质产品的共同特征通常根据产品或服务的需求情况来定义。如调查本企业产品的满意程度时，被调查者应该是其产品的使用者，甚至还根据其使用本产品的行为，如频率和次数的描述来判断和确定。

④ 对产品或服务的认知度：企业在传递其产品信息时，所采取的方式有很多种，而企业总是想了解每一种方式传递信息的效果如何、消费者对产品的理解状况等。

3. 选择抽样方法

抽样方法的选择取决于调查研究的目的、调查问题的性质，以及调研经费和允许花费的时间等客观条件。调研人员应该掌握各种类型和各种具体抽样方法，只有这样才能在各种环境特征和具体条件下及时选择最为合适的抽样方法，以确定每一个具体的调查对象。

有多种抽样方法可供选择时，可以在返回抽样和不返回抽样中选择，也可以在非随机抽样和随机抽样中选择。返回抽样是一种完全重复抽样方法，在返回抽样中，工作人员先将一个体从抽样框中抽出，并记录有关的数据，然后再将该个体放回抽样框。这种抽样方法不能避免某一个体被多次抽中的情况。在不返回抽样中，一旦一个体被抽中，它将从抽样框中永久地消失。抽样技术从大的范围可分为随机抽样和非随机抽样。非随机抽样依据的是调研人员的主观判断，即由调研人员确定哪些个体应包括在样本中。非随机抽样有时可以对总体特征做出较好的估计，但是由于每一个体被抽中的概率未知，所以不能估计抽样误差。随机抽样的抽样单位是按照已知概率随机抽取的，所以可以应用统计方法来估计抽样误差。当抽样资料的有效性需要用统计方法验证时，应尽量使用随机抽样。经常采用的随机抽样包括简单随机抽样、系统抽样、分层抽样和整群抽样等。

4. 确定样本容量

如何确定特定样本中受访者的数量，是营销调研流程中最简单的决策之一。然而，由于使用了公式，这通常也会令人困惑。事实上，样本容量的确定通常是介于理论上的完美方案与实际上的可行方案之间的一个折中方案。一个营销调研人员应该对样本容量的确定有一个大致的了解。首先，许多人有一种大样本容量偏见，他们错误地认为样本容量决定了样本的代表性。然而，样本容量常常是一个主要的成本因素，尤其是对人员访谈甚至电话访谈都相当重要。所以，知道如何确定样本容量将有助于更好地利用资源。

如何确定样本容量将在下面详细介绍。

5. 制定抽取样本的操作程序

为了保证抽样资料的可靠性，必须在具体操作过程中对调查者的行为进行规范，所以只有一个明确的操作程序，才能保证抽样调查结果的可信度。对于随机抽样，这一程序显得尤为重要。

在汽车市场调查中，抽样流程的设计应注意以下几点。

（1）抽样设计通常要取得汽车企业的认可。

（2）在精度和预算之间求得平衡。

（3）必须与问卷甄别部分相呼应。

（4）必须与数据处理方案相呼应。

任务二 抽样调查的样本

一、抽样调查样本容量的确定

样本容量又称样本规模，是指样本内所包含的单位数。在市场调查中要解决的一个重要问题就是所调查的样本容量究竟应该取多大才合适。根据数理统计中的大数法则，抽样单位越多，样本的代表性就越好，抽样误差越小，根据样本的调查结果进行统计推断的可信度就越高。样本规模等于总体规模时，就成了全面调查，也就没有抽样误差。但抽样越多，所耗费的时间和人力、物力也就越多，因此根据调查的目的和要求，可在一定的概率保证下，确定样本的容量，使抽样误差被控制在允许的范围内。

1. 影响样本容量确定的因素

（1）被调查对象标志值的变异程度。变异程度越大，样本容量也就越大；反之，样本容量越小。

（2）极限抽样误差值的大小。允许极限抽样误差值越大，样本容量越小；反之，样本容量越大。

（3）调查结果的把握程度，即概率度的大小。要求把握程度越高，样本容量越大；反之，样本容量越小。

（4）抽样的方法。在同样的条件下，重复抽样的样本容量要大一些，不重复抽样的样本容量要小一些。

（5）抽样的组织形式。采用系统抽样和分层抽样就比简单随机抽样需要的样本容量小。

2. 简单随机抽样样本容量的确定

简单随机抽样样本容量的确定方法通常作为更复杂随机抽样方法中样本容量确定的前

奏，以此为基础，再结合考虑某些影响因素加以修正，最后得到实际所需的复杂抽样的样本容量。

（1）重复抽样条件下，简单随机抽样确定样本容量的计算公式为

$$n=\frac{t^2\sigma^2}{\Delta_x^2}$$

式中，Δ_x 为极限抽样误差；t 为概率密度；σ^2 为方差。

（2）不重复抽样条件下，简单随机抽样确定样本容量的计算公式为

$$n=\frac{t^2N\sigma^2}{N\Delta_x^2+t^2\sigma^2}$$

式中，Δ_x 为极限抽样误差；t 为概率密度；σ^2 为方差；N 为总体个数。

在实际调查中，N 一般很小，故在不重复抽样条件下，也可采用重复抽样条件下简单随机抽样样本容量的计算公式。

（3）当要估计的是总体成数时，计算公式为

重复抽样条件下 $\qquad n=\dfrac{t^2P(1-P)}{\Delta_p^2}$

不重复抽样条件下 $\qquad n=\dfrac{t^2NP(1-P)}{N\Delta_p^2+t^2P(1-P)}$

式中，P 为总体成数；n 为样本容量；N 为总体个数；Δ_p 为极限抽样误差。

极限抽样误差 Δ_p（Δ_x 或 Δ_y）是对抽样精确度的人为规定，因而是已知的；t 表示抽样精度，t 值取决于所要求的置信度，可以在正态分布概率表中查出。因此，在确定 n 时，只有 σ^2 和 P 是未知的。

在一般情况下，可用成数指标重复抽样公式来确定样本容量，从上面公式中可以看出，当 $P=0.5$ 时，n 取最大值，而事先由于对 P 一无所知，故可以采用保险的办法，取 $P=0.5$，这样公式变为

$$n=\frac{0.25t^2}{\Delta_p^2}$$

例如，某汽车零部件企业对某批产品的每包平均重量和合格率进行检验，根据以往资料，每包平均重量的标准差为 10g，产品合格率为 92%，现用重复抽样的方式，在置信度为 95.45%，每包产品平均重量的极限抽样误差不超过 2g，合格率的极限抽样误差不超过 4% 的条件下，应抽取多少包产品进行调查？

在重复抽样的条件下，抽检平均每包重量，由 $\sigma=10$，$t=2$（置信度 95.45% 所对应的 t 值），$\Delta_x=2$（每包产品平均重量的极限抽样误差），则

$$n=\frac{t^2\sigma^2}{\Delta_x^2}=\frac{2^2\times10^2}{2^2}=100$$

在重复抽样的条件下，抽检合格率，由 $P=92\%$，$t=2$，$\Delta_p=4\%$（合格率的极限抽样误差），则

$$n=\frac{t^2P(1-P)}{\Delta_p^2}=\frac{2^2\times0.92(1-0.92)}{0.04^2}=184$$

所以，抽检平均每包重量指标时需要抽取 100 包产品，抽检合格率指标时需要抽取 184 包。而在一次抽样中，若要求同时抽检平均每包重量和合格率指标时，则应采用样本单位较

多(即184)的方案。

营销调研视野 5-2　不科学抽样例

一般来说,进行抽样调查的目的,不只是为了描述所抽取的样本的情况,而总是希望把在这种规模小、花费少、时间短的调查中所得出的结果推广到更大范围的总体中去。但是,并非所有的抽样调查结果都能推广到更大范围的总体中去,亦即并非所有的抽样调查都能较好地反映总体的情况。能够推广到总体的是那些抽样方式科学、抽样范畴充分,因而样本对总体具有较高代表性的调查。如果样本不具备这种代表性,就会发生调查结论和实际情况不相符的情形,从而大大降低了抽样调查的实际价值。

例如,有一调查要描述的是某一地区"中年知识分子"的状况,该调查选择的对象是该地区的"大专院校、科研单位、工厂、机关、中学共18个单位",其"调查的重点放在教育系统,兼顾科学技术界、新闻界、行政工作、政治思想工作部门",而在教育系统中又"把重点放在大专院校,兼顾中学",那么,由此得到的实际上是一个什么样的样本呢?下面用图来说明(图5-2)。

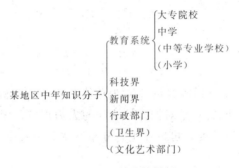

图 5-2　不科学抽样例

应该说,这是一次不全面、不充分的抽样。实际样本的情况也证明了这一点。比如在有效样本514人中,党员占240人,百分比高达47%,这一比例显然大大高于"中年知识分子"这一总体中党员的比例。造成这一误差的原因是由于样本中包括了并不属于"知识分子"的机关行政人员。另外,样本中男、女性分别为407人和107人,百分比分别为79%与21%,这一比例也与实际情况相差较大。据1982年人口普查10%抽样资料表明,各类专业技术人员中,男女性的比例占62%和38%。造成这一误差的原因是由于女性知识分子比例较大的小学、卫生界、文化艺术界(图5-2中打括号的部分)均被排斥在抽样之外。

之所以会造成这种失误,主要原因是抽样前对总体界定不够准确,文中对"中年"进行了界定,即没有指明什么人是"知识分子"。因此,在抽样前无形中就已排除了其推论总体中的某些部分,却增加了不属于总体的另一些部分。由于样本对总体的代表性较低,所以借助这一调查结果来了解该地区中年知识分子的状况,必然是不全面的,按调查结果提出的建议来制定相应的政策,也不可能十分有效地解决该地区中年知识分子的问题。

三、抽样调查的实施

1. 简单随机抽样

简单随机抽样又可称为单纯随机抽样、纯随机抽样,是所有概率抽样方法中最简单的一种,它对调查总体不经过任何分组、排队,完全凭着偶然的机会从中抽取个体加以调查。这种方法一般适用于调查总体中各个体之间差异较小的情况,或者调查对象不明,难以分组、分类的情况。如果市场调查范围较大，总体内部各个体之间的差异较大，则要同其他概率抽样结合使用。

简单随机抽样母体中的每一个体被抽中的机会均相等，符合概率抽样要求，这种抽样方法又可称为无限制的随机抽样，因为个别单位从母体中抽出时并未受到任何限制。

简单随机抽样的随机化抽样程序主要通过以下三种方式实现。

（1）抽签法：用抽签法抽取样本，先将调查总体的每个个体编上号码，然后将号码写在卡片上搅拌均匀，任意从中抽选，抽到一个号码，就对应上一个个体，一直到抽足预先规定的样本数目为止。这种方法适用于调查总体中个体数目较少的情况。

（2）随机数字表法：是指先将母体中的全部个体分别给予由 1 至 n 的编号，然后利用随机数字表随机抽出所需的样本。随机数字表又称乱数表，是一种按双位或多位编排的大小数互相间杂的数表，利用特制的摇码机器或计算机，用随机方法编制而得，客观上为表内任何数码都提供了相等的出现机会。随机数表如图 5-3 所示。

28	46	53	35	74	92	13	45
20	67	42	15	20	57	80	90
04	36	28	19	26	64	37	15
55	01	26	64	98	56	71	49
72	58	43	57	89	64	27	54

图 5-3　随机数表

抽样选择时，在随机数表中任意选定一行或一列的数字作为开始数，接着可从上而下，或从左至右，或以一定间隔（隔行或隔列）顺序取数，凡编号范围内的数字号码即为被抽取的样本。如果不是重复抽样，碰上重复数字应舍掉，直到抽足预订的样本数目为止。在顺序抽取的过程中，遇到比编号大的数字，应该舍去。

例如，现在要从 80 户居民中抽取 10 户进行汽车市场调查，先将 80 户居民从 1 至 80 进行编号，然后假设从随机数表中第一行的第五列开始从左向右，自上而下取样，那么顺序取得的样本号为：74、13、45、20、67、42、15、57、80、04（由于 92 和 90 大于 80，20 出现重复，只能用一次，故 92、90 和第二个 20 舍弃不用）。

（3）计算机抽取：原理是利用软件的相应程序产生随机数，然后由计算机完成抽取。通常，抽样框中的信息都可以形成文件，存储于计算机中，这种方法抽取样本十分快捷。需要指出的是，通过大量的模拟实验发现，计算机产生的随机数是伪随机数，其随机性并不十分理想，在市场调查实践中要意识到这一点。

简单随机抽样技术的特点：在汽车市场调查中，简单随机抽样的优点是方法简单，当调查总体名单完整时，可直接从中随机抽取样本；由于抽取概率相同，计算抽取误差及对总体指标加以推断比较方便。

尽管简单随机抽样在理论上是最符合随机原则的，但在汽车市场调查的实际运用中仍然有一定的局限性。具体表现在以下几方面。

（1）采取简单随机抽样时，一般必须对汽车市场调查总体各个体加以编号，而汽车市场调查总体往往是十分庞大的，个体非常多，逐一编号几乎是不可能的。

（2）对于某些事物，是无法采用简单随机抽样的。例如，对连续不断生产的大量汽车产品进行质量检验，就不能对全部汽车产品进行编号抽样。

（3）当汽车市场调查总体的标志值变异程度较大时，简单随机抽样的代表性就不如经过分组后再抽样的代表性高。

（4）由于抽出的样本较为分散，所以汽车市场调查的人力、物力和费用消耗较大。

因此，这种方法适用于汽车市场调查总体的个体数不太庞大，以及汽车市场调查总体分布比较均匀的情况。

> **学与练**
>
> 一名学生在一次知识竞赛中要回答的 8 道题是这样产生的：从 15 道历史题目中随机抽取 3 道题，从 20 道地理题目中随机抽取 3 道题，从 12 道生物题目中随机抽取 2 道题，用抽签法确定这名学生所要回答的题目的序号。

2. 系统抽样

系统抽样是指将总体中的单位按某种顺序排列，在规定的范围内随机抽取起始单位，然后按一定的规则确定其他样本单位的一种抽样方法。

排序所依的标志有两种：一种是按与调查项目无关的标志排序，例如在入户调查时，选择住户可以按住户所在街区的门牌号码排序，然后每隔若干个号码抽选一个进行调查；另一种是按与调查项目有关的标志排序，例如在对住户调查时，可按住户平均月收入排序，再进行抽选。

最简单的系统抽样是等距抽样。进行等距抽样时，在排序的基础上，还要计算抽选距离（间隔），计算公式为

$$\text{抽选距离} = \frac{N}{n} = k$$

式中，N 为调查总体；n 为样本数；k 为最接近 N/n 的一个整数。

确定抽选距离之后，可以采用简单随机抽样的方式，从第一段距离中抽取第一个个体，为简化工作并防止出现某种系统性偏差，也可以从距离的二分之一处抽取第一个个体，并按抽选距离继续抽选余下的个体，直到抽够为止。

例如，从某小区 600 户家庭中抽选 50 户进行消费调查，可以利用小区物业管理的现有名册按顺序编号排序，从第 1 号编至第 600 号。

从第一个 12 户中用简单随机抽样的方式抽取第一个样本个体，假设抽到的是 8 号，则依次抽中的是 20 号、32 号、44 号……

为什么系统抽样是有效的呢？因为系统抽样使用一个随机起点，所以它是概率抽样。在系统抽样中，任一个体被选为样本的可能性几乎是已知的和相等的，从而保证具有足够的随机性。事实上，系统抽样把总体视为一组相互独立的样本，每一个样本都是总体目录的代表。

系统抽样与简单随机抽样的基本差别是在"系统"和"随机"两个词的使用上。在系统抽样中使用的系统是指间距，然而在简单随机抽样中使用的随机则决定了要进行连续随机的抽样。系统抽样要自始至终贯穿整个总体，而随机抽样也能保证覆盖整个总体，但是没有系统模式。系统抽样高效源于两个特征：一是间距；二是仅在确定起始点时需要使用随机数。

系统抽样的突出特点是操作简便，因为它只需要随机确定一个起始单位，整个样本就自然确定了，而不像其他抽样方式那样需要抽取多个单位。系统抽样对于抽样框的要求也比较简单，只要求总体单位按一定顺序排列，而不一定是一份具体的名录清单，因而非常便于某

些内容的现场调查。另外,与简单随机抽样相比,系统抽样可使选中个体比较均匀地分布在调查总体中,尤其当被研究现象的标志值变异程度较大,而在实际工作中又不可能抽选更多的样本个体时,这种方式更为有效,因此系统抽样是市场调查中广泛应用的一种抽样方式。

系统抽样也有一定的局限性,表现在以下两个方面。

(1) 运用系统抽样的前提是要有调查总体每个个体的有关材料,特别是按有关标志排队时,往往需要有较为详细、具体的相关资料,这是一项很复杂、很细致的工作。

(2) 当抽选间隔和被调查对象本身的节奏性(或循环周期)相重合时,就会影响调查的精度。例如,对某商场每周的商品销售量情况进行抽样调查,若抽取的第一个样本是周末,抽样间隔为 7 天,那么抽取的样本个体都是周末,而周末往往商品销售量较大,这样就会发生系统性偏差(即各样本标志值偏向一边),从而影响系统抽样的代表性。

学与练

某校高中三年级有 253 名学生,为了了解他们的身体素质状况,按 1∶5 的比例抽取一个样本,用系统抽样方法进行抽取,并写出过程。

3. 分层抽样

分层抽样在市场调查中被较多采用,它是指先将汽车市场调查总体的所有个体按某一重要标志进行分类(组),然后在各类(组)中采用简单随机抽样或系统抽样方式抽取样本个体的一种抽样方式。

分层时应注意以下几点:各层之间要有明显的差异,避免发生混淆;要知道各层中的个体数目和比例;分层的数目不宜太多,每个层次内每个个体应保持一致等,只有这样,才能使抽取的样本反映该层的特征,提高样本的代表性,减少抽样误差。

进行分层抽样时,先将整个市场母体按照各种特性划分成 i 个副次母体,即

$$N = \sum N_i = N_1 + N_2 + \cdots + N_k (i = 1, 2 \cdots k)$$

这些副次母体即是"层",再由各层中随机抽取样本单位若干个,如 n_1, n_2, $\cdots$, n_k,即

$$n = \sum n_i = n_1 + n_2 + \cdots + n_k (i = 1, 2 \cdots k)$$

在分层抽样中,样本量如何在各层中进行分配,可以有不同的方法。根据样本量在各层中分配方法的不同,可将分层抽样分为等比例分层抽样和非等比例分层抽样两种。

(1) 等比例分层抽样:是指按各层(或各类型)中的个体数量占总体数量的比例分配各层的样本数量。

例如,某类产品的潜在用户共有 8000 个,按用户的"年平均支出"将其分为"多用"、"中等"、"少用"三类。其中,"多用"为 2000 个,占总体的 25%;"中等"为 4000 个,占总体的 50%;"少用"为 2000 个,占总体的 25%。从中抽选 200 个用户进行消费情况调查,则各类型应抽取的样本数分别为:"多用"样本数 = 200 × 25% = 50 个;"中等"样本数 = 200 × 50% = 100 个;"少用"样本数 = 200 × 25% = 50 个。

这种方法简便易行、分配合理、计算方便,适合于各类型之间差异不大的分层抽样调查。如果各类之间差异过大,则不宜采用,而应采用非等比例分层抽样。

(2) 非等比例分层抽样:各层的差异或标准差的差别过大,就不适宜用等比例分层抽样,因为有些层的重要性大于其他层,此时应采用非等比例分层抽样或最佳比例分层抽样。非等比例分层抽样的主要目的在于减小各层之间的标准差,使母体平均数的估计更为精确。

应用非等比例分层抽样法时,各层的样本数目的计算公式为

$$n_i = n \frac{N_i S_i}{\sum N_i S_i}$$

式中,n_i 为各层应抽出的样本数;n 为总样本数;N_i 为各层的调查单位总数;S_i 为各层调查单位的标准差。

援引上例中的数据,改用非等比例分层抽样法进行抽样,相关计算结果见表 5-2。

表 5-2　非等比例分层抽样计算

层 i	每层中的潜在用户 N_i	样本标准差 S_i	乘积 $N_i S_i$
1(多用)	2000	100	200000
2(中等)	4000	150	600000
3(少用)	2000	200	400000
	$N=8000$		1200000

改用非等比例分层抽样法进行抽样,各分层抽取的样本数应为

$$n_1 = n \frac{N_1 S_1}{\sum N_i S_i} = 200 \times \frac{200000}{1200000} = 33$$

$$n_2 = n \frac{N_2 S_2}{\sum N_i S_i} = 200 \times \frac{600000}{1200000} = 100$$

$$n_3 = n \frac{N_3 S_3}{\sum N_i S_i} = 200 \times \frac{400000}{1200000} = 67$$

非等比例分层抽样不是按各层中个体数占总体数的比例分配样本个体,而是根据其他因素(如各层平均数或成数标准差的大小,抽取样本的工作量和费用大小等)调整各层的样本个体数,即有的层可多抽些样本个体,有的层可少抽些样本个体,这种分配方法大多适用于各类总体的个体数相差悬殊或标准差相差较大的情形。在调查个体相差悬殊的情况下,如按等比例抽样,可能在总体个体数少的类型中抽取样本个体数过少,代表性不足,此时可适当多抽样本个体;同样,标准差较大的,也可多抽此样本个体,这样可起到平衡标准差的作用。但是,在调查前准确了解各组标志值变异程度的大小是比较困难的。

分层抽样实质上是把科学分组方法和抽样原理结合起来,前者能划分出性质比较接近的各组,以减少标志值之间的变异程度;后者按照随机原则,可以保证大数法则的正确运用。因此,分层抽样一般比简单随机抽样和系统抽样更为精确,能够通过对较少的抽样个体的调查,得到比较准确的推断结果,特别是当总体数目较大、内部结构复杂时,分层抽样常常能取得令人满意的效果。

4. 整群抽样

前面所述的几种抽样方式都是从调查总体中一个一个地抽取样本。在实际工作中,采用简单随机抽样往往会遇到一些困难,如所抽出的样本单位可能极为分散,在各区域均有,因此有可能增加调查费用。再者,要取得整个被调查单位母体的名单,有时也非易事。如果仅集中调查几个区域,则此困难便可减少。因此,市场调查人员往往采用整群抽样的方法,以避免简单随机抽样所发生的缺陷。整群抽样,也称分群抽样,是指将总体分解为群,抽样直接抽取群,对抽中群中的个体单位全部或随机抽取部分进行调查(对抽中群中的所有个体进行调查称为一级整群抽样;对抽中群中的个体随机抽取一部分进行调查称为二级整群抽样;

对抽中群中的子群随机抽取一部分子群,并对抽中子群中的个体随机抽取一部分进行调查称为三级整群抽样),以此来推断总体的一般特性。例如,对工业产品进行质量调查时,每隔5小时抽取1小时的产品进行百分之百的检验。

在进行整群抽样时,将调查区域分成若干个,每个区域的特性应尽量保持相近,如人口数目。但所调查的目标(如家庭),其特性(如收入或成员数目)应较广,换言之,各群之间应具有相同性,但每一群内则应具有差异性,也就是初级调查单位(如区域)具有相同性,次级调查单位(如家庭)具差异性。

在这方面,整群抽样与分层抽样刚好相反,前者的初级单位之间必须具有相同性,后者却必须具有差异性。从次级单位而言,前者必须具有差异性,而后者必须具有相同性。假定次级调查单位为不同收入的家庭,用分层与整群的抽样方法,其结果如图5-4所示。

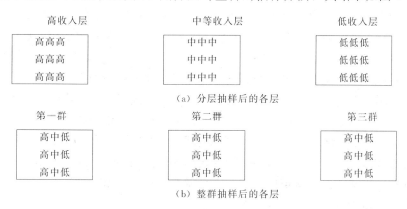

图 5-4 分层抽样与整群抽样后各层的比较

整群抽样的优点是组织抽样和实施调查较为方便,确定一群后就可以抽出许多个体进行调查,可以大大节省费用和时间。但是,正因为以群为单位进行抽选,抽选个体比较集中,明显地影响了样本分布的均匀性。因此,整群抽样和其他抽样方式相比,在抽样个体数目相同的条件下抽样误差较大,代表性较差。在抽样调查实践中,采用整群抽样时,一般都要比其他抽样方式抽选更多的个体,以降低抽样误差,提高抽样结果的准确程度。

当然,整群抽样的可靠程度主要还取决于群与群之间差异的大小,各群间的差异越小,整群抽样的调查结果就越准确。因此,在大规模的市场调查中,当群体内各个体间的差异较大,而各群之间差异较小时,最适合采取整群抽样方式。

在整群抽样时,每群的个体数可以相等,也可以不等。在每一群中的具体抽选方式,既可以采用简单随机抽样方式,也可以采用系统抽样方式。但不管采用何种方式,都只能用不重复抽样的方法。

5. 几种概率抽样方法的选择及比较

在选择概率抽样方法时,要考虑以下三个方面的因素。

(1) 对抽样误差大小的要求。在简单随机抽样的条件下,抽样误差的大小主要受总体方差的影响。

在分层抽样的条件下,按某个标志值进行分类再抽样,实际上各类(组)都进行了调查,抽样误差不再受各组间方差的影响,而只受各组内方差大小的影响。因此,在抽样个体数一定的情况下,分层抽样的抽样误差要小于简单随机抽样。按有关标志值排队的系统抽样实际上是一种分类更细的分层抽样,其抽样误差更小。按无关标志值排队的系统抽样,其误差与简单随机抽样相似。

整群抽样对所抽中的群（组）中的所有个体都一一加以调查，因此其抽样误差的大小不再受各群（组）内方差的影响，而主要取决于群（组）间方差的大小，但群（组）间方差往往较大。

根据调查经验，通常按有关标志值排队的系统抽样方式的抽样误差最小，其次是分层抽样、按无关标志值排队的系统抽样、简单随机抽样和整群抽样。在进行实际调查时，可根据对调查误差的不同要求，选择适当的概率抽样调查方式。

（2）调查对象本身的特点。有些现象，事先没有关于总体中各个体全面、详细的资料，就无法采用按有关标志值排队的系统抽样，而只能采用其他抽样方式。同时，还要考虑对调查对象所能了解的程度，对调查对象了解得越周全，就越能采用准确性较高的抽样方式。

（3）人力、物力、经费和时间等各种调查条件。在调查前考虑到抽出的样本可能极为分散，就应增加调查往返的时间和费用，可采用整群抽样方式，使调查样本相对集中，调查员行动半径缩小，以节省人力、费用和时间。

应该指出的是，强调根据调查要求和调查对象特点选择适宜的抽样方式，并不否认上述几种方式的结合运用。在实际调查中，往往是根据具体情况互相结合使用的。此外，在许多情况下，特别是在复杂的、大规模的市场调查中，抽取的调查个体一般不是一次性直接进行的，而是采用两阶段或多阶段抽取的办法，即先抽取大的调查单元，在大单元中抽取小单元，再在小单元中抽取更小的单元，这种抽样方式称为多阶段抽样。我国城市住户调查采用的就是多阶段抽样，先从全国各城市中抽取若干个城市，再在城市中抽选街道，然后在各街道中抽选居民家庭。多阶段抽样在抽取样本及组织调查时很方便，但在设计抽样调查方案、计算抽样误差和推断总体时比较麻烦。

四、非随机抽样

在实际市场调查中，出于某种原因，常常要用到非随机抽样，通常是因为受客观条件的限制，无法进行严格的随机抽样；为了快速得到调查的结果；调查对象不确定或其总体规模无法确定；调查人员比较熟悉调查对象，且有较丰富的经验，据此快速推断，做到快、准、省。

1．方便抽样

方便抽样又称任意抽样或偶遇抽样，是根据调查者的方便与否来抽取样本的一种抽样方法。常用的形式有拦截访问、利用客户名单访问等，被访问者一般与调查者比较接近。

由于方便抽样是按照访谈员的方便程度抽取样本。因此，在时间和效率方面对调研人员最方便的地方莫过于闹市区，例如汽车交易市场和汽车大道。因而，对地点进行对预期的应答者的选择是主观的而不是客观的。总体的某些成分被自动地从抽样过程中排除。

在这种抽样调查中，调查者无法知道某个受访者出现的概率，而每个被访者的概率一定是不相等的。调查者主要对样本类型进行总体把握，避免出现大的错误。方便抽样一般用于非正式调查，有时也用在那些个体之间差异不大的总体抽样中。

方便抽样的优点是对于调查条件要求低，难度小，简便易行；接受访问的成功率较高，容易得到受访者的配合；省时省力，且对访问的进度容易控制。

方便抽样的不足之处是由于没有概率论作为理论基础，所以无法推断总体，且代表性差，偶然性强。

方便抽样法适用于汽车市场探索性调查，或汽车市场调查前的准备工作。一般地，当在汽车市场调查总体中的每一个体都是同质时，才能采用此类方法。但是，在实践中并非所有汽车市场调查总体中的每一个体都是相同的，所以抽样结果偏差较大，可信度较低，其样本没有足够的代表性，故在汽车市场调查时较少采用方便抽样法。

例如，在北京亚运村汽车交易市场，新华信公司的访问员随机访问了206个北京居民。在《北京家庭轿车购买行为调查》中，新华信研究人员提供了8种较为常见的颜色供被访问者选择，它们是：红、绿、黑、白、银灰、蓝、明黄、金色。通过将收集的消费调查问卷输入SPSS统计软件进行分析，新华信研究人员发现白色和银灰色的车最受欢迎。

> **学与练**
>
> 在你所在的地区周边进行一次街头访问，看看人（户）均收入或人（户）均消费支出是多少，再查一下当地的统计数据资料，比较一下你所调查的结果与官方数据的差别有多大，并分析一下这种差别的成因。

2. 判断抽样

判断抽样也称目的抽样，是主要凭借调查者的主观意愿、经验和知识，从总体中选取具有代表性的个体样本作为调查对象的抽样方法。要求调查者对总体的有关特征有相当程度的了解。

判断抽样法广泛应用于商业市场调查中，特别是样本量小，且不易分类时，更具优势。它方便快捷、成本低，只需要调查者有较强的知识、经验和判断力，但结果的可靠性不易控制。

在汽车市场抽样调查中，判断抽样可以有两种具体做法。

（1）由专家判断选择样本：一般采用平均型或多数型的样本作为调查个体，通过对典型样本的研究，由专家来判断总体的状态。平均型是在汽车市场调查总体中挑选代表平均水平的个体作为样本来在推断总体。多数型是在汽车市场调查总体中挑选占多数的个体作为样本来推断总体。

（2）利用统计资料判断选择样本：即利用汽车市场调查总体的全面统计资料，按照一定标准选择样本。

在汽车市场抽样调查中，判断抽样法具有简便、易行、及时，符合调查目的和特殊需要，可以充分利用调查样本的已知资料，被调查者配合较好，以及资料回收率高等优点。但是，这种方法易发生主观判断产生的抽样误差。同时由于判断抽样中各个调查个体被抽取的概率不知道，因而无法计算抽样误差和可信程度。如果汽车市场调查人员的经验丰富、知识面广而且判断能力强，抽取的样本代表性就大；反之则小。

判断抽样法适合于在汽车市场调查总体中各调查个体的差异较小、调查个体比较少，以及选择的样本有较大代表性时使用。

> **学与练**
>
> 在当前，常有一些学校宣传自己有多少优秀毕业生吸引公众注意，请问这样得出的结论是采用的何种抽样方法，你认为能正确评价其教学效果吗？

3. 配额抽样

配额就是指对划分出来的各种类型的子总体分配一定数量的样本,从而组成调查样本。

配额抽样首先将总体中的所有单位按一定的标志分为若干组,然后在每个组内按一定比例用方便抽样或判断抽样的方法选取样本单位。

采用配额抽样首先要对总体中所有单位按其属性、特征分为若干类型,这些属性称为"控制特征"。如被调查者的姓名、年龄、职业、收入等,然后根据各个控制特征分配样本数额。

在汽车市场调查中,按照配额的要求不同,配额抽样可分为独立控制配额抽样和交叉控制配额抽样两种。

(1) 独立控制配额抽样:这种方法根据汽车市场调查总体的不同特征,对具有某个特性的调查样本分别规定单独分配数额,而不必规定必须同时具有两种或以上特性的样本数额。

例如,在某项汽车市场调查中,确定样本总数为180个,可单独选择消费者年龄、性别和收入三个标准中的一个进行抽样。按照独立控制配额抽样,其各个标准样本配额比例及配额数如表5-3~表5-5所示。

表5-3 年龄抽样

年龄(岁)	人数
18~29	30
30~40	50
41~55	60
56以上	40
合计	180

表5-4 性别抽样

性别	人数
男	90
女	90
合计	180

表5-5 收入抽样

收入	人数
高	36
中	54
低	90
合计	180

可以看出,对年龄、性别和收入三个控制特性分别规定了样本数额,而没有规定三者之间的关系。因此,在调查人员具体抽样时,抽选不同收入段的消费者,并不需要年龄和性别标准,在抽取不同年龄或性别的消费者时,也不必顾及其他两个控制特性。

这种方法的特点是简单易行,汽车市场调查人员的选择余地较大;缺点是汽车市场调查人员可能图一时方便,选择样本过于偏向某一组别,如过多地选择男性消费者,从而影响样本的代表性。这个缺点可以用相互控制配额抽样来弥补。

(2) 交叉控制配额抽样:是对调查对象的各个特性的样本数额交叉分配,也就是任何一个配额者会受到两个以上的控制属性的影响,从而提高了样本的代表性。

在上例中,如果采用相互控制配额抽样,就必须对收入、年龄和性别这三项特征同时规定样本分配数,如表5-6所示。

表5-6 交叉控制配额抽样

收入	高		中		低		合计
性别	男	女	男	女	男	女	
18~29岁	3	3	4	4	8	8	30
30~40岁	5	5	7	7	13	13	50
41~55岁	7	7	9	9	14	14	60
56岁以上	3	3	7	7	10	10	40
小计	18	18	27	27	45	45	180
合计	36		54		90		

从表 5-6 可以看出，交叉控制配额抽样对每一个控制特性所需分配的样本数都做了具体的规定，汽车市场调查人员必须按规定在汽车市场调查总体中抽取调查个体。由于调查面较广，从而克服了独立控制配额抽样的缺点，提高了样本的代表性。

控制配额的目的是以相对较低的成本来获取有代表性的样本，且调查者可根据每一配额方便地选择个体。其缺点是选择偏见问题严重，也不能对抽样误差进行估计。

例如，一家市场调查机构在 6~8 米客车市场机会研究项目建议书中是这样进行配额抽样的（表 5-7）。

表 5-7　配额抽样例

省市	浙江		江苏		上海	
购买者与使用者	购买者	使用者	购买者	使用者	购买者	使用者
品牌 JAC	30	30	30	30	30	30
品牌 金龙	30	30	30	30	30	30
品牌 宇通	30	30	30	30	30	30
合计	90	90	90	90	90	90

4. 滚雪球抽样

对他们进行调查后，根据他们所提供的信息或由他们推荐下一组调查对象或个体。这样，通过上一组选择下一组，像滚雪球一样一波一波地继续下去，直到汽车市场抽样调查结束。即使第一组调查个体是通过概率抽样选择出的，但是最终的样本也是非概率样本。

在汽车市场调查中，滚雪球抽样技术的主要目的是分析汽车市场调查中的稀有特征。

滚雪球技术的主要优点表现在：通过对调查总体设定期望的特征，增强了样本个体的相似性。因此，采用这种方法进行汽车市场抽样调查，所产生的抽样误差比较小，成本比较低。其局限性主要表现在要求样本单位之间必须有一定的联系，并且愿意保持和提供这种关系，否则，将会影响这种调查方法的使用和结果。

营销调研视野 5-3　神龙公司的抽样调查

随着 SUV 整体市场向多元化、差异化的方向发展，这一细分市场被再度细化，小型 SUV 这一新的细分市场正在形成。相比传统 SUV，小型 SUV 的排量、售价更低；相比轿车，又有高离地间隙、高视野的优点，越来越受到消费者的青睐。此外，在节能减排的大环境，以及高油价、城市停车空间小的情况下，低价、低油耗的小型 SUV 市场空间较好。在神龙公司推出标致 2008 前，就曾经采用过滚雪球抽样的方法来了解顾客对小型 2008 的看法。

五、互联网抽样

（1）目标受访者能够更方便地依照自身情况完成调研——深夜、周末或者其他合适的时间。

（2）数据收集更加廉价。一旦基本的运营经费和其他固定成本被解决了，调研本质上对样本数量的变化就不那么敏感了。数以千计的访问可以以几元每次的数据收集价格进行。这种低成本效果某种程度上也许会被向受访者提供激励的需要所抵消。另外，数据输入和数据处理花费显著地减少了,因为受访者实际上帮助调研人员进行了数据输入的工作。

(3) 调研可以在软件的控制下进行管理,这使调研过程能够衔接或者做其他有意义的工作。

(4) 可以很快地进行调研,一天内就可以进行数百甚至数千次的调研。

然而,缺点也是有的。互联网受访者更加富裕,多数从事高科技的工作。当然,随着互联网使用者的增加,这种偏差逐渐缩小。另一种情况是如果市场调查的研究者通过互联网或者是在搜索引擎上的横幅广告来招募样本顾客时,那些不使用互联网或者没有在横幅广告运行的时间访问这些网站的用户也没有机会被选入样本。

很多例子显示,凭借着互联网调研其他的内在优点,其能够获得很好的样本。这些情况包括客户组织或者研究者持有某一特定总体全部成员的邮件地址。比如,奥迪公司或许拥有会考虑购买该公司产品的顾客的电子邮件名单。这些买家很可能会经常使用互联网,不管是在家里还是在工作地。在这样的总体中选择真正的随机样本相对更容易。以最小的花费,所有的顾客都收到参加互联网调研的邀请和提醒。这种调研的回复率超过70%并不奇怪,特别是提供奖励来激发回复。互联网调研是一种新兴的数据收集方式,也可能在今后的某个时候成为主导的调研方式。它的好处很多而且十分引人注意。

任务三 影响样本准确性的因素

假设一下:目标是确定有意向购买奥迪 A6 这一特定人群的年平均收入,如果可以获得总体中每个人的确切信息,就可以计算出这些人的年平均收入。总体参数是总体真实特征定义的数值。假定 μ(总体参数或者年平均收入)为 42300 美元。要调研总体中的每一个人是不可能的,但是,研究人员会抽取样本,并根据样本的调研结果对总体参数进行推测。比如,在计算年平均收入的问题中,研究人员从 25 万人的总体中抽取 400 个样本单位,计算出样本的平均收入是 41100 美元。同样可以在总体中抽出第二个 400 为样本,再计算其平均数,结果也许是 43400 美元。另外,可能有许多适当的方法从总体中抽出若干个样本。研究人员将对不同的样本计算出相当接近但不完全同于总体参数的样本指标。

样本结果的准确性受到两种误差的影响:一种是抽样误差;另一种是非抽样误差。下列公示描述了在估计总体平均数时这两种误差的影响。

$$\overline{X} = \mu \pm \varepsilon_s \pm \varepsilon_{ns}$$

式中,$\overline{X}$ 为样本平均数;μ 为真正的总体平均数;ε_s 表示抽样误差;ε_{ns} 表示非抽样或测量误差。

一、抽样误差

抽样误差是指所选样本的结果不能完全代表总体而导致的误差。有两类误差:随机的和管理上的。管理上的抽样误差涉及执行抽样的问题,即样本的设计和执行中有缺陷而不是样本不能代表总体。这类误差能在样本设计和执行中通过小心谨慎而避免或使之极小化。随机抽样误差是由于偶然事件引起的,是无法避免的,这类误差只能依赖增加样本容量使之缩小,但不能完全消除。

下面是抽样误差的影响因素。

（1）被调查总体各单位标志值的差异程度。被调查总体各单位标志值的差异程度越大，即总体的方差和均方差越大，抽样误差也就越大；反之抽样误差越小。如果总体各单位标志值之间没有差异，那么抽样指标和总体指标相等，抽样误差也就不存在了。

（2）抽取的调查个体数目。在其他条件不变的情况下，抽样单位数越多，抽样误差就越小；反之抽样误差就越大。当抽样单位数大到与总体单位数相同时，也就是相当于全面调查时，抽样误差就不存在了。

（3）抽样调查的组织方式。抽样误差也受到抽样调查组织方式的影响，通常按照系统抽样和分层抽样方式组织抽样调查，由于经过排队或分类可以缩小差异程度，因而在抽取相同数目样本的情况下，其抽样误差要比用简单随机抽样方式小一些。

二、非抽样误差

非抽样误差是在研究过程中由于计算的不准确和偏见等原因产生的不同于抽样误差的各种误差。主要表现为以下几种类型。

1. 样本设计误差

样本设计误差的产生有以下几个方面的原因。

（1）抽样框误差：主要是由于不准确或不完整的抽样框而引起的误差。

营销调研视野 5-4　样本设计带来的误差。

1936年《文学摘要》杂志社从电话簿和汽车登记表中选出了一大批选民进行抽样调查，它预言 Alf. London 会在竞选中击败 Franklin Roosevelt 不幸的是，这份抽样框选择的选民并不能代表1936年整个美国的选民。因为当时大多数人没有电话，没有汽车，也就是说抽样框大部分是富余阶层，然而他们更倾向于投共和党的票。所以，在竞选后不久，《文学摘要》因其失误的预言使其可信度急速下滑，最终导致了破产的结局。

（2）调查对象范围误差：是因为对调查对象范围限定的不准确引起的误差。例如，将某项研究的调查对象限定在在校青年人中，后来却发现不少社会青年人也应该包含在这个研究中。如果那些没有包括进去的青年人在兴趣或消费方面有显著的特点，则抽样便产生了误差。

（3）抽选误差：即使抽样框的组建与调查对象范围的确定都没什么问题，但在抽样实施过程中，特别是非随机抽样中，由于主观原因，人为地选择偏高或偏低单位进行调查而产生的误差就是抽选误差。例如，要了解妇女对外出工作的看法，如果只在白天做家庭采访，就会出现明显的偏差，因为外出工作的妇女没有在家。

2. 测量误差

测量误差是指经测量处理的信息与原始信息之间的差异。测量误差的产生有以下几个方面的原因。

（1）替代信息误差：是指实际所需的信息与调查者所收集信息之间的差距而产生的误差。这种误差与调查设计的调查目标有关。可口可乐公司就出现过这样的错误，结果导致了新可乐的失败。据报道，新可乐的调查仅集中在消费者对于产品口味的意见，而忽略了他们对于产品变化的态度，没有考虑到顾客对于可口可乐所倾注的感情和象征意义。

（2）调查员误差：是指因调查员和被调查者之间相互作用而引起的误差。调查员有时会自觉不自觉地影响被调查者，使之给出不真实或不准确的回答。调查员的衣着、年龄、气质、面部表情、形体语言或语音语调都有可能影响被调查者部分或全部的答案。所以，对调查员必须加以培训及管理，使其保持中立的立场。

（3）测量工具误差：是指因测量工具或问卷而产生的误差。

（4）处理过程误差：是指在市场调查过程中，抄写、登记、计算等工作上的过程而引起的误差。这是一种存在于任何调查方式中的误差。市场调查的范围越广、规模越大，产生这种误差的可能性也越大。这种误差是能够通过采取一定措施避免的。

（5）拒访误差：在以下三种情况下发生，一是在特定时间无法联系到被访者，二是虽然得到了默许，但在当时的环境下不能或不愿接受访谈，三是被访者拒绝接受访问。如果接受者与拒访者存在特定的差异，因这种差异而引起的误差就是拒访误差。

（6）回答误差：如果人们在某一特定问题的回答中有特定的偏向，则产生回答误差。回答误差的产生有两种基本的形式：有意错误和无意错误。有意错误的产生是因为被调查者故意对所提出的问题做出不真实的回答。无意错误是指回答者希望能够做出真实、准确的回答，但却给出了不正确的答案。这种类型的错误可能是由于问题的格式、内容或其他原因造成的。

营销调研视野 5-5　大学生们访问遇尴尬

2012年8月，武汉某高校大学生受调查机构的委托，对武汉市的私家车主进行访问。大学生们信心满满，估计自己一天能至少完成十份有效问卷。但大学生们却遭遇了不少尴尬的事情，有的学生最后一共才完成了不到十份调查问卷。

由于调查问卷很多，做完一份大约需要40分钟，司机们往往没有耐心回答下去，好多同学们都遇到了受访者中途退出的尴尬场面。还有的车主勉强完成了问卷，却不肯留下真实的电话号码和姓名。大学生们使尽浑身解数劝说，有人以纪念品相诱导，有人拿着笔到处追，饱尝千辛万苦才完成任务。

项目小结

本项目阐述了抽样调查的含义、抽样调查的样本确定及影响样本准确性的因素。在解释抽样调查的过程中，进一步说明了抽样调查的特点及类型，其中主要的类型有概率抽样方法和非概率抽样方法两类。概率抽样方法是指对每一个个体赋予平等的被抽取机会的抽样方法。非概率抽样方法是指总体中每一个个体不具有被平等抽取的机会，而是根据一定的主观标准来抽选样本的抽样方法。这两种抽样方法各有其特点和使用范围。

概率抽样方法又分为简单随机抽样、分层抽样、系统抽样和整群抽样，非概率抽样方法一般分为方便抽样、判断抽样、配额抽样和滚雪球抽样四种类型。

为了提高抽样方法的有效性，需要切实控制抽样误差，严格遵循抽样调查的程序，并合理选用抽样方法。

关键概念

抽样调查　抽样框　概率抽样　非概率抽样　系统抽样　分层抽样　整群抽样　方便抽样　判断抽样　配额抽样　滚雪球抽样

课后自测

一、选择题

1. （　　）是指从研究对象的总体中，按照随机原则抽取一部分单位作为样本进行调查，并用对样本调查的结果来推断总体的方法。
   A. 随机调查　　　B. 抽样调查　　　C. 重点调查　　　D. 全面调查

2. 与配额抽样相似的随机抽样方式是（　　）。
   A. 等距抽样　　　B. 整群抽样　　　C. 分层抽样　　　D. 纯随机抽样

3. 一居民区有200户居民，拟抽出25户进行汽车需求调查，按无关标志排队从1号排队到200号，采用等距抽样方式抽取样本，若第三户抽中的是19号，则第十户样为（　　）。
   A. 85号　　　B. 75号　　　C. 93号　　　D. 105号

4. 街道拦截访问属于（　　）。
   A. 分类抽样　　　B. 方便抽样　　　C. 判断抽样　　　D. 简单随机抽样

5. 由专家有目的地抽选他认为有代表性的样本进行调查，这种方法属于（　　）。
   A. 判断抽样　　　B. 等距抽样　　　C. 简单随机抽样　　　D. 随意抽样

6. 根据样本抽取方法的不同，抽样可以分为（　　）。
   A. 概率抽样　　　B. 非概率抽样　　　C. 分层抽样　　　D. 系统抽样

7. 要减少抽样误差，必须注意的问题是（　　）。
   A. 必须正确地确定抽取样本的方法，使样本对母体有充分的代表性
   B. 恰当地确定样本数目　　　C. 加强抽样调查的组织工作，提高工作质量
   D. 选择好的总体进行调查　　　E. 适当地增加样本数目

二、判断题

1. 抽样调查的结果是从抽取样本中获取的信息资料中推断出来的。（　　）
2. 对于那些有必要进行普查的项目，运用抽样调查一样可以达到目的。（　　）
3. 样本数量在一般情况下与抽样误差成正比例关系。（　　）
4. 随机抽样调查是对总体中每一个个体都给予了平等的被抽取的机会。（　　）

三、问答题

1. 在哪些情况下普查优于抽样调查？为什么通常人们选择抽样调查而不是选择普查？
2. 招商银行有1000个客户，管理者想从中抽取100个进行抽样调查。如果用等距抽样该怎样去做？如果名单是按平均存款额有序排列的，这会对这种抽样技术产生影响吗？如果有，有什么影响？
3. 为什么一个具体城市的电话号码簿常常不能作为满意的抽样框？

四、案例分析题

库备特集团的网络调研

库备特集团（Cobalt Group，www.cobaltgroup.com）销售电子商务产品，并向汽车行业提供服务。它宣称拥有9000名网上顾客，并拥有相当数量的当地顾客。库备特集团的某些产品可以用来加强汽车销售商与购车者之间的联系。其中一种产品是"我的汽车工具"，它可以使汽车销售商建立为购车者服务网站，车主在这个网站上讨论使用状况，跟踪服务记

录,或者网上预约服务。销售上可以将网站作为直接营销工具使用,顾客在网站上输入信息后,销售商的数据库自动更新。数据库可以用来区分顾客的类型和偏好,针对特殊的顾客使用特殊的广告和促销方法,或者跟踪产品的使用状况。

"我的汽车工具"有巨大的潜在价值,它是一种维系买卖双方关系的方法。如果消费者满意,这种联系可以转换为信任,当他们需要更换汽车的时候,他们还会到这里购买。当然,顾客访问"我的汽车工具"网站是完全自愿的。他会受很多因素影响:第一,购车者必须愿意登录销售商的网站;第二,顾客必须有机会上网;第三,购车者必须经常使用这种服务。

汽车销售商通过使用"我的汽车工具"来解决问题,这增加了"我的汽车工具"的价值。使用"我的汽车工具"最大的作用是增加购车者的满意度,当将他们和那些没有使用"我的汽车工具"的销售商的顾客相比时,他们就会称为回头客。

库备特集团指派计划团队来解决这个问题。团队立刻使用"网络调查者"软件设计问卷,但是在计划抽样时,遇到了很大困难。

1. 在这种情况下,调查的总体是什么?
2. 在这种总体定义下,抽样框是什么?
3. 调查团队应该使用电子邮件调查还是应该使用网上抽样方法?

实训操作

王经理准备在我校开一家洗车店。因为可能是这类商业行为的第一起,学校要求王先生进行一次在校学生的调查,以评价对这种经营场所的需要。分析一下这种情况下进行普查会遇到的困难,并分别举例说明。例如,这样的普查可能要花多长时间?成本可能是多少?什么样的学生比别的学生更可能参与调查?具备什么样的资格才能从事调查?

学习项目六
市场调查资料的整理与分析

学习目标：
1. 理解市场调查资料整理的含义。
2. 掌握市场调查的程序。
3. 掌握市场调查资料整理的方法。
4. 掌握市场调查资料分析的方法。

情 境

在市场调查中，调查者们需要从数据中抽取随机样本来展开调查。在一次市场调查中，调查者寄出了1000份调查问卷及附带的封面信来解释这次调查的目的，并说明对回收的每份问卷的回答都是保密的，对这些做出回答的人将付给25元作为感谢费。在最初的调查问卷和信件发出一周之后，调查者又寄出了提醒卡；两周之后，寄出了第二封信和调查问卷的复印件。初次邮寄后的第四周，共收到487份调查问卷。随后，调查问卷的返回越来越少，调查者转向处理回收的调查问卷，将调查问卷上的回答整理成图标，分析调查结果并准备书面报告。

在处理回收的调查问卷时，调查者面临的工作是如何把书面调查得到的信息输入计算机以及之后用这些信息来做什么。特别是有关如何对开放式问题的答案进行总结的问题。该怎样把信息输入计算机，怎样对开放式问题进行编码，怎样把问卷答案制成图标，以及怎样做所有其余的事？该使用什么样的软件？图标看起来应该是什么样子？如果需要统计检验，又应该用哪一种统计检验？

在市场调查活动结束后，要对所收集的资料进行相应的整理，它与进行调查同样重要，也是保证资料完整与真实的必要步骤。作为调查工作者，就应当在调查活动结束后，对当天的资料进行复核和整理。这样才会及时发现问题，并在下次调查中进行回访，或是追问事实，弥补不足。汽车市场调查资料的整理是对汽车市场调查获得的信息进行初加工，为汽车分析研究准备数据。

任务一 市场调查资料整理的含义与程序

一、市场调查资料整理的含义

汽车市场调查所收集的反映个体量的原始资料是分散的、不系统和不能直接利用的。例如，一项有关消费者汽车购买行为的调查，通过面访获得了 2000 份问卷的原始数据。如果不审核这些问卷填答得是否合格，也不进行加工处理，汽车市场调查者将无法从总体上认识调查现象的数量表现和特征，无法得出调查结论和解释调查结果。因此，汽车市场调查资料的整理是从汽车市场信息获取过渡到汽车市场分析研究的承上启下的重要环节，是从个体量导向总体量的必由之路。一般来说，在汽车市场调查过程中，数据获取提供原材料，资料整理提供初级产品，分析研究提供最终产品。

为了理解市场调查资料整理的重要性，可以简要总结这一环节工作的意义。

1. 资料整理是市场调查与预测中十分必要的步骤

市场调查与预测的根本目的是获取足够的市场信息，为正确的市场营销决策提供依据。从市场调查与预测的过程可知，在市场信息收集与市场信息的使用之间，必然有一个市场信息的加工处理环节。这是因为运用各种方法．通过各种途径收集到的各类信息资料，尤其是各种第一手资料，大都处于无序的状态，很难直接运用，即使是第二手资料，也往往难以直接运用，必须经过必要的加工处理。对市场信息的加工处理，可以使收集到的信息资料统一化、系统化、实用化，从而方便使用。

2. 资料整理提高了调查资料的价值

未经处理的信息资料由于比较杂乱、分散，其使用价值有限。资料整理是一个去伪存真、由此及彼、由表及里、综合提高的过程，它能大大提高市场信息的浓缩度、清晰度和准确性，从而大大提高信息资料的价值。

3. 资料整理可以激发新信息的产生

在信息资料的处理过程中，通过调查人员的智力劳动和创造性思维，使已有的信息资料互相印证，从而有可能在此基础上产生一些新的信息资料。应用各种历史和现状信息资料，推测和估计市场的未来状态，这种预测信息也是一种新的信息。

4. 资料整理可以对前期工作起到纠偏作用

在市场调查与预测工作的各个阶段、各具体环节，都会出现计划不周或工作中的偏差等问题。比如，对市场调查与预测问题的定义可能并不十分全面；对市场调查与预测的设计可能忽视了某些工作；信息资料的收集可能存在遗漏或者收集方法的欠缺等。这些问题有可能在实施过程中，通过检查、监督、总结等活动被发现，并加以纠正。但是，很难避免有些问题未被人们所发现。在信息加工处理过程中，往往能发现一些问题，通过及时反馈，就能够采取措施，对存在的问题加以纠正，以避免造成更加不良的后果。

二、市场调查资料整理的内容

汽车市场调查资料的整理既包括对原始资料的整理，也包括对现成资料的整理，其中，原始资料的整理是最重要的。汽车市场调查资料的整理包括以下三个方面：数据确认；数据处理；数据陈示。

（1）数据确认：是指对汽车市场调查问卷或调查表提供的原始数据进行审核，检查问卷填答是否合格（包括项目是否完整、填答是否正确），或者对二手资料的可靠性、准确性、时效性和完备性进行检查。数据确认的目的在于查找问题，采取补救措施，确保数据质量。

（2）数据处理：就是对确认无误的汽车市场调查问卷或调查表进行加工处理，包括分类、编码和汇总等，或者对二手数据进行再分类和调整。数据处理是汽车市场调查资料整理的关键，其任务在于使原始数据和二手数据实现综合化、系列化和层次化，为进一步的分析研究准备有使用价值的数据。

（3）数据陈示：是指将加工整理后的汽车市场调查数据用一定的陈述和显示形式表现出来，以便汽车市场调查者阅读和使用。在汽车市场调查中，数据陈示形式通常有统计表、统计图、数据库和数据报告等，其中数据制表是数据陈示的常用形式，这会在后面讲述。

三、市场调查资料整理的程序

1. 问卷登记、审核及其控制

本阶段是在市场调查过程中，对所收集信息的工作进行监控和对某些信息资料进行初步处理分析的环节。

对于收回的问卷，在进行资料录入之前，全部都要进行质量检查，这是保证市场调查工作质量的关键。如果利用不正确的资料，使企业对市场的导向发生错觉，导致错误的判断，对企业所造成的损失是不可估量的。所以，审核资料是资料整理中不可忽视的重要环节。将所收集的资料汇总在一起，以便进行统计处理。在汇总的过程中，为了避免信息损失以及评价访问员的工作成绩，要先对资料进行登记分类。分类的依据可以是地区、访问员等。在登记过程中，分别记录各地区、各访问员交回问卷的时间、回收问卷的数量、实发问卷的数量等。

问卷审核的内容包括问卷的及时性、完整性、有效性和正确性。

及时性是指各被调查单位的资料是否都是按规定的日期填写或报出，所填资料是否是最新资料。

完整性是指应该包括的信息，被调查单位是否都提供了；是否有缺损问卷，即问卷是否不完整，个别页码丢失；调查表内的各信息是否都填写齐全；是否有答案模糊不清的问卷，比如字迹看不清楚，把"√"打在两个答案之间等。如果发现没有答案的问题，可能是被调查者不能回答或不愿回答的，也可能是调查人员遗忘所致，应立即询问，填补空白问题。如果问卷中出现"不知道"的答案所占比重过大，就会影响调查资料的完整性，应当适当加以处理说明，此外，应注意确保调查表中的资料清楚易懂。

有效性是指审核访谈是否按适当的方式进行，访问员有没有作假行为等。目前，访问员的道德问题已成为影响问卷有效性的一项重大风险。

正确性是指调查者按照调查的正常程序和规范进行操作，不贪图便利，不自行其是。做到重要工作都有记录，有备案，可查证，各流程职责明确。

2. 编码

编码是把原始资料转化为符号或数字的资料标准化过程。即问卷设计者在编写题目时，给予每一个变量和可能答案一个符号或数字代码，也称为事前编码；如问题已经作答，为每个变量和可能答案给予一个符号或数字代码，则称为事后编码。通过编码，不但使资料简单方便地输入计算机中，更重要的是，通过合理编码，使不同信息易于分辨、理解、计算，这将对统计计算和结果解释工作产生较大影响。

一般来说，标准化的封闭式问卷资料的编码过程比较简单，而开放式的问卷资料或讨论、记录资料的编码过程就比较复杂。标准化的封闭式问卷常用事前编码，可节省时间；而开放式的问卷资料常用事后编码，可涵盖所有作答情况。

编码的内容包括以下几方面。

（1）规定变量名称。变量是指一份问卷中通常包含的若干个问题。为数据处理方便，在数据输入计算机前必须先给一个问题或变量起一个变量名称。变量名称一般是英文字母或英文字母与阿拉伯数字的组合，如 A、A5、Age 等。

（2）规定各量表值（表 6-1）。

表 6-1　市场调查表

1. 您的性别是（　　）。 A. 男　　B. 女
2. 您对自主品牌汽车的喜欢程度是（　　）。 A. 非常喜欢 B. 喜欢 C. 有点喜欢 D. 有点不喜欢 E. 不喜欢 F. 非常不喜欢

量表值依据数据的类型可以用字符串表示，也可以用数字表示，一般用数字来表示问题的各种答案比较方便。如表 6-1，可以按照答案顺序分别规定为 1、2、3、4、5、6，但也可以将次序颠倒过来，把"非常不喜欢"规定为"1"，把"非常喜欢"规定为"6"。

若受访者没有按问卷设计要求作答而产生多选或漏选，要分别对待。如是个人基本项目出现此情况，则该问卷就是无效问卷；若是个别其他问题出现此情况，则可另加一个或两个量表值，把它们归为一类或两类。

（3）要注意的其他情况。如非问卷题目的有关问题，地区划分时，将北京定为"1"，上海定为"2"；对于开放性问题，按收集信息的内容，用"X1"、"X2、X3"来表示。

（4）编写编码簿。当所有变量和量表值都规定清楚之后，编码人员要编写一本编码簿，说明各英文字母、符号、数码的意思，并具备下列功能。

① 录入人员可根据编码簿说明来录入数据。

② 研究人员或电脑程序员根据编码簿拟定统计分析程序。

③ 研究者阅读统计分析结果，不清楚各种代码的意义时，可以从编码簿中查询。例如在汽车消费者调查问卷时用的编码簿（表 6-2）。

表 6-2　编码簿

变量序号	变量含义	题号	变量名称	是否跳答	数据宽度	数据说明
1	福特的知名度	Q1	Q1-1	否	1.0	1＝选中,2＝未选中
2	大众的知名度	Q1	Q1-2	否	1.0	1＝选中,2＝未选中
⋮	⋮	⋮	⋮	⋮	⋮	⋮
10	其他名牌知名度	Q1	Q1-10	否	1.0	1＝选中,2＝未选中
11	最喜欢的品牌	Q2	Q2-1	否	2.0	1＝福特,2＝大众,3＝通用,99＝漏答
12	第二喜欢的品牌	Q2	Q2-2	否	2.0	1＝福特,2＝大众,3＝通用,99＝漏答
⋮	⋮	⋮	⋮	⋮	⋮	⋮

变量序号是给各变量的一个新的数码，表示各变量在数据库中的输入顺序；变量含义是指问卷中问题意思的概括，使研究者或程序设计师很快得知这一变量的意思；相应问卷题号

指变量属于问卷中的第几题；变量名称是变量的代号，便于计算机识别与统计操作；数据宽度包括变量的数据最多是几位数及小数点后几位；数据说明是对各数码代表受访者的某种反应的说明。

3. 录入

录入是将经过编码的数据资料输入计算机的存储设备（软盘、硬盘或闪存）中，这样便可供计算机统计分析了。

数据的录入形式有两种，一种是以单独数据文件的形式录入和保存，另一种是直接录入专门的统计分析软件中（如 Excel，SPSS）。

录入时需注意的问题有：录入数据要与调查员设定的数据宽度或设定类型一致；为减少录入错误，最好进行数据的二次录入，并将两次录入结果对比，也可以利用专用软件的某些功能快速检查，但有可能无法判断那些符合逻辑的错误；若遇到数据缺失，先分析数据缺失的原因，如果有个别问题未作答，或是调查员没有记录造成的，可采用以下方法纠正。

（1）找一个中间变量代替，如该变量的中间值，或量表的中间值，（1~5分，可选3分）；如是性别变量，可将第一个缺失值用男性数值代替，第二个用女性数值代替，并依次交替。

（2）用一个逻辑答案代替，如收入缺失，可依据职业情况和个人能力推断；性别缺失，可依据受访者笔迹来推断。

（3）删除处理。一种是把整个样本资料全部删除，适合样本数众多的情况；另一种是在进行缺失样本统计时，将该样本删除，适合该变量不重要时的情况。

计算机为人们提供了方便。用 Excel 可以很方便地得出此类统计结果，并且由于数据输入 Excel 方便备查，也可以导入 Access 等数据库再进行较复杂的处理。另一方面，因为 Excel 大部分人都会，所以可以几台电脑同时录入数据，汇总时只需将数据复制到一个表中，简单快捷。

调查问卷的问题可以分为三类：单选题、多选题、主观题。主观题比较难统计，这里简单介绍用 Excel 统计答案个数和百分比的最基本的统计。

下面是一简化了的调查问卷，录入方法如下。

汽车车主的调查问卷

1. 您的性别是：

A. 先生   B. 女士

2. 您的汽车品牌是：

A. 标致   B. 别克   C. 奥迪   D. 大众   E. 现代   F. 其他

假设问卷有 10 份。录入数据如图 6-1 所示。

在此，有几个要注意的问题。

（1）录入数据前要对每张问卷进行编号，方便录入后问卷答案的备查，也方便对数据排序后返回到原始录入的状态。

（2）录入时将问题的答案如 A、B、C、D 等替换为 1、2、3、4，如图 6-1 所示。毕竟录入数字比录入字母要快得多。因此在设计问卷时可考虑将问题的选项设为 1、2、3、4，避免录入时头脑将字母转化为数字时出现错误。

（3）单选和多选题每道题的答案均只用一个单元格，这也是为了方便录入。多选题的答案当然也可以分开，不过会影响录入速度，分开会方便以后使用其他软件对数据进行处理。

	A	B	C	D
1	问卷编号	问题一（单选）	问题二(多选)	
2	1	2	12	
3	2	1	15	
4	3	2	34	
5	4	2	25	
6	5	1	123	
7	6	1	26	
8	7	1	134	
9	8	2	256	
10	9	1	236	
11	10	2	245	
12				
13	统计			
14	总问卷数：	10		
15				
16		个数	百分比	
17	问题一-1			
18	问题一-2			
19				
20	问题二-1			
21	问题二-2			
22	问题二-3			
23	问题二-4			
24	问题二-5			
25	问题二-6			
26				

图 6-1 问卷录入

4. 拟定分析计划

（1）掌握统计分析方法。分析数据的方法有两种，一种是定性分析方法，另一种是定量分析方法。定量分析方法主要是运用统计分析的方法对市场调查资料进行分析，作为调查人员必须熟悉各种统计分析方法，常用的统计分析方法有频率分析、描述统计、方差分析、相关分析和回归分析。其中又有一些具体方法和变形。

（2）正确选择统计方法。选择统计方法，主要考虑两个因素，即调查问题的性质和数据资料的性质。

在描述性问题研究中，调查者通常只想了解单一或若干事物的状况，如对某产品的评价，适合采用频率分析和描述统计方法；关系性问题的统计分析可采用各种相关分析、方差分析和回归分析等。

按照数据资料的性质可分为质变资料和量变资料。质变资料在统计方法的运用上比较受到限制，一般只能采用频率分析，对非参数检验进行处理。量变资料包括等距量表、比率量表和可转换成数据的次序量表。对于量变资料，几乎所有的统计方法，如描述统计、相关分析、回归分析、因子分析、方差分析等都可运用。

（3）拟定计划。拟定统计分析计划实际上就是列出一张统计分析清单，说明对什么变量采用什么统计方法，要得到什么统计量。

（4）统计运算。这就是根据统计分析计划要求，对计算机下指令，让计算机输出结果。通常在统计运算开始时，首先要对有关变量进行数据转换，生成中间变量。如"1＝发生"，

"0＝未发生"。

中间变量生成之后，调查员就可以依据统计分析计划要求，对计算机一一下指令，让其执行，计算机则会把结果输出来。有时输出的结果还不能满足数据分析要求，可以再进行统计运算。

> **学与练**
>
> 讨论怎样才能正确选择统计方法。

（5）制表和统计分析。市场调查资料在录入后，由分析人员将这些数据用图表的形式表现出来，主要是为了方便比较和研究。这一环节也称为数据资料图表化。具体方法后面会讲到。

任务二 市场调查资料的整理

一、问卷的登记与审核

在资料采集之后，所有获得的资料都要汇总在一起，以便进行分类、统计、分析。在汇总过程中，为了避免信息损失以及评价访问员的工作成绩，有关负责人要对信息按取得的时间顺序进行登记分类。如按地区、调查员等分类，分别记录各地区、各调查员交回的问卷数量、交付时间、实发问卷数量、丢失问卷数量等情况。

对于收回的问卷，全部要进行质量检查，剔除无效的或不合格的问卷。一般来说，出现以下情况的问卷为无效问卷。

（1）在同一份问卷中，有相当一部分题目没有作答的问卷。

（2）答案记录模糊不清的问卷，如字迹不清楚，无法辨认，或把"√"打在两个答案之间等。

（3）不符合作答要求，如不应该回答的问题，问卷中进行了回答。

（4）调查对象不符合要求，如有的针对性较强的产品，在调查使用效果时，无关人员不能成为调查对象，否则此问卷为无效。

（5）问卷中答案之间前后矛盾或有明显错误，如没用过本产品，却对本产品的功效表达用后感受。

（6）答案选择可疑，如只选第一个答案，或开放式答案均不作答。

（7）问卷缺损，如个别页码丢失，或页面破损，影响到阅读。

> **学与练**
>
> 讨论哪些情形属于不合格，甚至是无效的问卷。

二、市场调查资料的分组

1. 市场调查资料进行分组的意义

通过分组，可以对各种社会经济现象的类型在本质上进行区分，可以识别各种类型的本质特征及其发展变化的规律。

可以用来分析、研究社会现象之间的依存关系以及因果关系，便于企业通过一些促销手段来改变目标人群的观点、态度，从而改变其行为。

通过分组能反映事物内部结构及比例关系，从而为企业寻找目标市场提供基础数据。科学的分组方法，一方面可以明显表明各组中频（次）数的分布情况，从而使研究者对被调查对象的结构情况有一个大体的了解，另一方面还可以使许多普通分组显示不出来的结论明显化，从而为企业寻找目标市场提供基础数据。

2．分组的操作

选择恰当的分组标志。分组标志就是对市场调查资料分组的依据和标准，划分各组界限就是在分组标志变异范围内划定各相邻组之间的性质界限和数量界限。总体内各总体单位有很多标志，究竟选择哪个标志作为分组标志，要根据调查研究的目的和总体本身的特点决定。

确定分组界限是指根据分组标志设定组与组之间划分的界线。将总体中各单位划归各组，调查对象实现分组。

3．分组注意事项

（1）按某一标志进行分组，不要遗漏任何原始资料所提供的数据。

（2）组距尽可能取整数，不要取小数。

（3）各组的组距尽可能相等，即尽可能多用等距分组，少用不等距分组。

（4）问卷中回答项目本身就已经分类，今后表格化时就按上述分类进行排列。

（5）对非区间范围的某一具体数字，应设计出分组，使其在分组的间隔中。

4．开放式问题的分组

被调查者对开放式问题的回答是根据自己的标准给出的叙述性和评论性的文字答案，而且这些答案是分散的。因此，对开放式问题进行分组是有难度的。可遵循下列基本思路和程序。

（1）集中所有同一个开放式问题的全部文字性答案，通过阅读、思考和分析，把握被调查者的思想认识。

（2）将被调查者的全部文字性答案，按照其思想不同归纳为若干类型，并计算各种类型出现的频数，然后制成全部答案分布表。

（3）对全部答案分布表中的答案进行挑选归并，确定可以接受的分组数。一般来说，应在符合调研项目的前提下，保留频数多的答案，然后把频数很少的答案尽可能归并成含义相近的几组，应根据调研的目的和答案类型的多少而确定，一般来说应控制在10组以内。

（4）为已确定的分组选择正式的描述词汇或词语。不同组别的描述词语或短语应体现质的差别，力求中肯、精炼和概括。

（5）根据分类归纳的结果，制成正式的答案分布表。

任务三 市场调查资料的分析

数据分析是市场信息处理的重要内容。它是指对市场调查与预测过程中收集到的各种原始数据进行适当的处理，使其显示一定的含义，进而反映不同数据之间的联系，并通过分析，得出某些结论。数据分析所采用的主要是一些统计技术。大量事实证明，仅有收集到的数据资料，而无正确的分析技术，是不能正确了解和认识市场的。

1. 制表分析

（1）交叉列表分析技术的含义

交叉列表分析是同时将两个或两个以上具有有限类目数和确定值的变量，按照一定顺序对应排列在一张表中，从中分析变量之间的相关关系，得出科学结论的技术。变量之间必须交叉对应，从而使交叉列表中每个结点的值反映不同变量的某一特征，例如某公司汽车销售量的统计（表6-3）。

表6-3　某公司汽车销售量的统计　　　　　　　　　　　　　　　　　　　辆

销售增长	汽车分类			行总计
	两厢轿车	三厢轿车	MPV	
速度慢	35	24	40	99
速度快	52	73	33	158
列总计	87	97	73	257

从表6-3中很容易分析出各类目的明细数量及其对应总数，简明直观。交叉列表分析技术在汽车市场调查与预测中被广泛使用，可以将调查得到的数据资料中复杂的事物变得清晰、有条理。

（2）交叉列表分析法的种类

① 单变量列表：就是只有一个变量对收集的数据产生控制。例如，汽车服务专业的学生人数（表6-4）。

表6-4　汽车服务专业的学生人数

性别		合计
男	女	
13	26	39

由于其所表达的内容过于简单，故使用不是很普遍。

② 双变量交叉列表：是最基本的交叉列表分析法。每个单元格中的数字都同时受到两个变量的约束，故反映的信息更多。例如，某市汽车需求与购买行为调查中，被调查者的性别和文化程度的交叉分组数列（表6-5）。

表6-5　被调查者的性别和文化程度的交叉分组数列

文化程度	男	女	合计
专科及以下	40	45	85
大学本科	55	50	105
硕士及以上	15	5	20

③ 三变量交叉列表：在实际工作中，双变量交叉列表技术对于某些信息不能准确分析，这时就需要加入第三个变量，成为三变量交叉列表。该列表可以较详细地反映数据原有两个变量之间的联系。例如，小汽车购买者中收入、性别与购买汽车档次的关系（表6-6）。

表 6-6　小汽车购买者中收入、性别与购买汽车档次的关系

购买汽车档次	收入状况			
	男性		女性	
	较高收入	普通工薪	较高收入	普通工薪
高/%	85	25	40	50
低/%	15	75	60	50
列总计/%	100	100	100	100
被调查者人数/个	200	300	100	200

由于引入第三个变量——性别，使原有结论更加准确。

学与练

请将你所在班级的所有学生按学籍来源进行列表分析，适用何种列表？

2. 制图分析

统计图是用各种图形表现统计资料的一种形式。它是以统计资料为依据，借助于几何线、形、事物的形象和地图等形式，显示社会经济现象的数量，表现在规模、水平、构成、相互关系、发展变化趋势分布状况上。它与统计资料的另外两种形式——统计表和文字报告比较起来，其显著优点是简明具体、形象生动、通俗易懂，易给人以明确而深刻的印象。

图形广泛应用于市场调查报告中，并以其形象、直观、富有美感和吸引人的特点受到了特别的重视。通常，只要有可能，就应尽量用图形来帮助理解报告的结果。一张精心设计的图形可能抵得上千余字的说明，可以起到宣传作用、鼓动作用、统计分析作用。

（1）几种常用的制图分析法。市场调查中对取得的信息资料，按资料的性质和说明的准确性可分为以下几种。

① 比较图：用于描述两项事物之间的比较，适用于条形图、面积图（饼图除外）、立体图、线图。例如，2009～2013 年汽车总产量及汽车总销量（图 6-2）。

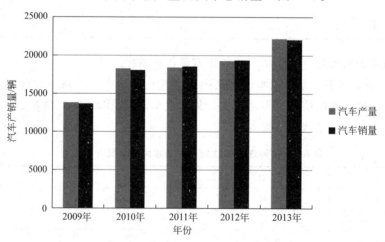

图 6-2　2009～2013 年汽车总产量及汽车总销量

② 结构图：用于反映总体中各部分与总体的结构关系，可适用于饼图。饼图只适用于单选问题，整张饼图总计 100%，每一部分的面积就表示了某个变量对应取值的百分数，即比重。饼图可以是平面的，也可以是立体的。最好将每一部分的说明尽可能直接记在饼图

中，当然利用颜色的不同表示各部分也是好的方法。例如，2013年全国乘用车销量国别排行百分比（图6-3）。

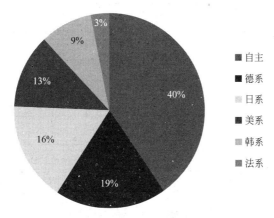

图6-3　2013年全国乘用车销量国别排行百分比

③ 环形图：与饼图相似，但两者又有区别。环形图中间有一个空洞，总体或样本中的每一部分数据用环形中的一段表示。饼图只能显示总体或样本部分所占的比例，而环形图可显示多个总体或样本各部分所占的比例，从而有利于进行比较研究。例如，两个城市对汽车售后服务的满意度评价频率分布（图6-4）。

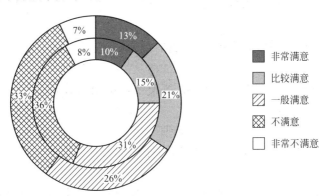

图6-4　两个城市对汽车售后服务的满意度评价频率分布

④ 相关散点图：主要用于显示因变量 x 和自变量 y 之间是否具有相关关系，以及相关关系的形式是直线相关还是曲线相关，是正相关还是负相关。通常以横轴代表自变量 x，纵轴代表因变量 y，然后根据 (x, y) 成对的数据绘制坐标点，全部数据的坐标点绘制完毕就是散点图。当散点分布在一条直线两侧，则为直线相关；当散点分布在某条曲线两侧，则为某种曲线相关；当散点分布杂乱无章，没有规则，则 x 与 y 之间不相关。例如，2013年乘用车排量与市场占有率的分布（图6-5）。

（2）统计图的构成
① 图号、图题。
② 图目：即在纵轴的侧面和横轴的下面所标注的表明不同类别、地点和时间等文字或数字，说明纵轴、横轴所代表的事项及单位。
③ 图线。
④ 图尺：尺度线（网络线）或点、尺度数及尺度单位。

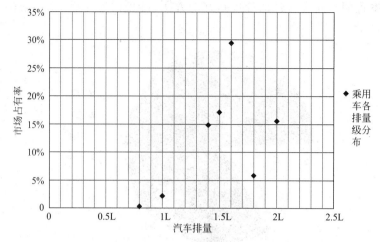

图6-5　2013年乘用车排量与市场占有率的分布

⑤ 图形。

⑥ 图注：包括图例、说明、资料来源等。

⑦ 其他：装饰、图片等。

（3）制图规则

① 图题要说明资料所属的内容、地点和时间。

② 尺度线与基线垂直。

③ 尺度的设置应能包括资料中最大的数值。

④ 以零为起点。

⑤ 尺度点之间的距离应相等，各相同距离必须表示相同数值。

⑥ 尺度点过多时，可间隔写。

⑦ 项目较多时最好按大小顺序排列，以使结果一目了然。

⑧ 尽量避免使用附加的图标说明，应将图标的意义及所表示的数量尽可能标记在对应的位置上。

⑨ 数据和作图的比例要恰当，避免过多或过少的标注、斜线、竖线、横线等，既要清楚又要简明。

⑩ 度量单位的选择要适当，使图形的表现均衡，使所有的差异都是可视的和可解释的。

⑪ 作图时最好既使用颜色，又使用文字说明，以便在进行必要的复制时仍能清晰如初。

⑫ 颜色和纹理的选择不是随机的，要有一定的逻辑性。例如，真正重要的部分应该用突出的颜色或更粗的线条、放大的符号来表示。

⑬ 图形的安排要符合人们的阅读习惯，如一般从上向下看。

⑭ 一般应该说明数据的来源。

（4）制图技巧

① 提高版面的清晰度。多使用整数，或尽可能减少小数点的位数；在图表上使用刻度尺，尽量减少在图形上的数字标注；可用符号代替部分文字，如"%"代替"百分数"；压缩文字，精炼语言；尽量减少注释。

② 颜色的运用。在选择颜色时，一般倾向于使用简单的颜色，或对比明显的颜色，如黑色白色、蓝色、绿色，而突出强调时可用红色、黄色或白色。

使用颜色时除考虑其美观、装饰性外,还应有所针对性和寓意;最重要的是,所有的特效、技术和技巧都为从属地位,应以服务内容为中心展开设计。

项目小结

资料整理,就是根据调查目的,对调查所得的各种原始资料进行审核、编码、录入、分类和汇总,并借助各种综合指标,对调查对象的相互联系、总体特征及发展规律,做出概括性的说明。

数据审核,是指对已经收集到的资料进行审查和核实,检查其是否齐全、是否有差错,以决定是否采用此份调查资料的过程。

编码,就是将问卷信息转化为统一设计的计算机可识别的数值代码的过程,以便于数据录入和进一步的处理与分析。根据问卷结构,编码可以分为开放式和封闭式问题的编码设计。

数据录入,就是将编码后的资料输入到计算机内存储起来,以便于由计算机来进行分类和汇总。

数据分析是在调查资料审核和整理的基础上进行的,包括数据的收集与分析等内容。

关键概念

资料整理　数据审核　编码

课后自测

一、选择题

1. 市场调查资料整理与分析的意义在于(　　)。

　A. 资料整理提高了调查资料的价值

　B. 资料整理可以激发新信息的产生

　C. 资料整理可以对前期工作起到纠偏作用

　D. 加速了调查结论的总结

2. 下列哪些属于访谈员的失职行为(　　)。

　A. 擅自变更,未按原计划进行访问

　B. 改动了问卷上的一些答案

　C. 由于未找到被访谈者,访谈员自行填制了问卷

　D. 访谈员未依据被调查者的心理活动过程进行访谈

3. 下列选项中,属于调查资料完整性审核的是(　　)。

　A. 被调查者是否属于规定的样本范围　　B. 调查对象是否齐全

　C. 调查资料是否存在明显的错误　　　　D. 调查资料的计算方法是否统一

4. 统计资料的审核主要包括资料的（　　）。
A. 完整性　　　　　　　　　　B. 准确性
C. 时效性　　　　　　　　　　D. 适用性

二、判断题

1. 调查资料的整理过程也包含着调查人员的思维活动过程。（　　）
2. 精确性是数据整理的生命，也是整个市场调查获得成功的决定性因素。（　　）
3. 市场调查资料的审核与鉴别还应该审核或检查访问员。（　　）
4. 市场调查资料的分析就是将资料进行简单处理，把资料表现的内容表达出来，以便于得出调查结论。（　　）
5. 统计图是用各种图形表现统计资料的一种形式。它是以统计资料为依据，借助于几何线、形及事物的形象和地图等形式。（　　）

三、简答题

1. 市场调查资料整理的过程大致分几步？
2. 如何对问卷进行审核？
3. 简述调查资料整理和分析的程序。
4. 为什么要审核访谈员？举例说明。
5. 最常见的制表方法有哪些形式？

实训操作

选择一项商品，由学生进行问卷设计，并对受访者进行调查，然后将所调查的资料进行整理和分析。

学习项目七
市场预测的基本原理

学习目标：
1. 理解市场预测的基本概念。
2. 明确市场预测的基本原理与原则。
3. 掌握市场预测的程序。

情 境 ▶▶ 预测 2035 年自动驾驶车占据全球车市 9% 份额

2014 年 2 月 IHS Automotive 公司发布预测称，自动驾驶车有望占据全球汽车销量 9% 份额，时间大约在 2035 年左右。

IHS 分析师 Egil Juliussen 表示，研究报告以能够在"不需要司机注意力"的条件下自动行驶的车辆为研究对象。当前这种自动驾驶车尚未上市销售，IHS 预计 2025 年前后将投放到市场，大部分自动驾驶车将在美国、西欧和日本等成熟市场售出。

根据预测，2025 年自动驾驶车全球销量大约只有 230000 辆，届时全球车市年销量在 1.15 亿辆左右，因而所占份额不到 1%。2035 年自动驾驶车全球销量将大幅攀升至 1180 万辆，占据全球车市 129 亿辆年销量的 9% 比重。

Juliussen 认为，自动驾驶车未来的销量增速将超过电动车，后者因电池造价过高，推广受到阻碍。

任务一 市场预测概述

一、市场预测的产生

市场预测的产生有着悠久的历史。根据《史记》记载，我国公元前 6 世纪到公元前 5 世纪，大商家范蠡就开始进行市场预测，并以此指导他的商业活动。在辅佐勾践灭吴复国后，弃官经商，"三致千金，累以巨万"，成为天下富翁。他的很多市场观点具有极高的价值，如他根据市场上商品的供求情况来预测商品的价格变化，提出"论其存余不足，则知贵贱，贵上极则反贱，贱下极则反贵"的观点；他还提出了"水则资车，旱则资舟"的市场预测规律和决策理论。

从严格意义上来说，市场预测是从19世纪下半叶开始的。首先，由于资本主义经济市场的复杂多变，为了减少经营风险并同时获取更大的利润，必须把握好经济市场的变化规律；同时，数学以及经济学等学科对市场的研究已经逐步深入，统计资料逐步增加，用于市场预测的统计方法也逐步完善。1887年，在"国际统计学会第一次会议"上，奥地利经济学家兼统计学家斯帕拉特·尼曼首次提出以统计资料为基础，运用指数分析方法进行市场预测的理论，这成为了市场预测发展的里程碑。他运用指数分析方法研究了金、银、煤、铁、咖啡和棉花的生产情况，铁路、航运、电信和国际贸易等方面的问题，以及1866~1873年的进出口价值数据。

为了提高经营管理的科学水平，减少决策的盲目性，需要通过市场预测来把握经济市场的发展趋势，为决策提供依据，降低决策可能遇到的风险，使决策目标顺利实现。

二、市场预测的发展

到20世纪，随着资本主义垄断的产生，市场竞争的加剧，商品种类的多样化，商品生命周期的不断缩短，科学的市场预测在市场的需求下得以迅速发展。特别是在20世纪20年代，市场预测处于一个发展的高潮，当时由于资本主义市场的萎缩，人们对市场需求及其未来的发展趋势日趋重视，直接推动了市场预测的蓬勃发展。

第二次世界大战之后，市场预测有了新的理论基础——凯恩斯理论。凯恩斯理论认为对商品总需求的减少是经济衰退的主要原因，维持整体经济活动数据平衡的措施可以在宏观上平衡供给和需求，这为市场需求预测提供了理论基础。同期，经济数学与计算机技术快速发展，并且不断渗入市场经济研究，为市场预测提供了科学的研究方法。20世纪30年代，资本主义经济陷入危机，各国政府对经济进行干预掌控，垄断资本主义不断发展，市场预测被注入新鲜的血液，有了更新的需求和发展方向，伴随着科学研究方法的发展，它走出了经济危机的阴影，重新开始蓬勃发展。

目前，在世界范围内，专业的预测咨询机构数以千计，著名的机构有美国的RAND公司、大通经济计量公司、斯坦福国际资讯研究所、沃顿经济计量预测公司等。预测机构数量的不断增长与规模的扩张，都体现了市场预测活动的快速发展。

在我国，从20世纪80年代开始，市场预测得到了人们的关注。随着我国与世界贸易的接轨，市场经济快速发展，我国的市场预测将会受到进一步重视并发挥更大的作用，其工作也将更加完善。

三、市场预测发展的原因

在社会经济发展的过程中，市场预测由简单的偶然性活动，发展成为经济活动一个不可或缺的部分以及市场分析过程中的一个关键环节，从生产经营者的个人经验上升到一门现代管理科学，有着很多的原因。

一方面，市场预测满足了生产经营活动的客观需要。在市场经济环境下，商品生产经营的主要目的就是实现商品价值，以获取最大的商品利润。而实现商品价值的唯一途径，就是通过市场交换将商品转移到消费者的手中，获取商品利润，因此商品生产经营的目的能否顺利实现取决于市场交换活动的成功与否，而市场交换活动成功的条件则是生产经营者所提供的商品符合消费者的要求。消费者在市场交换中的主导地位日益加强，生产经营者只有满足消费者的需求，为其提供更好的商品，才能获取自身的生存与发展。为了对消费者需求有更加准确的把握，以此确定生产经营的方向、种类和数量，从而保证商品的销售量，生产经营者必须进行市场预测，为自身的决策提供科学依据。

另一方面，市场预测适应消费需求变化的客观要求。随着市场经济的发展，制约市场需求变化的因素也日趋复杂，来自社会、经济、文化、自然和心理的各种因素，如国民收入的增长、人们生活水平的提高、消费者文化素养的提高、人口构成的变化和消费理念的更新等，在不同层面、不同方向影响着消费者的消费需求，引发市场需求的变化。市场需求的变化莫测造成了生产经营活动的高风险性。为了避免市场风险，生产经营者就需要利用市场预测，分析影响市场需求变化的各种因素及其发展趋势，并以预测结果为依据制定科学的发展策略。

由此可见，市场预测是在市场经济的发展过程中，因自身的重要性、生产经营者极大的重视及不断地得以应用，而迅速发展起来的。

四、市场调查与市场预测的关系

从研究方法的角度看，市场调查和市场预测是用来分析和研究市场发展变化规律的工具；从实际活动的角度看，它们则是一个连贯分析市场过程中的两个不同阶段。

从时间上来看，市场调查着重于分析已经发生或者现有的市场现象，并以此为基础总结出市场规律；市场预测则关注现有和未来将要出现的市场现象，运用科学的方法对其进行预计和测算，把握未来市场发展的方向。由此可见，它们有着时间意义上的区别。

但是，市场调查和市场预测，这两个相对独立的市场分析阶段又有着紧密的联系。一方面，市场调查是市场预测的前提和基础。市场预测依赖于市场调查的资料，市场预测水平的高低、成功与否很大程度上取决于市场调查资料的水平和质量。另一方面，市场预测是市场调查的延续与深化，并为市场调查指引方向。市场预测可以引导调查人员抓住调查的重点，有针对性地搜集市场信息，从而节省调查的时间和成本，提高调查效率。没有市场预测，市场调查所得出的市场规律将失去论证其发展的理论方法，市场调查则毫无意义可言。因此，市场调查与市场预测两者之间互为依托、密不可分，只有将市场调查与市场预测作为一项连贯性的工作，才能更系统、全面地进行市场分析，为企业的经营管理提供更科学的决策依据。

五、市场预测的作用

随着经济全球化步伐的加快，科学技术的发展突飞猛进，消费者需求的多样化，市场竞争将日趋激烈化，因而企业面临的挑战愈来愈严峻，它们迫切需要一种科学性的、有预见性的经营方式。市场预测就具有这种功能，它可以为企业的经营决策者提供可靠的、客观的、具有高度可操作性的决策依据。

一般而言，市场预测的作用主要体现在以下几个方面。

1. 市场预测是企业经营决策的基础

决策问题存在于每个企业生产经营活动的各个阶段、各个生产环节。任何企业都面临着生产技术、产品种类的选择及其经济效益的评价等许多复杂的问题，若没有细致的调查和科学的预测作为基础，就难以做出正确的市场决策。决策的正确与否，关系到企业的兴衰成败，而正确的决策来自于科学的预测。通过市场预测，可以为决策提供大量的数据和资料，特别是有关企业所处的市场环境及其发展变化趋势的资料。例如，企业的决策者对企业内部的情况比较熟悉，而对企业的外部环境不是很清楚，就要依靠市场预测来搜集资料。

2. 市场预测是企业制定经营计划的前提和依据

企业长期计划与短期计划的制定都离不开市场预测，市场预测所获得的市场需求数据可以为企业生产计划和销售计划的制定提供科学的依据。如何更好地满足消费者的需求是企业生产经营的重头戏。就我国的情况而言，随着我国人民收入水平的不断提高，消费需求的内容、结构都发生了明显的变化，消费需求多样化、个性化的趋势日益明显。通过对市场进行预测，企业能够区分出不同消费群体的需求差异与特点，掌握消费需求的现状及发展趋势，并以此为基础，制定出合理的生产销售计划，从而更好地适应和满足消费者的消费需求。

企业经营计划的制定不能单凭历史资料和当前状况，要想使生产经营工作更加富有成效，就必须把握好企业内、外部条件的变化，了解企业有关产品的生命周期以及市场需求的变化发展趋势。要实现这一管理目标，就要运用合理的方法进行深入、细致的分析和科学的预测。离开了市场预测，计划与市场就会脱节，计划将失去预见性与现实性，计划的制定也就失去了意义。

3. 市场预测是企业把握市场规律及其发展趋势的手段

市场预测的关键在于把握市场的发展变化规律及其未来的发展趋势。科学的市场预测可以帮助企业按照市场的发展规律进行生产经营管理，并充分发挥主观能动性，减少企业经营活动中的盲目性经营的风险。因此，市场预测可以提高企业的适应性和竞争力，如了解同类产品在市场竞争中对本企业产品的冲击程度、未来新产品发展的方向，可以更好地帮助企业进行生产经营决策，满足市场需求。

营销调研视野 7-1　石英技术誉满全球。

一向以钟表王国著称的瑞士在机械表技术方面领先于世界，成为世界钟表市场的主要生产国。20世纪60年代，一位瑞士工程师向政府提出了开发石英技术，发展石英表的建议，结果被打入冷宫。日本钟表业则对石英技术表现出浓厚兴趣，并对全球钟表进行了深入的调查，结果发现机械表的发展已经呈现下降的趋势，潜力有限，石英表则以它成本低、全自动、华丽和方便的特点，具有极大的发展空间，是挑战机械表的核心技术。日本钟表商预测，钟表业今后市场竞争的焦点将是石英表，它能够引领日本钟表业挑战瑞士钟表王国的垄断地位。于是，他们全力发展应用技术，在市场上遥遥领先。等到瑞士人猛然醒悟、奋起直追时，为时已晚，日本钟表业早已靠石英技术占据了世界钟表市场的主导地位。

4. 市场预测有利于提高企业的经济效益与经营管理水平

经济效益是企业生产经营活动的源动力，提高经济效益是经营管理的目的。企业工作中的任何一项科研或技术经济项目，最终都是为获取经济效益。如果项目在技术上先进或可行，而在经济上却是不合理的，或者市场对试制出的产品已不再需要，就会给企业造成很大的经济损失。

企业的经营管理水平是企业成败的关键因素，也是企业在激烈的市场竞争中寻求生存和发展的前提。开展市场预测，可以帮助企业按照严格的市场经济规律，运用科学的管理方法和技术手段，对生产经营活动进行有效的控制，从而制定科学的经营决策，提高经营效益。

六、市场预测的种类

企业进行市场营销调查的主要目的是确定它的市场地位并预测它的市场机会。在调研前期的信息资料收集和整理工作结束以后，就要着手对整理后的资料进行定量和定性分析，并做出有依据的预测。

预测是根据调研所获得的经过整理的信息、数据、资料，以及过去的经验，运用经验、软件程序和决策模型对事物未来的发展趋势做出客观的估计和科学的判断的过程。它能够帮助企业决策者掌握市场未来发展趋势，寻找并把握市场机会，做出科学的经营决策。如对企业未来一段时间的生产和销售做出预测，或企业未来所需人员的数量等。但市场预测也有其局限性，它只能描述未来事物变化发展的轨迹，因为影响事物发展的因素错综复杂，有些甚至是不可预测的，同时由于人的客观知识和主观经验的局限性，预测也存在难以控制的风险。所以，预测者在进行预测分析时，一定要按科学的程序进行，尽最大可能减少偏差。

市场预测的种类很多，大致可以分为以下几类。

1. 按涉及的范围不同，可分为宏观市场预测和微观市场预测

宏观市场预测是把整个行业发展的总体情况作为研究对象，研究企业生产经营过程中相关宏观环境因素，如政治、经济、文化、技术、法律等因素的发展变化趋势及其对本企业经营方向和过程的影响。比如对整体市场的供需量的预测。

微观市场预测是从单个企业角度出发，研究预测市场竞争者地位、企业市场销售量、产品在市场上的占有率等各个要素。

宏观市场预测与微观市场预测密不可分，宏观市场预测要以微观市场预测为基础，微观市场预测要以宏观市场预测作指导，只有将两者很好地结合起来才可能对企业进行有利的科学预测。

2. 按时间长短不同，可分为长期预测、中期预测和短期预测

长期预测一般是指对 5 年以上的市场发展远景进行预测，如通货膨胀趋势、原料和能源供应的变化对企业及所处经营环境的影响。

中期预测一般指对 1 年到 5 年期间的市场发展变化的预测，介于长期预测与短期预测之间。

短期预测的预测时间一般在 1 年以下，如季度、月份或者几天内的变化情况。

3. 按预测方法的性质不同，可分为定性预测和定量预测

定性预测分析是对预测对象的性质，运用相关技术进行的分析预测。包括对已知现象的总结和确定概念，判断其未来的发展。它主要是依靠个人主观经验和直觉进行分析，对事物的性质、市场发展前途进行估计和预测。

定量预测分析主要是根据市场调查阶段所收集的相关数据信息资料，通过建立适当的数学模型，分析过去和现在市场变化情况，并预测未来市场变化趋势。

在实际市场预测中，定性预测和定量预测一般都会被市场信息研究者很好地结合使用，以用较小的代价快速准确地做出预测。

4. 按市场预测地域的大小，可分为国际市场预测和国内市场预测

国际市场预测是指以世界范围内国际市场的发展趋势为对象的市场预测。随着经济全球化进程的加快，越来越多的企业进入世界市场，国际化经营成为十分普遍的现象，国际化经营需要了解和把握国际市场的发展变化趋势，国际市场预测日益必要。国际市场预测可以是综合性的，也可以是专题性的；可以是就整个世界市场的预测，也可以是就具体国际区域的市场，甚至是国别市场的预测。国际市场预测由于预测面广，涉及范围大，变量和不可控因素多，收集资料困难，因此预测的难度很大，且范围越大，难度越大。显然，世界性的综合性市场预测难度最大。

全国性市场预测是以全国范围的市场状况为预测对象的市场预测。全国性市场预测可以是综合市场预测，也可以是专题市场预测。随着全国统一市场的形成，以及许多企业以全国市场为目标市场，有必要了解和掌握全国市场的发展趋势，需要开展全国性的市场预测，即使是以区域市场为目标，也有必要掌握全国市场的发展变化趋势，为决策提供依据。全国性市场预测同样具有预测面广、涉及范围大、变量和不可控因素多、收集资料困难、预测难度大等特点。

5. 按市场预测内容的繁简，可分为专题市场预测和综合市场预测

专题市场预测是指市场预测主体为解决某个具体问题而进行的对部分市场状况的预测。比如，对市场上某种商品的需求进行预测。尽管专题市场预测的对象和内容仅是市场的某一个方面，但是，这并不意味着在预测过程中，可以不必考虑市场的整体情况。恰恰相反，在进行专题预测时，同样需要从市场的整体出发。专题市场预测涉及面较小，包含的变量也较少，组织实施比较方便，所需投入相对较小。在许多情况下，专题市场预测所提供的信息能保证满足决策所需，事实上，大多数市场预测是专题预测。

综合市场预测是指市场预测主体为全面了解市场的发展趋势而对市场的各个方面进行的全面预测。相对于专题预测而言，综合预测涉及市场的各个方面，组织实施相当困难，不但需要投入相当多的人力、物力，费时费钱，对预测人员的要求也相对要高，通常只在大型的市场研究项目中才采用。

七、市场预测的内容

市场预测的内容非常广泛。在市场上，由于市场主体不同、市场的性质不同，随之而来，市场预测的要求也就不同，市场预测的具体内容也就有了差别。市场的种类有商品市场、服务市场、人才市场、资金市场、证券市场、期货市场、技术市场、房地产市场等，其中商品市场又可按产业或行业类别、产品类别、消费者群体划分为不同类型、不同层次的市场，它们又各有特殊性。一般来说，任何市场均可围绕市场环境、市场需求、市场供给、市场运作、市场价格、市场竞争等方面开展预测。但是，不同性质的市场在预测业务、预测范围、预测要求等方面是存在差别的。从商品市场来看，市场预测的主要内容如下。

1. 市场环境预测

市场环境预测是在市场环境调研的基础上，运用因果性原理和定性与定量分析相结合的方法，预测国际国内的社会、经济、政治、法律、政策、文化、人口、科技、自然等环境因素的变化对特定的市场或企业的生产经营活动会带来什么样的影响（包括威胁和机会）并寻找适应环境的对策。如人口总量和人口结构的变化，对产品的需求会带来什么样的影响；人口老龄化意味着什么样的商机；宏观经济运行的景气或不景气，对特定的市场和企业的生产经营活动会带来什么样的影响，应采取什么样的对策；产业政策、货币政策、就业政策、能源政策等政策调整，对企业的生产经营活动有什么样的作用，应如何利用这些政策；政治经济的动荡、经济危机、地区冲突对国内企业有何冲击，应采取什么样的应对策略等，都是市场环境预测的具体内容。市场环境预测应及时收集外部环境变化的信息，分析环境变化带来的威胁和机会，分析企业的优势与劣势，才能得出较为中肯的预测结论。

营销调研视野 7-2　人民币升值对企业的影响。

2005 年 7 月 21 日人民币汇率机制改革以来，人民币兑美元汇率一路走高，这将给以出口为主的企业造成沉重的打击,但这也是以出口拉动GDP经济增长模式发展到一定程度的必然产物,是出口企业的必经之路。从中国经济发展的长期趋势看,人民币升值是一个长期趋势,而且中国经济如能继续保持高速增长,其升值的空间依然存在,必然会影响企业出口,抑制出口的过快增长,达到降低外汇储备,引进先进技术和稀缺资源,转变外贸增长方式的效果,使中国经济实现软着陆。从目前情况看,已经显现出预期效果,但其抑制惯性会促使一部分抗风险能力小、附加值低的初级传统商品,如纺织服装、玩具箱包、鞋子等企业走向破产和消亡,波及就业。人民币升值依然有较大空间给出口型企业带来压力。按照美国部分人士的标准计算,人民币3.5元兑1美元才符合其利益。单纯的汇率升值对加工贸易为主的机电产品影响不大,对五矿化工等资源性、供需刚性大的商品,升值相对于近几年国家政策调整的影响可以说更是微乎其微,并且对于减少低价竞争,促进产品结构调整能起到促进作用。但对纺织服装、鞋子、家具等传统出口商品影响巨大。汇兑损失吞噬着部分出口企业的最后一点利润。国内传统外贸企业受人民币快速升值影响,成本负担不断加重,特别是纺织服装、玩具、鞋类、家具等低附加值的传统优势出口企业,更是无利润可言,甚至已经面临生存危机。广东、福建、浙江已有不少小企业停产或倒闭,江苏、山东等出现了部分有规模的企业也濒临亏损。而海外承包工程项目汇兑的损失更加惨重,由于一般工程都要1~3年分期结汇,对于30%高毛利的工程,按这二年的升值速度将损失大部分的利润,低利润的项目亏损则是难免。亏损致使企业停产倒闭,出口将出现下滑。

2. 市场需求预测

市场需求预测是在市场需求调研的基础上,运用定性与定量分析相结合的方法,对特定区域和特定时期内的某类市场或全部市场的需求走向、需求潜力、需求规模、需求水平、需求结构、需求变动等因素进行分析预测。由于市场需求的大小决定着市场规模的大小,对企业的投资决策、资源配置和战略研发具有直接的重要影响,因此市场需求预测是市场预测的重点。市场需求预测既包括对现有市场的需求潜力估计,也包括对未来市场的需求潜力的测定。市场需求预测,首先应对影响市场需求变化的人口、收入、储蓄、投资、信贷、价格、政策、经济增长等因素进行分析研究,然后运用定性与定量分析相结合的预测方法,对未来的市场需求走向、需求潜力、需求规模、需求水平、需求结构等做出推断。市场需求预测有消费品需求预测和生产资料需求预测之分,有全部商品、某类商品和某种商品的市场需求预测三个层次。一般来说,市场性质与市场层次不同,市场需求预测的内容和方法也有所不同。

3. 市场供给预测

市场供给预测是指对一定时期和一定范围的市场供应量、供应结构、供应变动因素等进行分析预测。由于市场供给的大小,能够反映市场供应能力的大小,能否满足市场需求的需要,因而它是决定市场供求状态的重要变量。市场供给预测也是市场预测的重要内容。市场供应量和供应结构的分析预测,也有消费品与生产资料之分,也有全部商品、某类商品和某种商品三个层次。一般来说,应在市场供给调查的基础上,运用合适的预测方法对商品的生产量、国外进口和其他供应量等决定供应总量的变量进行因素分析、趋势分析和相关分析,在此基础上,再对市场供应量和供应结构的变化前景做出预测推断。

4. 市场供求状态预测

市场供求状态预测又称市场供求关系变动预测,它是在市场需求预测与市场供给预测的基础上,将两者结合起来,用以判断市场运行的走向和市场供求总量是否存在总量失衡,总量失衡是属于供不应求还是属于供大于求；市场供求结构是否存在结构性失衡，哪些商品供大于求，哪些商品供不应求；市场供大于求，是生产能力过剩，还是有效需求不足；市场供不应求，是生产能力不足，还是货币投放过多，或投资过大等。市场供求状态预测的核心在于把握市场运行的供求态势，以便从中寻找对策。

5. 消费者购买行为预测

消费者购买行为预测，是在消费者调查研究的基础上，对消费者的消费能力、消费水平和消费结构进行预测分析，揭示不同消费群体的消费特点和需求差异，判断消费者的购买习惯、消费倾向、消费嗜好等有何变化，研究消费者购买什么、购买多少、何时购买、何地购买、何处购买、由谁购买、如何购买等购买行为及其变化。消费者购买行为预测的目的在于为市场潜力测定、目标市场选择、产品研发和营销策略的制定提供依据。

营销调研视野 7-3　中国的汽车消费者行为预测。

据 GfK 数据显示（数据来源：GfK 2013 Roper Reports? Worldwide），在全球范围内，那些认为"购买第二辆车或豪华车是美好生活的一部分"的消费者数量，在 2012 年已显著下滑，从 2008 年的 25% 下降至 2012 年的 20%。

GfK Consumer Trends（消费者趋势研究）总经理 Joseph Staton 对此解释道："针对发达国家的消费者，在很多情况下，拥有汽车已不再是生活中的一件大事"。数据显示，相对于购买新车而言，人们购买二手车的意愿更强。同时，汽车分享计划的出现成为人们的一个备选，实打实地拥有一辆汽车有时显得有点过时。

而在中国市场，情况却大相径庭。与全球知名汽车厂商纷纷扩大在中国的销售计划相对应的是国内消费者旺盛的汽车消费欲望。进入新世纪以来，中国汽车市场以年度 21.1% 速度保持增长。截至 2013 年底，中国汽车保有量已达到 1.37 亿辆，车辆年均行驶里程（1～1.5）万公里，车辆平均更新周期为 3～5 年。并且研究表明，在未来很长一段时间内受国内消费者刚性需求支撑，中国汽车将长期保持增长趋势。

长期以来，汽车消费——更具体地说是拥有一辆汽车——对中国老百姓来说是一件关系自己个人生活与全家福利的头等大事。而对于已经拥有第一辆车辆的消费者，在体会到驾驶给自己的生活带来的便利和乐趣后，计划增购车辆或者换购、升级车辆的消费者更不在少数。

即使在中国多个城市颁布了"限购令"后，旺盛的消费需求与相对困难的实现过程发生碰撞，反而更加催熟了国内市场的"豪车热"。GfK 中国汽车研究负责人王祥先生总结道："豪华车之于中国的消费者意味着更加丰富完美的驾乘体验，优越生活的体现以及事业发达的成功符号。"研究表明，中国消费者认为"购买第二辆车或者豪华车是美好生活的一部分"的比例远远高于发达国家。

6. 产品市场预测

产品市场预测是利用市场调研资料和现成的资料，对产品的生产能力、生产成本、价格水平、市场占有率、市场覆盖率、技术趋势、竞争格局、产品要素、产品组合、品牌价值等进行预测分析。其目的在于揭示产品的市场发展趋势、市场潜力和竞争能力，为企业产品市场前景分析及制定有效的营销策略提供依据。

7. 产品销售预测

产品销售预测是利用产品销售的历史数据和有关调研资料，对产品销售规模、销售结构、产销存平衡状态、销售变化趋势、销售季节变动规律、产品的市场占有率和覆盖率、销售客户分布、销售渠道变动、销售费用与销售利润变动等做出预测分析和推测，揭示影响销售变动的各种因素，揭示产品销售中存在的问题，寻求扩大产品销售的路径。

营销调研视野 7-4 **机构预测：2020年中国汽车销量接近美国的2倍。**

根据市场研究机构 IHS 最新公布的预测显示，中国汽车市场将持续保持高速扩张，销量到 2020 年将增长近一倍，接近美国的 2 倍。

IHS 预测称，中国的汽车销量（不包括公共汽车和卡车）在 2020 年将增长至 3068 万辆，接近美国 2020 年预测数 1676 万辆的 2 倍。

IHS 分析师 James Chao 说，中国汽车市场在保持多年的高速增长后，潜力仍然巨大，继续上升是毫无疑问的，且未来十年的增速依旧将令人窒息。中国的人均占有汽车数量仍然远低于美国、西欧、日本等成熟市场。其中，中国西部地区的汽车/人口密度仍然很低。James Chao 认为，政府的投资和倾斜政策将提高当地收入水平、增强汽车购买力。同时，汽车生产商也在通过增资设厂等手段，为满足中国市场的需求（尤其是初次购车人群）做准备。

IIS 还预测，印度到 2020 年有望实现 673 万辆的水平，未来五年印度将取代日本成为亚洲第二大汽车市场。

8. 市场行情预测

市场行情预测是对整个市场或某类商品的市场形势和运行状态进行预测分析，揭示市场的景气状态是处于扩张阶段，还是处于紧缩或疲软阶段；或揭示某类市场是否具有周期波动规律，以及当前和未来周期波动的走向；或揭示某种商品因供求变动而导致价格是上涨还是下降等。其目的在于掌握市场周期波动的规律，判别市场的景气状态和走势，分析价格水平的变动趋向，为企业经营决策提供依据。

营销调研视野 7-5 **普华永道：小型豪华车与豪华 SUV 将热销。**

在中国，高端品牌吸引那些积累了许多财富的人们，这样的人口在中国的人口结构的变化中正不断扩张到年轻群体，而这些年轻一代渴望以消费品表明他们获得的更高的社会地位。从 2013 年到 2020 年，豪华车的复合年增长率预计为 11.5%，这几乎是非豪华普通车型的两倍。豪华 SUV 的同期增长率则更高，为 19.8%。

大众消费者的喜好明显转向 SUV 的车身风格，它提供了更多的空间，更好的道路定位，更强的安全感，也许最重要的是，它提升了购买者形象和地位。Autofacts 预计，像美国等成熟市场一样，中国豪华车市场的渗透率将超过 10%，并在 2020 年销量突破 300 万台。

紧随着豪华 SUV，小型豪华车型也日益流行起来，部分是由于越来越严格的排放标准。对于交通拥堵和汽车污染的日益关注使小型入门级豪华车型越来越流行。这些车对于年轻的首次购买者来说可以作为便捷的交通工具以及作为日后拥有更高级别豪车的入口点。像豪华 SUV 一样，小型豪华汽车据预测将经历大幅增长，预计在 2020 年将从当前的 11 万台增长到 68 万台。

9. 市场竞争格局预测

市场竞争格局预测是对产品的同类企业的竞争状况进行预测分析，包括对产品产量的分布格局，产品销售量的分布格局，产品行销区域格局，以及产品的质量、成本、价格、品牌知名度和满意度、新产品开发、市场开拓等要素构成的竞争格局及其变化态势进行分析、评估和预测。

10. 企业经营状况预测

企业经营状况预测是利用企业内部的统计数据、财务数据和有关的市场调查资料，对企业的资产、负债、权益、收入、成本、费用、利润等方面，以及经营效率、偿债能力、赢利能力的变化趋势进行预测分析。其目的在于正确把握企业的资产配量和经济效益的变化趋势，寻求资源优化配置和提高经济效益的途径。

学与练

走访你学校附近的4S店销售人员，请他们谈谈对企业经营状况的预测。

任务二 市场预测的基本原理与原则

市场预测是在对影响市场供求变化的诸因素进行调查研究的基础上，运用科学的方法，对未来市场商品供应和需求的发展趋势以及有关的各种因素的变化，进行分析、估计和判断。预测的目的在于最大限度地减少不确定性对预测对象的影响，为科学决策提供依据。

一、市场预测的基本原理

市场之所以可以被预测，是因为人们通过长期的认识，积累起丰富的经验和知识，可以逐步了解市场变化规律；然后，凭借各种先进的科学手段，根据市场发展历史和现状，推演市场发展的趋势，做出相应的估计和推测。具体而言，市场预测需要下面几条原理作指导。

1. 连续性原理

任何事物的发展在时间上都具有连续性，表现为特有的过去、现在和未来这样一个过程。没有一种事物的发展与其过去的行为没有联系，过去的行为不仅影响到现在，还会影响到未来。因此，可以从事物的历史和现状推演出事物的未来。市场的发展也有一个过程，在时间上也表现为一定的连续性。尽管市场瞬息万变，但这种发展变化在长期过程中也存在一些规律性（如竞争规律、价值规律等）可以被人们所认识。连续性原理是时间序列分析法的主要依据。

2. 因果原理

任何事物都不可能孤立存在，都是与周围的各种事物相互制约、相互促进的。一个事物的发展变化，必然影响到其他相关事物的发展变化。比如，一个国家在一定时期内采用某种特定的经济政策，势必对市场发展产生某种影响，这时的经济政策是因，市场变化情况是果。过一段时间，国家根据市场发展变化的新情况，制定新的经济政策来刺激市场，或是稳定市场，限制市场，甚至改变市场发展方向等，这时市场情况成为因，经济政策又变为果。

3. 类推原理

许多事务相互之间在结构、模式、性质、发展趋势等方面客观上存在着相似。这种相似性，人们可以在已知某一事物发展变化情况的基础上，通过类推的方法推演出相似事物未来可能的发展趋势。

4. 概率原理

任何事物的发展都有一个被认识的过程。人们在充分认识事物之前，只知道其中有些因素是确定的，有些因素是不确定的，即存在着偶然性因素。市场的发展过程中也存在必然性和偶然性，而且在偶然性中隐藏着必然性。通过对市场发展偶然性的分析，揭示其内部隐藏着的必然性，可以凭此推测市场发展的未来。从偶然性中发现必然性是通过概率论和数理统计方法，求出随机事件出现各种状态的概率，然后根据概率去推测或预测对象的未来状态。马尔柯夫预测法、交叉影响法等都需要运用概率原理。

5. 系统性原理

系统性原理，是指把预测对象视为一个系统，以系统管理指导预测活动。系统论认为，每个系统内部各个组成部分之间相互联系、相互作用，并且同其他系统之间也是相互联系、相互制约的。它强调系统的目的性、整体性和层次性，强调运用系统分析的方法对所要预测的问题加以定量化和模式化。根据系统性原理进行汽车市场预测，可以把预测对象——汽车市场行情视为一个系统。它存在于社会经济预测这个大系统内，同其他预测系统，如人口预测、工业预测和农业预测等相互联系、相互制约。它的内部有汽车产品需求预测、汽车产品资源预测等子系统，子系统内又有更小的系统，可以分为若干层次，每个层次之间也是相互联系和制约的。从系统论的观点来看，汽车市场预测不是孤立的，不能封闭起来，必须同其他预测系统密切结合，相辅相成，彼此交流信息。进行汽车市场预测，既需要从宏观经济方面预测汽车市场供求关系，汽车产品消费需求结构及其发展变化趋势；也应从微观经济方面研究汽车行业和汽车企业本身在历史上的市场份额，其他汽车企业的现实经营情况，汽车企业自身的经营优势和劣势，影响汽车企业经营的内部、外部、可控和不可控等各种因素及其变化情况，预测期内采用改善经营管理的新措施、新方法的可能性，可能会遇到的变化和阻力等。这样，才能通过系统、全面和详实的材料进行汽车市场预测，提出较能接近实际情况的整体最优方案，以利于汽车企业做出正确的经营决策。

二、市场预测的基本原则

市场预测的准确度愈高，预测效果就愈好。然而，由于各种主、客观原因，预测不可能没有误差。为了提高预测的准确程度，预测工作应该具有客观性、全面性、及时性、科学性、持续性和经济性等基本要求。

（1）客观性。市场预测是一种客观的市场研究活动，但这种研究是通过人的主观活动完成的。因此，预测工作不能主观随意地"想当然"，更不能弄虚作假。

（2）全面性。影响市场活动的因素，除经济活动本身外，还有政治的、社会的、科学技术的因素。这些因素的作用使市场呈现纷繁复杂的局面。预测人员应具有广博的经验和知识，能从各个角度归纳和概括市场的变化，避免出现以偏概全的现象。当然，全面性也是相对的，无边无际的市场预测既不可能也无必要。

（3）及时性。信息无处不在，无时不有，任何信息对经营者来说，既是机会又是风险。为了帮助企业经营者不失时机地做出决策，要求市场预测快速提供必要的信息。过时的信息是毫无价值的。信息越及时，不能预料的因素就越少，预测的误差就越小。

（4）科学性。预测所采用的资料，必须经过去粗存精、去伪存真的筛选过程，才能反映预测对象的客观规律。运用资料时，应遵循近期资料影响大、远期资料影响小的规则。预测模型也应精心挑选，必要时还必须先进行实验，找出最能代表事物本质的模型，以减少预测误差。

（5）持续性。市场的变化是连续不断的，不可能停留在某一个时点上。相应地，市场预测需不间断地持续进行。实际工作中，一旦市场预测有了初步结果，就应当将预测结果与实际情况相比较，及时纠正预测误差，使市场预测保持较高的动态准确性。

（6）经济性。市场预测是要耗费资源的。有些预测项目，由于预测所需时间长，预测的因素又较多，往往需要投入大量的人力、物力和财力，这就要求预测工作本身必须量力而行，讲求经济效益。如果耗费过大，效益不高，将使市场预测声誉扫地。如果企业自己预测所需成本太高时，可委托专门机构或咨询公司来进行预测。

任务三 市场预测的方法和程序

一、定性预测方法

企业管理者在多数情况下不可能很清楚地掌握预测对象的历史或显示资料，且影响预测对象的因素复杂多变，以至于对一些重要的影响因素有时难以进行定量分析。也是因为要求在很短时间内迅速做出预测和决策，才迫使人们利用经验和直觉进行预测，以期快速反应，抓住商机。

定性预测是指预测者根据已经掌握的部分历史和直观的资料，运用个人的经验和主观判断能力对事物的未来发展做出性质和程度上的预测。它侧重于对事物发展的性质、原则和方向进行判定。在实际运用中，常用的方法有个人经验判断法、集体经验判断法、专家预测法等。

1. 个人经验判断法

个人经验判断法是指由个人单独进行的经验判断法。主要是利用对比类推原理、相关推断原理、比例关系及平衡关系等进行推断。

2. 集体经验判断法

集体经验判断法也称为集体意见预测法，它是由经过挑选的、与预测相关的、具有一定经验和相关知识的员工、消费者、经营人员等在一起进行集思广益的预测推断。它可以是经营管理人员们在一起研究讨论，也可以加入企业各个层次和部门的人员，形成一个综合性和代表性较强的预测组织一起研究讨论。还可以利用调查问卷向消费者进行未来市场发展趋势的预测。

3. 专家预测法

专家预测法的核心是找到合适的"专家"，这里的专家是与所调查和预测的事物相关性较强的人，而非仅仅有较高的知名度，而只是在其他领域有所建树的人。

专家预测法也有三种类型。

（1）专家意见集合法：是专家们以讨论的形式进行预测，讨论结果就是各方经过意见充分交换后的预测结果，这是互相妥协的产物。

（2）专家意见汇总法：是将准备预测的项目分解为若干子项目，专家也相应地分成若干预测小组，每个项目都有专门的预测小组进行研究，最后，组织者将各预测小组推断的结果加以整理，构成一个完整的项目，从而得到预测的最终结果。

（3）德尔菲法：是另一种特殊的专家预测法，它突出各个专家的独立判断，由组织者将背景资料交给互相匿名的若干名专家各自独立做出判断，其结果要经过整理再次将新的完整资料发给每一个专家，进行第二次轮询。这样，通常经过三次轮询后，最终得到几种不同的结果，运用数学公式求其均值，便得到最后的预测结果了。

二、定量预测法

定量预测技术是建立在现代数理统计技术之上的应用性很强的学科，它通过建立数学和统计学模型使预测更加精确，预测依据客观真实，可靠性更高，在中短期预测中有着非常明显的优势。常用的分析方法有时间序列预测法、指数平滑预测法、趋势外推法、季节变动法和回归预测法等。

针对某一市场动态分组预测，最后汇总，比较各组预测的差异。

三、市场预测的程序

汽车市场预测是在汽车市场调查研究的基础上，明确预测目标、收集资料、进行分析判断并运用预测方法得出预测结论的复杂过程。这一过程具体包括以下程序：确定预测目标；收集分析有关资料；分析判断；选择预测方法并建立预测模型；得出预测结论。

1. 确定预测目标

确定预测目标是进行汽车市场预测首先要解决的问题。要完成一项汽车市场预测，首先要明确预测的目的是什么、预测的对象是什么。只有预测目标明确了，才能根据预测目标，有意识地收集各种资料，采用预测方法进行预测。

确定预测目标就是要明确预测的目的、要求，具体包括确定预测对象、预测项目、预测的空间范围和时间要求。预测目标应尽量具体、详尽，不能含糊、抽象。它关系到采用什么样的预测方法，以及如何制定该项汽车市场预测的具体工作计划和进度等。

确定了预测目标，就使整个汽车市场预测工作有了明确的方向和内容。例如，某地区为制定小轿车生产行业长远规划，开展了该地区 2020 年家庭小轿车市场需求预测。该项汽车市场预测目标明确，预测对象是小轿车，预测项目涉及居民家庭小轿车的需求量预测、影响居民小轿车需求的各种因素（如居民收入水平）的预测。该项汽车市场预测属于长期的市场预测。对汽车企业而言，预测目标的确定，应根据汽车企业生产经营管理的需要，服从汽车企业经营决策的要求。

2. 收集分析有关资料

科学的汽车市场预测，必须建立在掌握充分的汽车市场资料的基础上。预测目标确定后，就要围绕预测目标，广泛收集汽车市场各种历史和现实资料。汽车市场资料众多，在预测中应收集什么样的资料，完全由预测目标来决定。

汽车市场预测所需资料有两类。

（1）关于预测对象本身的历史和现实资料，如某地区居民家庭近年来购买小轿车的统计资料。

（2）影响预测对象发展过程的各种因素的历史和现实资料，如影响居民家庭购买小轿车的因素的资料有居民家庭收入状况及变化、小轿车价格变动资料以及城市道路发展变化资料等。

围绕汽车市场预测目标，收集汽车市场资料，要力求保证收集资料的完整性、可靠性、准确性和适用性。收集历史资料和收集现实资料，在内容和方法上有所不同。

历史资料包括汽车企业已经建档和各级政府统计机构发布或经报刊、会议文件等其他途径发布的各种经济与社会发展资料，包括宏观的、中观的与微观的各种历史统计资料，诸如人口状况、就业与人均收入的变化情况、社会购买力、货币流通量、汽车生产与销售情况、汽车企业经营的各种业务数据和财务等。从历史资料的分析中，可以认识与揭示汽车企业预测目标的发展变化规律，进而推测汽车市场的未来变化趋势。历史资料的收集，主要通过文案调查获得。

现实资料是指当前正在发生的有关经济和社会活动的各种资料，主要通过实地调查，如对消费者的口头访问或问卷调查、观察调查来获得。对现实资料的分析研究，可以了解汽车企业预测目标的现实状况。

3. 分析判断

分析判断是指对收集的历史和现实资料进行综合分析，对汽车市场未来的发展变化趋势做出判断，为选择预测方法、建立预测模型提供依据。在进行汽车市场预测时，需要分析判断的内容有以下几方面。

（1）汽车市场各种影响因素对汽车市场未来需求的影响。分析汽车市场各种影响因素对汽车市场未来需求的影响，主要需要分析以下几方面内容。

① 分析国家方针、政策和经济形势对汽车市场未来需求的影响。例如，汽车排放法规与汽车需求密切相关。

② 分析进出口贸易对汽车市场未来需求的影响。例如，进出口汽车产品的规模与结构对国内汽车产品的需求量和需求结构有直接的影响。

③ 分析居民的收入水平和汽车消费结构变化对汽车市场未来需求的影响。例如，居民的汽车消费结构变化直接决定汽车市场需求的结构。

④ 分析各种汽车产品之间的替代关系和依存关系对汽车市场未来需求的影响。例如，同一档次的不同车型之间一般可以相互替代，可以相互替代的车型中任一车型的生产或销售的变化都会影响到其他车型的生产、销售。

（2）预测期内汽车产品产、供、销关系及其变化。分析预测期内汽车产品产、供、销关系及其变化，主要需要分析以下几方面内容。

① 分析汽车产品供求关系及其变化，即汽车产品供应是否能满足汽车市场需求，供求关系将发生何种变化。

② 分析汽车企业生产、销售的汽车产品结构是否与消费者、用户需求结构相适应。

③ 分析汽车产品流通渠道是否适合汽车产品销售和满足消费者购车需要。

④ 分析汽车产品生产、供应是否与销售相脱节。

（3）消费者消费心理、消费倾向等对汽车市场未来需求的影响。分析消费者消费心理、消费倾向等对汽车市场未来需求的影响，主要需要分析消费者的消费心理、消费倾向、消费行为和价值观念等的变化对汽车市场未来需求的影响。

4. 选择预测方法并建立预测模型

汽车市场预测要依赖预测方法。根据汽车企业的预测目标，在对有关资料进行分析判断后，就要选择预测方法。预测方法选择是否适当，将直接影响预测结果的可靠性。预测方法主要有定性预测法和定量预测法两大类。

在进行汽车市场预测时，预测方法的选择一般应从以下三方面考虑。

（1）要根据汽车企业的预测目标和要求选择预测方法。预测方法要服从于汽车企业的预测目标和预测要求。例如，若预测项目是短期和近期的，一般采用集合意见法、市场调研预测法、移动平均法和指数平滑法等；若预测项目是中长期的，一般采用趋势延伸法、回归分析法和德尔菲法等。

（2）要根据汽车产品本身的特点选择预测方法。预测方法要根据汽车产品的属性和内在特点进行选择，不同的汽车产品往往具有不同的属性和内在特点。

（3）要在汽车企业切实可行的基础上选择预测方法。随着社会经济的不断发展，各种新的预测方法层出不穷，但在汽车市场预测实践中还是要受到数据资料、经费、人力和设备等方面条件的制约。因此，选择预测方法时，要考虑是否具备相应的条件。

预测模型与预测方法是紧密联系在一起的。确定了预测方法，也就确定了预测模型。建立预测模型，就是指依据预测目标，应用预测方法建立数学模型。建立汽车市场预测模型应注意以下问题。

（1）在满足汽车企业预测目标和要求的前提下，尽可能使汽车市场预测模型简单化。

（2）在建立汽车市场预测模型时，要对模型进行必要的检验，以判断模型是否适用。

（3）当建立的汽车市场预测模型不够科学时，应及时进行修正。

5. 得出预测结论

这是汽车市场预测工作的最后一个阶段，包括以下两个环节。

（1）利用汽车市场预测模型计算出预测值。这就是根据具体的数学模型，输入有关数据资料，经过运算求出预测值。

（2）评价预测值的合理性，最后确定预测结论。

利用汽车市场预测模型计算出来的预测值，只是初步预测的结果。由于种种原因，预测值和实际情况总是存在一定偏差，这就是预测误差。因此，在最后确定预测结论时，一般需要对预测的误差进行估计。预测误差实质上是对汽车市场预测模型精确度的评价，直接决定着是否认可汽车市场预测模型，是否需要对其进行修正。如果预测误差较小，符合预测要求，最后就可确定预测结论，即确定最终的预测值。

需要指出，为了保证预测值的准确性，在汽车市场预测中，常常要同时采用不同的预测方法与预测模型。通过对它们的预测结果进行比较分析，做出对预测值可信度的评价，进而确定最符合汽车市场实际的预测值。

四、市场预测误差

在汽车市场预测中，有关预测精度的问题难以回避。由于汽车市场预测的对象是汽车市场现象中的各变量之间的对应关系，而这种关系的形成过程必然受到人们的意志和行为的强烈影响，如汽车消费者的购买决策行为。因此，无论采用什么预测方法和预测模型，预测误差都会产生。

1. 市场预测误差

市场预测误差是指预测模型的理论估计值同历史观察值的实际发生值之间的差异，它是衡量市场预测精确度的指标，市场预测误差越小，市场预测的精确度越高，反之亦然。市场未来的发展状况具有不确定性，且受到各种错综复杂的因素的影响，所以预测结果与实际值之间都会有一定的偏差。预测结果的准确性是相对而言的。只要误差在合理的范围之内，对应的预测值都是可以接受的，否则，对应的预测值则应当被淘汰。

2. 市场预测误差产生的原因

（1）随机突发性因素的影响：事物的发展是由许多因素的综合作用决定的，人们对其发展过程，如向什么方向发展、如何发展、发展到什么程度做出量化的分析，如果影响预测对象发展的因素突然发生变化，则会导致预测对象偏离正常的发展轨道，使预测者很难做出正确的预测。

（2）信息数据的影响：对预测而言，收集到的信息越充分、越准确，得到的预测值的误差越小。但在实际的预测过程中，收集到的数据信息往往会和真实信息有偏差。被调查对象不具代表性、观测数据不真实或工作人员计算失误等都会使数据资料与真实值有很大的偏离。显然，在这种不准确的信息数据的基础上是没有办法取得精确的预测值的。

（3）预测方法选择的影响：每种预测方法和模型都有各自的适用范围，所包含的信息和意义也不同，任何一种预测方法都不可能把影响市场的因素全部考虑在内，都会有一定的局限性，每种方法根据自身的侧重点选取主要的影响因素，所以每种预测方法都有一个可接受的误差范围，预测者要注意根据预测项目要求的精确度来确定选择哪种预测方法。

（4）预测者主观因素的影响：人们认识市场发展需要一定的过程，由于每个预测者的知识、经验、观察能力和判断能力不同，对市场认识的准确程度也不相同，在预测过程中就难免会带有个人的主观色彩，主要表现有从众心理、迷信权威和个人价值取向等。

市场预测对象是在过去和现在的市场条件下发展演变的，进行市场预测实际上就是去挖掘它内在的、客观的规律。市场的外在环境不断变化，所以市场的未来发展就绝不会是对过去发展状况的简单重复，而是具有新的特点、新的内容。这样的变化就要求预测者能灵活应对市场变化，及时调整和修正预测中产生的误差。

3. 提高预测精度的途径

（1）充分可靠的数据资料。这是提高预测精度的重要途径。掌握全面而可靠的数据资料是汽车企业进行市场预测的基础。数据资料不全会影响汽车市场预测的准确性，数据资料的失真会导致汽车市场预测的失败。不能等到要预测的时候，才去收集数据资料，这样做，既导致一时难以收集到必要的数据资料，又无法保证数据资料的可靠性。因此，汽车企业应建立自己的数据库，保存有关企业预测所需要的各类数据和资料。

（2）高素质的预测人员。这是提高预测精度的有效途径。汽车市场预测精度的大小还取决于预测人员素质的高低。对于承担汽车市场预测工作的人员来讲，熟悉基本的经营理论和具有一定的实践经验是最起码的要求。汽车市场预测人员有无经验、水平的高低和心理素质的好坏，都会直接影响汽车市场预测的精度。因此，培养预测人员的预测能力，提高预测人员素质，是汽车企业提高汽车市场预测精度的有效途径。

（3）决策者的参与。这是提高预测精确度的关键。汽车市场预测是为汽车企业决策服务的。从预测人员提出的多种预测方案中选择最优的方案或最满意的方案，起决定作用的是企业的决策者。决策者是决策的主体，是汽车企业的权力机构和经营管理者。汽车企业决策者的素质水平和参与程度决定了汽车企业预测的精确度。好的汽车企业决策者能够充分认识到汽车市场预测的重要性，并亲自过问和参与，给汽车市场预测工作以正确的领导和全力的支持，使汽车企业兴旺发达。因此，决策者的参与是提高预测精确度的关键和重要途径之一。

项目小结

市场预测是指在调查研究的基础上，运用统计、定性分析等科学的预测方法，对影响市场供求变化的各因素进行分析研究，进而对商品生产、流通和销售的未来发展趋势进行科学推测与判断，掌握市场供求变化规律，为市场营销提供可靠决策依据的过程。

市场预测有悠久的历史，但科学的市场预测则是从19世纪下半叶开始的。随着经济社会的发展，市场竞争的加剧，商品种类的多样化，商品生命周期的不断缩短，人们对市场需求及其未来发展趋势日益重视，直接推动了市场预测的蓬勃发展。

市场调查和市场预测都是用来分析和研究市场发展变化规律的工具，它们之间既存在着区别，又有着紧密的联系。一方面，市场调查是市场预测的前提和基础；另一方面，市场预测是市场调查的延续与深化，并为市场调查指引方向。

市场预测的内容很多，包含了市场需求预测、市场供给预测等许多方面，企业应根据自身的实际需要来确定预测的内容。

市场预测是指对市场未来将要发生的不确定事件进行预计和测算，它是以可测性原理、连续性原理、系统性原理、类推原理和因果原理作为理论依据的。

市场预测方法多种多样，目前常用的方法有经验判断预测法、时间序列预测法和因果分析预测法，每种方法都有自己的特点和适用的范围。在现实的市场环境中，选用哪种预测方法应根据具体情况来确定。

市场预测误差是指预测模型的理论估计值同历史观察值的实际发生值之间的差异。市场未来的发展状况具有不确定性，且受到各种错综复杂的因素的影响，因此预测结果与实际值之间都有一定的偏差。预测结果的准确性是相对而言的。只要误差在合理的范围之内，对应的预测值都是可以接受的。因此，测算出市场预测结果之后，要对预测结果进行有效性分析。

关键概念

预测的基本原理 市场预测的内容 市场预测的方法 市场预测的分类

课后自测

一、选择题

1. 定量预测具有的特点有（　　）。
   A. 预测方法简单，容易推广
   B. 预测结构可控，有较高可信度
   C. 必须有完整的历史资料
   D. 可以与定性预测完美结合使用，而不改变其性质

2. 定性预测的不足是（　　）。
   A. 预测方法简单，容易推广
   B. 预测结构可控，有较高可信度
   C. 必须有完整的历史资料
   D. 不能得到具体数值
3. 销售部门的预测包括（　　）。
   A. 产品费用预测
   B. 库存量预测
   C. 产量预测
   D. 主管营业收入
4. 在市场预测资料中，直接对预测对象进行实地调查所得到的资料是（　　）。
   A. 历史资料
   B. 第一手资料
   C. 第二手资料
   D. 加工资料
5. 市场预测的内容包括（　　）。
   A. 市场需求预测
   B. 市场供给预测
   C. 科技发展前景预测
   D. 消费者心理变化趋势预测
   E. 市场占有率预测
6. 在市场预测中，导致预测误差产生的原因主要有（　　）。
   A. 信息数据过多
   B. 选择模型不合理
   C. 影响因素过多
   D. 预测人员素质较差
   E. 估算模型的方法不正确

二、判断题

1. 任何事物的发展在时间上都具有连续性。（　　）
2. 任何事物都不可能孤立存在。（　　）
3. 任何事物相互之间在结构、模式、性质、发展趋势等方面客观上存在着相似之处。（　　）
4. 市场预测就是要耗费资源的，所以基本原则不含经济性。（　　）

三、简答题

1. 市场预测应遵循什么原则？
2. 预测人员应具备什么样的特点？
3. 市场预测中定性预测技术的方法有哪些？
4. 定量预测法的内容有哪些？

四、案例分析题

新能源汽车消费及投资前景

2014年以来，新能源汽车备受人们关注，4月21日，每日经济新闻联合新华信、腾讯汽车在北京发布《2014新能源汽车消费及投资前景调查报告》，并邀请企业代表、行业专家、投资机构等多方人士，基于报告进行探讨，对于新能源汽车在中国市场的推广观点碰撞，达成共识。

43%消费者愿意购买新能源汽车

为了解消费者对新能源汽车的认知、接受度和需求偏好及相关专业人士对新能源汽车市场前景的预期，每日经济新闻、腾讯汽车与新华信共同推出网络调查，共回收有效问卷5035份，其中消费者4869份，相关专业人士166份。

在参与本次调查的被访者中看出，15.5%的被访者所在地区属于新能源汽车示范运营城市。本次调查结果显示，43.0%的被访者表示会购买新能源汽车，其中，出生于20世纪60年代前、家庭拥有两辆车以上的消费者以及在新能源示范区的消费者，购买意愿更高。

2014年4月21日，在新能源汽车投资沙龙研讨会上，东风日产市场销售总部专职副总部长、启辰事业部部长叶磊介绍说，从东风日产以前做过的调查结果来看，中国的消费者是不太愿意为环保买单的，而今天发布的《2014新能源汽车消费及投资前景调查报告》却可以看出，现在的消费者已经开始发生变化。

显然，随着节能减排的呼声日渐高涨，国家对新能源汽车的补贴陆续开展，消费者对于电动车的接受程度也开始逐渐发生改变。调查中，部分被访者在不是很熟悉新能源汽车的情况下，仍具有购买意愿。对此，新华信总裁兼CEO林雷表示："消费者对于新能源汽车熟悉程度加起来是30%，但是接受程度达到43%。这说明，消费者会接受一个他不太熟悉的东西，因为那是一个趋势。"

华晨宝马汽车有限公司之诺品牌管理总监梁坚说，这一报告跟他们在市场上的实际感觉是一样的，消费者的热情确实非常高，2014年4月15号他们正式宣布了租赁价格，已经收集到了好几千个试驾申请。

林雷认为，所有消费者认为使用新能源汽车或者新能源汽车的普及对社会对环境是有好处的，或者说消费者对新能源汽车是有比较大的企盼，可以把这种心态总结为"这事我不熟悉，但是如果有的话我还是愿意尝试"。

全产业链蕴藏投资机会

通过本次调查发现，示范城市消费者对新能源汽车短期内前景更为看好，而相比于消费者，来自于银行、基金等金融行业的专业人士对新能源汽车的前景更加乐观，看好新能源汽车市场前景的比例超过80%。数据显示，在专业人士的调查中，有80.7%看好新能源汽车在中国市场的发展，有11.5%不确定这一趋势，仅有7.8%不看好。

在总体样本中，示范城市看好的比例远高于总体样本数。调查显示，在示范城市中，有近59%的被调查者看好新能源前景，高于总体样本10个百分点。对于新能源汽车市场前景，消费者和金融业专业人士均持看好态度。消费者关注续航和价格的问题，而专业人士认为新能源汽车最亟待解决的是配套设施的建设和技术的快速成熟，只有技术上得到保证，配套设施完善，市场才能真正形成良性发展。

结合案例，请你对新能源汽车未来前景进行预测，并说明你的理由。

实训操作

学生分组，对校园的一些方面进行预测，如周末去图书馆的人数，周五在学校门口乘坐某趟公交的人数，看看大家预测的结论有何差别，想想原因是什么。

学习项目八
时间序列预测法

学习目标：
1. 明确时间序列的变动规律。
2. 掌握算数平均法、加权平均法及几何平均法。
3. 掌握一次移动平均法，理解二次移动平均法及加权移动平均法。
4. 理解一次指数平滑法及二次指数平滑法。
5. 了解趋势延伸法及季节指数法。

情 境 ▶▶

通过对数据进行科学分析和挖掘，可以从中找出巨大的价值而不会被表面现象所掩盖，你在生活中有类似经验吗？

任何事物的发展都有一定的连续性，在预测活动中，我们可以通过科学的手段将这种连续性定为一种规律或者趋势，再运用定量的方法，使这种未来的变化得以量化，为决策者提供有益的帮助。这就是我们要学习的一种因"时间"而成就的市场预测方法。这一方法的使用往往会使调查人员的职业充满乐趣。

比如，分析者们可以利用过去十年的汽车销量数据来预测 2015 年的销量，这就是时间序列。

汽车市场变化总是随着时间的推移，不断延伸，不断替代，这一过程受社会、经济和人文等诸多因素的影响，但它们都是遵循事物发展变化的连续性原理，因此可以不去关心各种因素的变化，而依据市场现象本身的时间序列去研究市场现象的发展趋势。时间序列预测法是通过对时间序列数据的分析，掌握经济现象随时间的变化规律，从而预测其未来，它被广泛地应用在天文、气象、水文、生物和社会经济等方面的预测。基本原理是根据预测对象的时间序列数据，依据事物发展的连续性规律，通过统计分析或建立数学模型，并进行趋势延伸，对预测对象的未来可能值进行定量预测的方法。时间序列预测法也称时间序列分析法、历史延伸法。

时间序列预测法将影响预测目标的一切因素都由"时间"综合起来描述，是根据市场过去的变化趋势预测未来的发展，它的前提是假定事物的过去会同样延续到未来。时间序列预测法撇开了市场发展的因果关系去分析市场的过去和未来的联系。

时间序列的变化形式如下。

（1）趋势变动，指现象随时间变化朝着一定方向呈现出持续稳定上升、下降或平稳的趋势。

（2）周期变动（季节变动），指现象受季节性影响，按照一固定周期呈现出的周期波动变化。

（3）循环变动，指现象按不固定的周期呈现出的波动变化。

（4）随机变动，指现象受偶然因素的影响而呈现出的不规则波动。

时间序列一般是上述几种变化形式的叠加或组合。时间序列预测法分为两大类：一类是确定型的时间序列模型方法；另一类是随机型的时间序列分析方法。

时间序列预测法有以下两个特点。

（1）时间序列预测法是根据市场过去的变化趋势预测未来的变化，它的前提是假定事物的过去会同样延续到未来。事物的现实是历史发展的结果，而事物的未来又是现实的延伸。市场预测的时间序列预测法，正是根据客观事物发展的这种连续规律性，运用过去的历史数据，通过统计分析，进一步推测市场未来的发展趋势。市场预测中，事物的过去会同样延续到未来。

（2）时间序列预测法突出了时间因素在预测中的作用，暂不考虑外界具体因素的影响。时间序列在时间序列预测法中处于核心位置，没有时间序列，这一方法就不存在了。虽然，预测对象的发展变化受很多因素影响，但是运用时间序列预测法进行量的预测，实际上是将所有的影响因素归结到时间这一因素上，只承认所有影响因素的综合作用，并在未来对预测对象仍起作用，并未去分析探讨预测对象和影响因素之间的因果关系。

运用时间序列预测法对汽车市场进行预测时，首先，编制的时间序列资料必须准确、完整，时间序列中各项数字所代表的时间长短应该一致，各项数字的计算方法和计量单位应该保持一致，否则，无可比性；其次，应绘制历史数据曲线图，确定其趋势变化类型；再次，根据趋势变化类型、预测目的以及期限，选定具体的预测方法，并进行模拟运算；最后，将量的分析与质的分析相结合，确定汽车市场未来发展趋势的预测值。

任务一　简单平均法

在市场预测方法中，最普遍使用的定量预测技术便是平均数预测法。该方法通过汇总历史数据资料后再求均值，以此结果来代替对事物发展的预测值。

它适用于市场现象各期变化不大，变动趋势呈水平直线状态，各观察值错落于某一直线上下的情况的预测，且预测对象无显著长期趋势变动和季节变动。它主要对未来市场水平量进行估计。根据计算平均数的要求不同，可分为简单算术平均法、加权平均法、几何平均法、一次移动平均法、二次移动平均法和加权移动平均法。

一、简单算术平均法

简单算术平均法是一种最简单的时间序列预测法。它最基本的思路就是把前几个月（或日、周、旬、季、年等，下同）数值的平均值，作为后一个月的预测值。

设 X_t 为第 t 月的发生值，$t=1,2,\cdots,n$。如果要求根据前 N 个月的发生值来预测第 $(t+1)$ 月的预测值 Y_{t+1}，则可以由下式确定：

$$Y_{t+1}=\frac{X_t+X_{t-1}+\cdots+X_{t-N+1}}{N}(t\geqslant N) \tag{8-1}$$

例 8-1 据调查得出,某汽车 4S 店前 8 个月某品牌汽车销售量如表 8-1 所示,现在需要预测估计该汽车 4S 店 9 月份的销售量。

表 8-1 某汽车 4S 店前 8 个月某品牌汽车销售量

月份 t	1	2	3	4	5	6	7	8
汽车销售量 X/辆	100	108	115	107	85	95	101	117

根据题意,就是要求 9 月份的预测值,它可以用 9 月份之前 N 个月进行平均求得。分析整个数列,可以看出,它是一个变化比较稳定的数列,大致围绕 100 辆上下波动。因此,可以采用简单平均法,即

$$N=8, Y_9=\frac{X_8+X_7+X_6+X_5+X_4+X_3+X_2+X_1}{8}=\frac{117+101+95+85+107+115+108+100}{8}=103 \text{ 辆}$$

二、加权平均法

加权平均法就是对于组距中的 N 个数,根据它们各自对于预测值的重要程度分别设置重要度权数,然后把它们加权平均来求得预测值的预测方法。

如果设组距中 N 个发生值的权数分别为 w_1, w_2, …, w_N, 则加权平均法的预测值可以用下式求得,即

$$Y_{t+1}=\frac{w_1 X_t+w_2 X_{t-1}+\cdots+w_N X_{t-N+1}}{w_1+w_2+\cdots+w_N} (t \geqslant N) \tag{8-2}$$

例 8-2 某汽车销售公司近 5 个月某车型销售额是 120 万元、130 万元、128 万元、135 万元和 132 万元,用加权平均法预测下一个月该车型的销售额。

(1) 权数取值:$w_1=1$, $w_2=2$, $w_3=3$, $w_4=4$, $w_5=5$,则

$$\begin{aligned} Y_{t+1} &= \frac{w_1 X_t + w_2 X_{t-1} + \cdots + w_N X_{t-N+1}}{w_1+w_2+\cdots+w_N} \\ &= \frac{1\times 120 + 2\times 130 + 3\times 128 + 4\times 135 + 5\times 132}{1+2+3+4+5} \\ &= \frac{120+260+384+540+660}{15} \\ &= 130.9 \text{ 万元} \end{aligned}$$

(2) 权数取值:$w_1=1$, $w_2=2$, $w_3=4$, $w_4=8$, $w_5=16$,则

$$\begin{aligned} Y_{t+1} &= \frac{w_1 X_t + w_2 X_{t-1} + \cdots + w_N X_{t-N+1}}{w_1+w_2+\cdots+w_N} \\ &= \frac{1\times 120 + 2\times 130 + 4\times 128 + 8\times 135 + 16\times 132}{1+2+4+8+16} \\ &= \frac{120+260+512+1080+2112}{31} \\ &= 131.7 \text{ 万元} \end{aligned}$$

由以上计算,可以得出下一个月两个不同的预测值 130.9 万元和 131.7 万元。这是由于所取权数不同造成的。

在采用加权平均法进行预测时,一般要设几种权数方案,分别计算后再比较分析,以便最终选择反映实际较好的预测值。

三、几何平均法

几何平均法首先要计算出一定时期内预测目标时间序列的发展速度或逐渐增长率,然后在此基础上进行预测,其计算公式为

$$\overline{x} = \sqrt[n]{x_1 x_2 \cdots x_n} \tag{8-3}$$

式中 $\overline{x}$——预测值的几何平均数;
x_n——第 n 个历史数据;
n——参加平均的数据个数。

选择几何平均法预测的步骤包括:计算历史数据的环比发展速度;根据环比发展速度求得几何平均数,即平均发展速度;以本期历史数据为基数乘以平均发展速度作为预测值。

若有 n 个历史数据,设 R 为环比发展速度,则 $\overline{x}$ 可表示为

$$\overline{x} = \sqrt[n-1]{R_1 R_2 \cdots R_{n-1}} \tag{8-4}$$

例 8-3 某汽车公司 2009~2014 年的销售额见表 8-2。试用几何平均法预测该公司 2015 年的销售额。

表 8-2 某汽车公司 2009~2014 年的销售额

年份	2009 年	2010 年	2011 年	2012 年	2013 年	2014 年
销售额/万元	18687	20766	28860	34856	39295	45296

计算环比发展速度见表 8-3。

表 8-3 环比发展速度

年份	销售额/万元	环比发展速度/%
2009 年	18687	—
2010 年	20766	111.1
2011 年	28860	139.0
2012 年	34856	120.8
2013 年	39295	112.7
2014 年	45296	115.3

计算平均发展速度,即

$$\overline{x} = \sqrt[5]{111.1\% \times 139.0\% \times 120.8\% \times 112.7\% \times 115.3\%} = 119.4\%$$

则该集团公司 2015 年的销售额预测值为 $45296 \times 119.4\% = 54083.4$ 万元。

平均发展速度的公式还可表示为

$$\overline{x} = \sqrt[n-1]{\frac{x_2}{x_1} \times \frac{x_3}{x_2} \times \cdots \times \frac{x_n}{x_{n-1}}} = \sqrt[n-1]{\frac{x_n}{x_1}} \tag{8-5}$$

这使计算平均发展速度更为间接。需要注意的是,该计算公式只考虑到首尾两个历史数据,说明在以下两种情况下不宜采用几何平均法进行预测:环比发展速度差异很大;首尾两个历史数据偏高或偏低。

任务二 移动平均法

移动平均法是指对时间序列观察值由远而近按照一定的时间跨度(或跨越期)求平均

数,它保持平均的期数不变。随着观察期的向后推移,平均数也跟着向后移动,形成一个由平均数组成的新数列。

一、一次移动平均法

由于移动平均法能够较好地修匀历史数据,消除数据因随机波动而出现高点、低点的影响,从而能较好地揭示经济现象发展趋势,因而在市场预测中得到了广泛应用。常用到一次移动平均法、二次移动平均法和加权移动平均法。

一次移动平均法通常又称为简单移动平均法。

设时间序列为 y_1,y_2,y_3,…,y_t,…,以 n 为移动时期数,则简单移动平均数 m_t 的计算公式为

$$m_t = \frac{y_t + y_{t-1} + \cdots + y_{t-n+1}}{n} (t \geq n) \tag{8-6}$$

通过整理得出

$$m_t = \frac{(y_{t-1} + \cdots + y_{t-n+1} + y_{t-n}) - y_{t-n} + y_t}{n}$$

$$= m_{t-1} + \frac{y_t - y_{t-n}}{n} \tag{8-7}$$

利用此递推公式来计算移动平均数,可以减少计算量。

在计算移动平均数时,每向前移动一个时期就增加一期新的观察值,去掉一个远期观察值,得到一个新的平均数。由于它不断地移动,不断吐故纳新,故称为移动平均法。移动平均法与算术平均法的区别在于,算术平均数只是一个数字,而移动平均数却不只是一个数字,而是一系列数字,每一个数字都代表一个平均数。这个平均数数列可以平滑数据,消除周期变动和不规则变动的影响,使长期趋势显露出来。在调查报告对数据有较高要求时,一般都会用到这种方法,所以移动平均法的应用非常广泛。

用所求出的移动平均值来求预测值时,针对两种不同情况,分别采用不同的方法来求预测值。

例 8-4 某汽车公司 2014 年前 7 个月的销售额如表 8-4 所示,用一次移动平均法预测该公司 8 月份的销售额。

表 8-4 某汽车公司 2014 年前 7 个月的销售额

月份 t	销售额 X_t/万元	一次移动平均数 m_t/万元
1	984	—
2	1022	—
3	1040	1015
4	1020	1027
5	1032	1031
6	1015	1022
7	1010	1019

从表 8-4 中可以发现,这是一个水平型变动的时间序列,除了 1 月份不足 1000 万元外,其余的月份均在 1020 万元左右变动。用一次移动平均法预测,选择 $N=3$。

$$m_t = \frac{X_t + X_{t-1} + \cdots + X_{t-n+1}}{n}$$

$$Y_{t+1}=m_t=\frac{1010+1015+1032}{n}=1019 \text{ 万元}$$

该汽车公司 8 月份的销售额预测值为 1019 万元。

从上面的计算可以看出，一次移动平均数法有以下三个特点。

（1）预测值是离预测期最近的一组历史数据平均的结果。

（2）参加平均的历史数据的个数（跨越期数）是相对固定的。

（3）参加平均的一组历史数据是随着预测期的向前推进而不断更新的，吸收一个新的历史数据参加平均的同时，就剔除原来一组历史数据中离预测期最远的那个历史数据，因而具有移动的特点。

二、二次移动平均法

二次移动平均法是指对一次移动平均值再进行移动平均，并根据实际值、一次移动平均值和二次移动平均值之间的滞后关系，建立线性时间关系模型进行预测。因此，二次移动平均法适用于时间序列数据呈线性趋势变化的预测。必须指出，一次移动平均值和二次移动平均值并不直接用于预测，而是用以求出线性预测模型的平滑系数和修正滞后偏差。

二次移动平均值的计算公式为

$$m_t^{(2)}=\frac{m_t^{(1)}+m_{t-1}^{(1)}+m_{t-2}^{(1)}+\cdots+m_{t-n+1}^{(1)}}{n} \tag{8-8}$$

式中 $m_t^{(1)}$——时间数列中时间为 t 时对应的一次移动平均数；

$m_t^{(2)}$——时间序列中时间为 t 时对应的二次移动平均数；

n——移动平均的跨越期。

二次移动平均预测模型可表示为

$$\hat{y}_{t+i}=a_t+ib_t \tag{8-9}$$

式中 a_t——预测模型的截距；

b_t——预测模型的斜率；

$\hat{y}_{t+i}$——第 $t+i$ 期的预测值；

i——预测期与第 i 期的时间间隔期数。

其中，a_t、b_t 的计算公式分别为

$$a_t=2m_t^{(1)}-m_t^{(2)} \tag{8-10}$$

$$b_t=\frac{2(m_t^{(1)}-m_t^{(2)})}{n-1} \tag{8-11}$$

例 8-5 表 8-5 是某汽车公司 2005～2014 年间的广告投入情况，试用取 $n=3$ 的二次移动平均法计算 2010～2014 年的广告投入的理论预测值，并预测 2015 年的广告投入。

表 8-5 某汽车公司 2005～2014 年间的广告投入情况　　　　　　　　　　万元

年份	广告投入 X_t	一次移动平均值 $m_t^{(1)}$	二次移动平均值 $m_t^{(2)}$	a_t	b_t	预测值 $\hat{y}_{t+i}(i=1)$
2005 年	4397	—	—	—	—	—
2006 年	4361	—	—	—	—	—
2007 年	4897	4552	—	—	—	—

续表

年份	广告投入 X_t	一次移动平均值 $m_t^{(1)}$	二次移动平均值 $m_t^{(2)}$	a_t	b_t	预测值 $\hat{y}_{t+i}(i=1)$
2008 年	5510	4923	—	—	—	—
2009 年	6061	5489	4988	5990	501	—
2010 年	6390	5987	5466	6508	521	6491
2011 年	6565	6339	5938	6740	401	7029
2012 年	6908	6621	6316	6926	305	7141
2013 年	6989	6821	6594	7048	227	7231
2014 年	7149	7015	6819	7211	196	7275
2015 年	—	—	—	—	—	7407

计算步骤如下。

(1) 计算一次移动平均值。由于在二次移动平均法中，一次移动平均法只是求最后预测值的中介，因此，与一次移动平均法相比较，其位置向上推一期，以保证预测值放在适当的位置。

(2) 计算二次移动平均值。

(3) 计算 a_t、b_t。

(4) 当 $i=1$ 时，计算 $\hat{y}_{t+1}=a_t+b_t=7211+196=7407$ 万元；如果要预测 2016 年的广告投入，则以 $i=2$ 计算，$\hat{y}_{t+2}=a_t+2b_t=7211+2\times196=7603$ 万元。

三、加权移动平均法

加权移动平均法是指根据跨越期内时间序列数据资料重要性的不同，分别给予不同的权重，再按移动平均法原理，求出移动平均值进行预测的方法。加权移动平均法的关键是合理确定权重，而权重的确定是按照"近重轻远"的原则进行的，即接近预测期的数据赋予较大的权数，而远离预测期的数据则赋予较小的权数。加权移动平均法既可以用于一次移动平均法，也可以用于二次移动平均法。需要注意的是，如果计算一次移动平均值时对原时间序列数据进行过加权，那么计算二次移动平均值就不需要再次赋权。

$$M_t=\frac{w_1X_t+w_2X_{t-1}+\cdots+w_nX_{t-n+1}}{w_1+w_2+\cdots+w_n}(t\geq n) \tag{8-12}$$

式中　M_t——加权移动平均预测值；

　　　X_t——第 t 期的观察值；

　　　w_t——与时间序列数值 X_t 对应的权数。

例 8-6　某汽车 4S 店 2010~2014 年的营业额见表 8-6，取 $n=3$，权数由远及近分别为 1、2、3，试用加权一次移动平均法预测该企业 2015 年的营业额。

表 8-6　某汽车 4S 店 2010~2014 年的营业额和加权平均值

年份	营业额/万元	加权移动平均值($n=3$)
2010 年	635	—
2011 年	620	—
2012 年	622	—

续表

年份	营业额/万元	加权移动平均值($n=3$)
2013 年	666	623.5
2014 年	715	643.7
2015 年	—	683.2

$$m_3^{(1)} = \frac{6.35 \times 1 + 6.20 \times 2 + 6.22 \times 3}{1+2+3} = 623.5 \text{ 万元}$$

$$m_4^{(1)} = \frac{6.20 \times 1 + 6.22 \times 2 + 6.66 \times 3}{1+2+3} = 643.7 \text{ 万元}$$

$$m_5^{(1)} = \frac{6.22 \times 1 + 6.66 \times 2 + 7.15 \times 3}{1+2+3} = 683.2 \text{ 万元}$$

任务三 指数平滑法

指数平滑法是在移动平均法基础上发展起来的方法，实质上是一种特殊的加权移动平均法。它一般适用于时间序列长期趋势变动和水平变动事物的预测，是依据时间序列的有关数据计算指数平滑值，以确定汽车市场预测结果的方法。

指数平滑法有以下特点。

(1) 它是一种特殊的加权移动平均法，离预测期最近的市场现象观察值权数较大，远期权数较小，既不忽视远期数据，更看重敏感的近期数据。它改进了移动平均法的两个缺点：一是存储数据量要大，二是对"最近"的 N 期数据等权看待，对 $t-N$ 期前的数据完全不考虑。

(2) 对同一市场现象，连续计算其指数平滑值。出于综合考虑，对于早期的市场观察值给予递减的权数，由近向远，按等比级数减少。

(3) α 值是可调节值，$0 \leqslant \alpha \leqslant 1$。$\alpha$ 值小，市场现象观察值的影响，由近向远减弱缓慢；否则，影响由近向远加速减弱。

指数平滑法包括一次指数平滑法、二次指数平滑法和多次指数平滑法。一次指数平滑法适用于水平变动的时间序列预测，二次指数平滑法适用于线性趋势变动的时间序列预测，多次指数平滑法适用于非线性趋势变动的时间序列预测。下面阐述一次和二次指数平滑法。

一、一次指数平滑法

一次指数平滑法就是以最后的一个一次指数平滑值为基础，确定市场预测值。该方法适用于水平型历史数据。

若 $X_1, X_2, \cdots, X_n$ 分别为时间序列中观察值的数据，当观察期的时间 $t=1, 2, \cdots, n$，则 $S_1^{(1)}, S_2^{(1)}, \cdots, S_n^{(1)}$ 为时间 t 观察值的一次指数平滑值；α 为时间序列的平滑系数，且 $0 \leqslant \alpha \leqslant 1$，那么时间序列各观察值的一次指数平滑公式为

$$S_{t+1}^{(1)} = \alpha X_t + (1-\alpha) S_t^{(1)} \tag{8-13}$$

式中 $S_{t+1}^{(1)}$——下一期一次指数平滑值的预测值（简称预测值）；

X_t——本期实际观察值（本期实际发生值）；

$S_t^{(1)}$——本期预测值；

α——平滑系数。

若对式 (8-13) 加以整理，则有
$$S_{t+1}^{(1)} = S_t^{(1)} + \alpha(X_t - S_t^{(1)}) \tag{8-14}$$

用语言表达：

下期预测值＝本期预测值＋平滑系数×（本期实际值－本期预测值）

从上面的式子可以看出，下期预测值等于本期预测值加上平滑系数（即加权因子）乘以本期预测误差。

当 $\alpha=0$ 时，$S_{t+1}^{(1)} = S_t^{(1)}$，即下期预测值等于本期预测值，也就是在进行预测时，不考虑当前实际值 X_t 所反映的新影响因素的变化，认为市场是稳定的。

当 $\alpha=1$ 时，$S_{t+1}^{(1)} = X_t$，即下期预测值等于本期实际发生值 X_t，也就是在进行预测时，不考虑以往影响市场变化各种因素对预测对象的作用，认为市场多变，只需考虑当前新情况。

在一般情况下进行汽车市场预测时，既要考虑当前的市场新情况，又要考虑以往影响市场变化的各种因素（如以往的销售资料），所以 α 取值在 0 和 1 之间。

由 $S_{t+1}^{(1)} = \alpha X_t + (1-\alpha)S_t^{(1)}$ 可以得出时间为 t 之前的逐期一次指数平滑值，即

$$S_t = \alpha X_{t-1} + (1-\alpha)S_{t-1}$$
$$S_{t-1} = \alpha X_{t-2} + (1-\alpha)S_{t-2}$$
$$\vdots$$
$$S_3 = \alpha X_2 + (1-\alpha)S_2$$
$$S_2 = \alpha X_1 + (1-\alpha)S_1$$

对上述各式经过迭代、整理后得

$$S_{t-1}^{(1)} = \alpha X_t + (1-\alpha)S_t^{(1)} = \alpha X_t + (1-\alpha)[\alpha X_{t-1} + (1-\alpha)S_{t-1}^{(1)}]$$
$$= \alpha X_t + \alpha(1-\alpha)X_{t-1} + \alpha(1-\alpha)^2 X_{t-2} + \cdots + \alpha(1-\alpha)^{t-1}X_t + (1-\alpha)^t S_0^{(1)}$$

由于当 t 很大时，$(1-\alpha)^t$ 是一个很小的值，上式中最后一项可忽略不计，则有

$$S_{t+1} = \alpha X_t + \alpha(1-\alpha)X_{t-1} + \alpha(1-\alpha)^2 X_{t-2} + \cdots + \alpha(1-\alpha)^{k-1}X_{t-k+1} + \alpha(1-\alpha)^{t-1}X_1$$

从上式中不难看出指数平滑法的特点。指数平滑法是对时间序列所有数据施以不同的权数。权数之间按首项为 α，公比为 $1-\alpha$ 的等比级由近至远减少。从这一点可以看出，指数平滑法为什么是一种特殊的加权移动平均法。同时，指数平滑法考虑到时间序列中所有数据对预测对象的影响，因此其预测结果更为科学。

应用一次指数平滑法进行预测，平滑系数 α 的选择很关键，α 取值不同，预测结果就不同。一般按照以下原则进行选择。

(1) 对于有明显变动趋势的时间序列，平滑系数 α 应取较大值，即 $\alpha > 0.6$，主要是突出近期数据对预测值的影响。

(2) 对水平型的时间序列，平滑系数 α 应取较小值，即 $\alpha < 0.3$。因为水平型数据的变动趋势不明显，随机因素多，因此 α 应取较小值。

(3) 对介于上述两者之间的时间序列，平滑系数 α 应取中间值，即 $0.3 \leqslant \alpha \leqslant 0.6$。

对于一次指数平滑值公式 $S_{t+1}^{(1)} = \alpha X_t + (1-\alpha)S_t^{(1)}$：当 $t=1$ 时，$S_2^{(1)} = \alpha X_1 + (1-\alpha)S_1^{(1)}$；当 $t=0$ 时，$S_1^{(1)} = \alpha X_0 + (1-\alpha)S_0^{(1)}$。

$S_1^{(1)}$ 无法从公式中求得，因此必须对 $S_1^{(1)}$ 采取估计的方法。

令 $S_1^{(1)} = Y_1$，即采用市场现象的最初实际观察值，作为最初的一次指数平滑值（数据

资料较多时，$n \geq 10$）。

令 $S_1^{(1)} = \dfrac{Y_1+Y_2+Y_3}{3}$，即用时间序列的前三个观察值的算数平均数，作为最初的一次平滑值（数据较少时，$n \leq 10$）。

下面举例说明一次指数平滑法的应用。

例 8-7 某汽车销售企业近 10 个季度销售汽车润滑油的资料如表 8-7 所示，用一次指数平滑法预测下一季度润滑油的销售量。

表 8-7 汽车润滑油销售资料　　　　　　　　　　　万瓶

季度 t	销售量 X_t	$S_t^{(1)}$ ($\alpha=0.1$)	$S_t^{(1)}$ ($\alpha=0.6$)	$\lvert e_t \rvert$ ($\alpha=0.1$)	$\lvert e_t \rvert$ ($\alpha=0.6$)
1	50	50.0	50.0	0	0
2	52	50.0	50.0	2	2
3	51	50.2	51.2	0.8	0.2
4	50	50.3	51.1	0.3	1.1
5	57	50.3	50.4	6.7	6.6
6	64	51.0	54.4	13	9.6
7	68	52.3	60.2	15.7	7.8
8	67	53.9	64.9	13.1	2.1
9	69	55.2	66.2	13.8	2.8
10	75	56.6	67.9	18.4	7.1
			72.1		

具体步骤如下。

（1）确定平滑系数 α，本例取 $\alpha=0.1$ 和 $\alpha=0.6$。

（2）确定初始平滑值 $S_1^{(1)}$。由于本例 $n=10$，故 $S_1^{(1)}=X_1=50$。

（3）依次计算一次指数平滑值。

当 $\alpha=0.1$ 时：
$$S_2^{(1)} = \alpha X_1 + (1-\alpha)S_1^{(1)} = 0.1 \times 50 + 0.9 \times 50 = 50$$
$$S_3^{(1)} = \alpha X_2 + (1-\alpha)S_2^{(1)} = 0.1 \times 52 + 0.9 \times 50 = 50.2$$
$$\vdots$$
$$S_{10}^{(1)} = \alpha X_9 + (1-\alpha)S_9^{(1)} = 0.1 \times 69 + 0.9 \times 55.2 = 56.6$$

当 $\alpha=0.6$ 时：
$$S_2^{(1)} = 0.6 \times 50 + 0.4 \times 50 = 50$$
$$S_3^{(1)} = 0.6 \times 52 + 0.4 \times 50 = 51.2$$
$$\vdots$$
$$S_{10}^{(1)} = 0.6 \times 69 + 0.4 \times 66.2 = 67.9$$

（4）比较预测误差的大小。

当 $\alpha=0.1$ 时，绝对误差有：
$$\lvert e_2 \rvert = \lvert X_2 - S_2^{(1)} \rvert = \lvert 52-50 \rvert = 2$$
$$\lvert e_3 \rvert = \lvert X_3 - S_3^{(1)} \rvert = \lvert 51-50.2 \rvert = 0.8$$
$$\vdots$$
$$\lvert e_{10} \rvert = \lvert X_{10} - S_{10}^{(1)} \rvert = \lvert 75-56.6 \rvert = 18.4$$

平均绝对误差为

$$\frac{1}{n}\sum|e_i|=\frac{2+0.8+0.3+6.7+13+15.7+13.1+13.8+18.4}{9}=9.3$$

当 $\alpha=0.6$ 时，绝对误差有：

$$|e_2|=|X_2-S_2^{(1)}|=|52-50|=2$$
$$|e_3|=|X_3-S_3^{(1)}|=|51-51.2|=0.2$$
$$\vdots$$
$$|e_{10}|=|X_{10}-S_{10}^{(1)}|=|75-67.9|=7.1$$

平均绝对误差为

$$\frac{1}{n}\sum|e_i|=\frac{2+0.2+1.1+6.6+9.6+7.8+2.1+2.8+7.1}{9}=4.4$$

比较 $\alpha=0.1$ 和 $\alpha=0.6$ 时的平均绝对误差，$\alpha=0.6$ 时，平均绝对误差小，所以选择 $\alpha=0.6$。

（5）计算下一季度预测值。

$$S_{11}^{(1)}=\alpha X_{10}+(1-\alpha)S_{10}^{(1)}=0.6\times75+0.4\times67.9=72.2\text{万瓶}$$

应用一次指数平滑法预测，α 取值一般应从 0.1 开始，依次按 0.2、0.3……逐个计算其预测值，分析预测误差，从中确定预测误差最小的 α 值，并以此确定最后预测值。

从上述计算过程可以发现，一次指数平滑法在计算每一个平滑值时，只需用一个实际观察值和一个上期的平滑值就可以了，避免了存储数据过多带来的不便，计算过程简便，计算工作量不会过大。一次指数平滑法也有明显不足。一次平滑法只能向未来预测一期汽车市场现象的表现，这在很多情况下造成了预测的局限性，不能满足市场预测的需要。此外，一次指数平滑预测模型中的第一个平滑值 $S_1^{(1)}$ 和平滑系数 α，在被确定时只是根据经验，尚无严格的数学理论加以证明。一次指数平滑法对无明显变动趋势的市场现象进行预测是合适的，但对于有变动趋势的汽车市场现象则不合适。当市场现象存在明显变动趋势时，无论 α 值取多大，其一次指数平滑值也会滞后于实际观察值。对于一次指数平滑法的不足，用二次指数平滑法就可以克服。

二、二次指数平滑法

二次指数平滑法是指在一次指数平滑值基础上再进行一次指数平滑，然后利用两次指数平滑值建立预测模型，确定预测值的方法。

二次指数平滑法与一次指数平滑法关系密切，一方面，二次指数平滑值必须在一次指数平滑值基础上计算；另一方面，二次指数平滑法解决了一次指数平滑法不能解决的两个问题，一是解决了一次指数平滑不能用于有明显变动趋势的市场现象预测的问题，二是解决了一次指数平滑只能向未来预测一期的局限性的问题。二次指数平滑法在其应用中，首先是计算出有关时间序列的一次、二次指数平滑值；然后在此基础上建立二次指数平滑预测模型；利用预测模型进行预测，并进行误差分析，最后确定预测值。

二次指数平滑法的计算公式为

$$S_t^{(2)}=\alpha S_t^{(1)}+(1-\alpha)S_{t-1}^{(2)} \tag{8-15}$$
$$Y_{t+T}=a_t+b_tT$$
$$a_t=2S_t^{(1)}-S_t^{(2)}$$
$$b_t=\frac{\alpha}{1-\alpha}(S_t^{(1)}-S_t^{(2)})$$

式中　Y_{t+T}——$t+T$ 期的预测值；
　　　T——由 t 期向后推移的期数。

例 8-8　某汽车 4S 店近年销售量如表 8-8 和表 8-9 所示，用二次指数平滑法预测 2015 年和 2016 年的销售量。

表 8-8　某汽车 4S 店近年的销售量　　　　　　　　　　　　　　（α=0.2）万件

观察期 t（年份）	销售量 X_t	$S_t^{(1)}$	$S_t^{(2)}$	a_t	b_t	Y_{t+T}	$|e_t|$
1(2009 年)	62	72	72	—	—	—	—
2(2010 年)	74	70	71.6	68.4	−0.4	—	—
3(2011 年)	80	70.8	71.4	70.2	−0.2	68	12
4(2012 年)	92	72.6	71.6	73.6	0.2	70	22
5(2013 年)	100	76.5	72.6	80.4	1	73.8	26.2
6(2014 年)	104	81.2	74.3	88.1	1.7	81.4	22.6

表 8-9　某汽车 4S 店近年的销售量　　　　　　　　　　　　　　（α=0.8）万件

观察期 t（年份）	销售量 X_t	$S_t^{(1)}$	$S_t^{(2)}$	a_t	b_t	Y_{t+T}	$|e_t|$
1(2009 年)	62	72	72	—	—	—	—
2(2010 年)	74	64	65.6	62.4	−6.4	—	—
3(2011 年)	80	72	70.7	73.3	5.2	56	24
4(2012 年)	92	78.4	76.9	79.9	6	78.5	13.5
5(2013 年)	100	89.3	86.8	91.8	10	86.3	13.7
6(2014 年)	104	97.9	95.7	100.1	8.8	101.8	2.2

具体步骤如下。

(1) 选择 α，确定初始值和 $S_1^{(2)}$。

分别选择 α=0.2 和 α=0.8，确定初始值和 $S_1^{(2)}$，由于本例 n<10，故取时间序列中前三个数据的平均数为初始值，即

$$S_1^{(1)} = S_1^{(2)} = \frac{62+74+80}{3} = 72$$

(2) 计算一次指数平滑值。

以 α=0.2 为例，一次指数平滑值按公式

$S_{t+1}^{(1)} = \alpha X_t + (1-\alpha) S_t^{(1)}$ 计算得

$$S_2^{(1)} = \alpha X_1 + (1-\alpha) S_1^{(1)} = 0.2 \times 62 + (1-0.2) \times 72 = 70$$
$$S_3^{(1)} = \alpha X_2 + (1-\alpha) S_2^{(1)} = 0.2 \times 74 + (1-0.2) \times 70 = 70.8$$
$$\vdots$$
$$S_6^{(1)} = \alpha X_5 + (1-\alpha) S_5^{(1)} = 0.2 \times 100 + (1-0.2) \times 76.5 = 81.2$$

以 α=0.2 为例，二次指数平滑值按公式 $S_t^{(2)} = \alpha S_t^{(1)} + (1-\alpha) S_{t-1}^{(2)}$ 计算得

$$S_2^{(2)} = \alpha S_2^{(1)} + (1-\alpha) S_1^{(2)} = 0.2 \times 70 + (1-0.2) \times 72 = 71.6$$

$$S_3^{(2)} = \alpha S_3^{(1)} + (1-\alpha) S_2^{(2)} = 0.2 \times 70.8 + (1-0.2) \times 71.6 = 71.4$$
$$\vdots$$
$$S_6^{(2)} = \alpha S_6^{(1)} + (1-\alpha) S_5^{(2)} = 0.2 \times 81.2 + (1-0.2) \times 72.6 = 74.3$$

当 $\alpha = 0.8$ 时，照此法计算。

（3）计算 a_t、b_t 值。

计算 a_t 值，依据公式 $a_t = 2S_t^{(1)} - S_t^{(2)}$ 进行，以 $\alpha = 0.2$ 为例。

$$a_2 = 2S_2^{(1)} - S_2^{(2)} = 2 \times 70 - 71.6 = 68.4$$
$$a_3 = 2S_3^{(1)} - S_3^{(2)} = 2 \times 70.8 - 71.4 = 70.2$$
$$\vdots$$
$$a_6 = 2S_6^{(1)} - S_6^{(2)} = 2 \times 81.2 - 74.3 = 88.1$$

计算 b_t 值，依据公式 $b_t = \dfrac{\alpha}{1-\alpha}(S_t^{(1)} - S_t^{(2)})$ 进行，以 $\alpha = 0.2$ 为例。

$$b_2 = \frac{\alpha}{1-\alpha}(S_2^{(1)} - S_2^{(2)}) = \frac{0.2}{1-0.2} \times (70 - 71.6) = -0.4$$
$$b_3 = \frac{\alpha}{1-\alpha}(S_3^{(1)} - S_3^{(2)}) = \frac{0.2}{1-0.2} \times (70.8 - 71.4) = -0.2$$
$$\vdots$$
$$b_6 = \frac{\alpha}{1-\alpha}(S_6^{(1)} - S_6^{(2)}) = \frac{0.2}{1-0.2} \times (81.2 - 74.3) = 1.7$$

$\alpha = 0.8$ 时，a_t、b_t 的计算原理和 $\alpha = 0.2$ 完全一样。

（4）计算理论预测值 Y_{t+T}，并进行预测误差比较。

① 理论预测值按公式 $Y_{t+T} = a_t + b_t T$ 计算，以 $\alpha = 0.2$ 为例。

当 $t = 1$ 时，由 a_1、b_1 不存在，所以 $Y_2 = Y_{1+1} = a_1 + b_1 T$ 无法计算。

当 $t = 2$ 时，由 $a_2 = 68.4$，$b_2 = -0.4$，$T = 1$，得 $Y_3 = Y_{2+1} = a_2 + b_2 T = 68.4 + (-0.4 \times 1) = 68$。

$$\vdots$$

当 $t = 5$ 时，由 $a_5 = 80.4$，$b_5 = 1$，$T = 1$，得 $Y_6 = Y_{5+1} = a_5 + b_5 T = 80.4 + 1 \times 1 = 81.4$。

$\alpha = 0.8$ 时，理论预测值 Y_{t+T} 的计算原理和 $\alpha = 0.2$ 完全一样。

② 进行预测误差比较。

这里用平均绝对误差指标来比较，绝对误差 $|e_t| = |X_t - Y_{t+T}|$。

当 $\alpha = 0.2$ 时，有 $|e_3| = |80 - 68| = 12$，$|e_4| = |92 - 70| = 22$，$|e_5| = |100 - 73.8| = 26.2$，$|e_6| = |104 - 81.4| = 22.6$。

$$\text{平均绝对误差} = \frac{\sum|e_t|}{n} = \frac{12 + 22 + 26.2 + 22.6}{4} = 20.7$$

同理，当 $\alpha = 0.8$ 时，有平均绝对误差 $= \dfrac{\sum|e_t|}{n} = \dfrac{24 + 13.5 + 13.7 + 2.2}{4} = 13.4$。

$\alpha = 0.8$ 时的预测误差小于 $\alpha = 0.2$ 时的预测误差，所以选择平滑系数 $\alpha = 0.8$。

（5）计算预测值。

当 $\alpha = 0.8$ 时，$a_6 = 100.1$，$b_6 = 8.8$，所以建立二次指数平滑法的数学模型是 $Y_{t+T} = Y_{6+T} = a_6 + b_6 T = 100.1 + 8.8T$。

预测 2015 年该零件的销售量：$Y_{6+1} = 100.1 + 8.8 \times 1 = 108.9$ 万件。

预测 2016 年该零件的销售量：$Y_{6+2} = 100.1 + 8.8 \times 2 = 117.7$ 万件。

任务四　趋势延伸法

一、趋势延伸法简介

趋势延伸法又称趋势外推法，是市场预测的一种常用方法，是根据市场发展的连续资料，寻求市场发展与时间之间的长期趋势变动增长规律，用恰当方法找出长期趋势变动增长规律的函数表达式，据此预测市场未来发展的可能水平。商品的销售（或需求）增长规律、耐用产品的发展和更新换代过程等，均可用其趋势增长线来描述，并进行预测。趋势延伸法研究的是事物发展与时间的长期变化关系。

市场预测中以大量经济指标的历史数据编制的时间序列，常见到的长期趋势变动增长线有直线、二次曲线、三次曲线、指数曲线、修正指数曲线和 S 曲线等类型，相对应即有不同类型的趋势延伸法。

运用趋势延伸法进行市场预测，必须满足以下两个条件。

（1）预测对象的过去、现在和未来的客观条件基本保持不变，过去发生过的规律会延续到未来。

（2）预测对象的发展过程是渐变的，而不是跳跃的和大起大落的。

只要符合以上两个条件，就可以时间为自变量，以预测对象为因变量（即预测值），寻求某种曲线（包括直线）并建立预测模型进行预测。

二、直观法

直观法，又称为目测法，是根据预测目标的历史时间数列在坐标图上描点、连线，画出一条最佳的直线或曲线，并加以延伸来确定预测值。

直观法是推算倾向线最简便的方法，不用建立数学模型，只是根据经验，在时间序列曲线上作一条倾向线，在画的时候先用笔描一下，看是否合适，再进行一下修改，最后确定下来。经验丰富的人，常常可以得到满意的倾向线。其主要步骤如下。

（1）在平面直角坐标系上标出预测目标的历史时间数据所对应的点。其中，纵轴表示预测目标的因变量，横轴表示时间序列的自变量。

（2）由对应点画出时间序列曲线。在平面直角坐标图上，画出数据资料整理成的时间序列曲线。

（3）根据曲线随时间变化的情况，判断走势是逐年上升还是递减，变化是快还是慢，并根据预测时间找出相应的预测值。

例 8-9　某汽车 4S 店某车型销售额资料如表 8-10 所示，对此进行预测。

表 8-10　某汽车 4S 店某车型销售额资料

月份	1月	2月	3月	4月	5月	6月	7月	8月	9月	10月	11月
零售额/万元	30	34	39	43	46	50	53	57	61	65	68

从图 8-1 中可以看出，由资料描绘的直线是以每月递增几乎相等的趋势延伸的。利用此直线预测 12 月份的销售额，只要从横坐标轴找出点 12，与所画直线交点即为所得预测值。

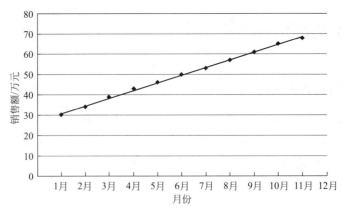

图 8-1 某汽车 4S 店车型汽车销售额

直观法的优点是简便易行,不需要建立数学模型,也不需要进行复杂的运算。但缺点是拟合直线会因人而异,会形成若干条斜率不同的直线,用这些直线延伸所得预测值也不一样。随手画出的拟合直线不一定是最佳的拟合直线,会直接影响预测精确度。

三、直线趋势延伸法

直线趋势延伸法是指根据预测对象具有直线变动趋势的时间序列数据,建立直线模型进行预测的方法。直线变动趋势是指时间序列的数据大体上是按每期相同的数量增加或减少,即表现为近似直线上升或下降的趋势。也就是说,采用直线趋势延伸法,必须要有一定的条件,即时间序列数据有长期直线变动的趋势。遇到时间序列大多数据点变化呈现线性,个别点有异常现象时,经过质数分析,可以在进行数据处理(删除或调整)后再找线性趋势直线进行预测。

直线趋势延伸法与平滑技术(二次移动平均法和二次指数平滑法)一样,都是遵循事物发展连续原则,以预测目标时间序列资料呈现有单位时间增(减)量大体相同的长期趋势变动为适用条件的。它们之间的区别如下。

(1) 预测模型的参数计算方法不同。直线趋势延伸法模型参数靠最小二乘法数学推导;平滑技术主要靠经验判断决定。

(2) 线性预测模型中的时间变量的取值不同。直线趋势延伸法中时间变量取值决定于未来时间在时间序列中的时序;平滑技术模型中的时间变量的取值决定于未来时间相距建模时点的时间周期数。

(3) 模型适应市场的灵活性不同。直线趋势延伸预测模型参数对时间序列资料一律同等看待,在拟合中消除了季节、不规则、循环三类变动因子的影响,反映时间序列资料长期趋势的平均变动水平;平滑技术预测模型参数对时间序列资料则采用重近轻远原则,在拟合中能较灵敏地反映市场变动的总体水平。

(4) 随时间推进,建模参数计算的简便性不同。随着时间推进,时间序列资料增加,直线趋势延伸预测模型参数要重新计算,且与前面预测时点的参数计算无关;平滑技术模型参数同样要重新计算,但与前面预测时点的参数计算是有关系的。

直线变动趋势预测的数学模型为

$$\hat{y}_t = a + bt \tag{8-16}$$

式中 $\hat{y}_t$——时间序列的预测值;

t——时间标号,常取 1,2,3,…,n;

a——趋势线在 y 轴上的截距,是直线趋势方程的待估计参数;

b——趋势线的斜率,是直线趋势方程的待估计参数,表示时间 t 变动一个单位时观察值的平均变动数量。

按最小二乘法估计方程参数,要求满足两个条件

$$\sum(y_t - \hat{y}_t) = 0$$

$$\sum(y_t - \hat{y}_t)^2 = \min$$

假设 y_t 为时间序列第 t 期观察值($t=1, 2, 3, …, n$),$\hat{y}_t$ 为趋势直线的第 t 期预测值,e_t 为第 t 个实际观察值与其预测值之间的离差,则

$$e_t = y_t - \hat{y}_t = y_t - a - bt$$

假设 Q 为总离差平方和,则

$$Q = \sum e_t^2 = \sum(y_t - \hat{y}_t)^2 = \sum(y_t - a - bt)^2$$

为使 Q 为最小值,可分别对 a、b 求偏导数,并令之为零,即

$$\frac{\partial Q}{\partial a} = \frac{\partial}{\partial a}\sum(y_t - a - bt)^2 = -2\sum(y_t - a - bt) = 0$$

$$\sum y_t - na - b\sum t = 0$$

$$\frac{\partial Q}{\partial b} = \frac{\partial}{\partial b}\sum(y_t - a - bt)^2 = -2\sum(y_t - a - bt)t = 0$$

$$\sum t y_t - a\sum t - b\sum t^2 = 0$$

根据最小二乘法得到求解 a 和 b 的标准方程为

$$\sum y_t = na + b\sum t$$

$$\sum t y_t = a\sum t + b\sum t^2$$

解得

$$b = \frac{n\sum t y_t - \sum t \sum y_t}{n\sum t^2 - (\sum t)^2}$$

$$a = \overline{y_t} - b\overline{t}$$

即

$$a = \frac{\sum y_t - b\sum t}{n}$$

$$b = \frac{n\sum t y_t - \sum t \sum y_t}{n\sum t^2 - (\sum t)^2}$$

取时间序列的中间时期为原点时,有 $\sum t = 0$;若适当选择时间 t(如年份或月份)的代号,也可使 $\sum t = 0$。当时间序列中数据点数目为奇数,如 $n=7$ 时,取 $-3, -2, -1, 0, 1, 2, 3$ 为序号,则可用以下公式更简便地确定 a、b 值:

$$\sum y_t = na$$

$$\sum t y_t = b\sum t^2$$

解得

$$b = \frac{\sum t y_t}{\sum t^2}$$

$$a = \overline{y_t}$$

即

$$a = \frac{\sum y_t}{n}$$

$$b = \frac{\sum t y_t}{\sum t^2}$$

例 8-10 利用表 8-11 中的数据,根据最小二乘法确定某企业汽车产量的直线趋势方程,计算出汽车产量的趋势值,并预测 2015 年的汽车产量,作图与原序列比较(图 8-2)。

表 8-11 汽车产量直线趋势计算

年份	时间 t	产量 y_t/千辆	$t y_t$	t^2	趋势值/千辆
1996 年	1	17.56	17.56	1	0.00
1997 年	2	19.63	39.26	4	9.50
1998 年	3	23.98	71.94	9	19.00
1999 年	4	31.64	126.56	16	28.50
2000 年	5	43.72	218.60	25	38.00
2001 年	6	36.98	221.88	36	47.50
2002 年	7	47.18	330.26	49	57.00
2003 年	8	64.47	515.76	64	66.50
2004 年	9	58.35	525.15	81	76.00
2005 年	10	51.40	514.00	100	85.50
2006 年	11	71.42	785.62	121	95.00
2007 年	12	106.67	1280.04	144	104.51
2008 年	13	129.85	1688.05	169	114.01
2009 年	14	136.69	1913.66	196	123.51
2010 年	15	145.27	2179.05	225	133.01
2011 年	16	147.52	2360.32	256	142.51
2012 年	17	158.25	2690.25	289	152.01
2013 年	18	163.00	2934.00	324	161.51

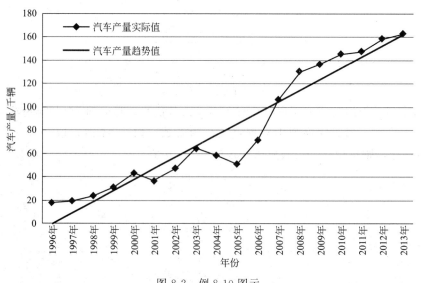

图 8-2 例 8-10 图示

根据表 8-11 得 a 和 b 的结果为

$$b=\frac{18\times18411.96-171\times1453.58}{18\times2109-171^2}=9.5004$$

$$a=\frac{1453.58}{18}-9.5004\times\frac{171}{18}=-9.4994$$

汽车产量的直线趋势方程为

$$\hat{y}_t=-9.4994+9.5004t$$

2015 年汽车产量的预测值为

$$\hat{y}_{2015}=-9.4994+9.5004\times20=180.51\text{ 千辆}$$

四、曲线趋势延伸法

在趋势延伸预测法中，直线趋势延伸法适用于线性趋势变动的时间序列预测。而现实中，许多市场现象的变化规律表现为非线性趋势变动，即表现为各种曲线趋势变动。对于非线性趋势变动的时间序列预测，必须采用二次曲线、指数曲线等曲线预测模型对其进行预测。

常用的有二次曲线趋势延伸法，这里不进行介绍。

任务五　季节指数法

季节指数法是根据时间序列中的数据资料所呈现的季节性变动规律对预测目标未来状况做出预测的方法。在汽车市场销售中，一些商品受季节影响而出现销售的淡季和旺季之分的季节性变动规律。掌握了季节性变动规律，就可以利用它来对季节性的商品进行市场需求量的预测。

利用季节指数法进行预测时，时间序列的时间单位或是季，或是月，变动循环周期为 4 季或是 12 个月。运用季节指数进行预测，首先要利用统计方法计算出预测目标的季节指数，以测定季节性变动的规律性；然后在已知季度的平均值的条件下，预测未来某个月（季）的预测值。

直接平均季节指数法，是根据呈现季节性变动的时间序列资料，用求算术平均值的方法直接计算各月或各季的季节指数，据此达到预测目的的一种方法。

直接平均季节指数法的一般步骤如下。

（1）收集历年（通常至少三年）各月或各季的统计资料（观察值）。

（2）求出各年同月或同季观察值的平均数（用 A 表示）。

（3）求历年间所有月份或季度的平均值（用 B 表示）。

（4）计算各月或各季度的季节指数，即 $S=A/B$。

（5）根据未来年度的全年趋势预测值，求出各月或各季度的平均趋势预测值，然后乘以相应季节指数，就得到未来年度内各月和各季度包括季节性变动的预测值。

季节指数是一种以相对数表示的季节性变动衡量指标。因为只根据一年或两年的历史数据计算而得的季节性变动指标，往往含有很大的随机波动因素，故在实际预测中通常需要掌握和运用三年以上的分季历史数据。季节指数的计算公式为

$$\text{季节指数}=\frac{\text{历年同季(月)平均数}}{\text{全年总平均数}}\times100\%$$

即一年四个季度的季度指数之和为 400%，每个季度季节指数的平均数为 100%。季节变动表现为各季的季节指数围绕着 100% 上下波动，表明各季销售量与全年平均数的相对关系。例如，某种商品第一季度的季节指数为 125%，这表明该商品第一季度的销售量通常高于年平均的 25%，属旺季；若第三季度的季节指数为 73%，则表明该商品的第三季度的销售量通常低于年平均的 27%，属淡季。

例 8-11 某车载空调厂 2012～2014 年车载空调器销售量如表 8-12 所示。预计 2015 年的销售量比 2014 年递增 3%，用直接平均季节指数法预测 2015 年各季度的销售量。

表 8-12 某车载空调厂 2012～2014 年车载空调器销售量　　　　　　　　　　万台

项目	一季度	二季度	三季度	四季度	合计	全年平均
2012 年	5.7	22.6	28.0	6.2	62.5	15.6
2013 年	6.0	22.8	30.2	5.9	64.9	16.2
2014 年	6.1	23.1	30.8	6.2	66.2	16.6
历年同季平均数	5.9	22.8	29.7	6.1		16.1
季节指数/%	36.6	141.6	184.4	37.9		

具体步骤如下。

（1）计算历年同季的销售平均数 A。

$$A_1 = \frac{5.7+6.0+6.1}{3} = 5.9 \text{ 万台}$$

$$A_2 = \frac{22.6+22.8+23.1}{3} = 22.8 \text{ 万台}$$

同理可得 $A_3 = 29.7$ 万台，$A_4 = 6.1$ 万台。

（2）计算历年季度总平均数 B。

$$B = \frac{62.5+64.9+66.2}{4 \times 3} = 16.1 \text{ 万台}$$

（3）计算季节指数 S。

$$S_1 = \frac{A_1}{B} = \frac{5.9}{16.1} = 36.6\%$$

$$S_2 = \frac{A_2}{B} = \frac{22.8}{16.1} = 141.6\%$$

同理可得 $S_3 = 184.4\%$，$S_4 = 37.9\%$。

（4）计算 2015 年各季度预测值。

$$2015 \text{ 年销售预测值} = 66.2 \times (1+3\%) = 68.2 \text{ 万台}$$

$$2015 \text{ 年第一季度预测值} = \frac{68.2}{4} \times 36.6\% = 6.24 \text{ 万台}$$

$$2015 \text{ 年第二季度预测值} = \frac{68.2}{4} \times 141.6\% = 24.14 \text{ 万台}$$

$$2015 \text{ 年第三季度预测值} = \frac{68.2}{4} \times 184.4\% = 31.44 \text{ 万台}$$

$$2015 \text{ 年第四季度预测值} = \frac{68.2}{4} \times 37.9\% = 6.46 \text{ 万台}$$

项目小结

时间序列预测法，是指以连续性原理为依据，以假设事物过去和现在的发展变化趋势会延续到未来为前提，从预测对象的历史资料所组成的时间序列中，找出事物发展的趋势，并按其趋势延伸来推断未来状况的一种预测方法。

时间序列的变化受到许多因素的影响，对时间序列的变化大体上可分解为四种：趋势变动、周期变动、循环变动和随机变动。

简单算数平均法是指以观察期时间序列数值的平均数为基础确定预测值的方法。最常用的简单算数平均法有算数平均法、加权平均法和几何平均法。

移动平均法是指对时间序列观察值由远而近按照一定的时间跨度求平均数，它保持平均的期数不变。随着观察期的向后推移，平均值也跟着向后移动，形成一个由平均值组成的新数列。移动平均法有一次移动平均法、二次移动平均法和加权移动平均法等。

指数平滑法是在移动平均法的基础上发展起来的一种时间数列平滑法，实际上可将其看成是一种特殊的加权移动平均法，其加权的特点是权数由近及远按指数规律递减。常用的有一次指数平滑法和二次指数平滑法。

此外还有趋势延伸法和季节指数法等。

关键概念

简单平均法 移动平均法 加权平均法 指数平滑法

课后自测

一、选择题

1. 下列关于移动平均法的类型分类不正确的是（   ）。
   A. 一次移动平均法　　　　　　　　B. 二次移动平均法
   C. 指数移动平均法　　　　　　　　D. 加权移动平均法
2. 移动平均数是（   ）。
   A. 一个数字　　　　　　　　　　　B. 一组数列
   C. 一组拟合的数字　　　　　　　　D. 算术平均数
3. 下列有关简单算数平均法的说法正确的是（   ）。
   A. 当时间序列因素影响较大时使用　B. 当预测者重要程度不同时可使用
   C. 操作简单，预测简便快捷，费用低　D. 可进行长期趋势预测
4. 下列关于指数平滑法的优点不对的是（   ）。
   A. 不需要全部历史资料　　　　　　B. 体现早期资料的重要性
   C. 突出近期资料的重要性　　　　　D. 对结果的修匀效果好
5. 二次指数平滑法的优点是（   ）。
   A. 操作简单应用广泛　　　　　　　B. 比一次指数平滑法的修匀效果好

C. 只需要比一次指数平滑法更少的资料 D. 可单独使用，与一次指数平滑法相独立

6. 下列属于时间序列分析法的有（　　）。
   A. 主观概率法 B. 简单平均法
   C. 移动平均法 D. 指数平滑法

7. 在（　　）情况下不宜采用几何平均法进行预测。
   A. 环比发展速度差异很大 B. 环比发展速度差异很小
   C. 首尾两个历史数据偏高 D. 首位两个历史数据偏低

8. 加权移动平均法的权重确定是按照（　　）的原则进行的。
   A. 近轻远重 B. 近重轻远
   C. 同等程度 D. 随机

9. 指数平滑法实际上是一种特殊的（　　）。
   A. 一次移动平均法 B. 二次移动平均法
   C. 加权移动平均法 D. 加权平均法

二、判断题

1. 指数平滑法就是移动平均法。（　　）
2. 加权平均数可以体现预测者的重要程度和信息资料的时序差异。（　　）
3. 实际预测中，采用的方法不同，对信息资料的要求也可能不同。（　　）
4. 只要正确地使用定量预测技术，无论历史资料有多少也能做到科学预测。（　　）

三、简答题

1. 什么是时间序列预测法？
2. 平滑预测法主要包括哪几种形式？预测的基本步骤有哪些？
3. 为什么要运用加权法求平均数？可以有哪些方法？

四、计算题

1. 某地区居民过去五年间的消费见表 8-13，试用算数平均法预测第六年该地区的居民消费水平。

表 8-13　某地区居民的消费水平

时间	第一年	第二年	第三年	第四年	第五年
消费水平/亿元	5.7	5.9	6.0	5.7	6.2

2. 某 4S 店 2008～2014 年收入资料见表 8-14，试分别用一次移动平均法和二次移动平均法来预测 2015 年的收入。

表 8-14　某 4S 店 2006～2014 年销售收入

年份	2008 年	2009 年	2010 年	2011 年	2012 年	2013 年	2014 年
收入/万元	200	230	300	390	450	510	600

3. 某品牌汽车 2006～2014 年销售额见表 8-15，分别取 $\alpha=0.2$ 和 $\alpha=0.8$，用指数平滑法预测 2015 年的销售额。

表 8-15　某品牌汽车 2006～2014 年销售额

年份	2006 年	2007 年	2008 年	2009 年	2010 年	2011 年	2012 年	2013 年	2014 年
销售额/万元	1030	1100	1170	1280	1340	1380	1350	1420	1480

学习项目九
定性预测法

学习目标：
1. 学习定性预测的基本原理。
2. 学习定性预测的一般方法。
3. 学习定性预测的特殊方法。
4. 能够运用定性预测的方法。

情 境

长城汽车2014年经历了销量暴跌-复苏的过程，随着其销量逐渐回升，JP摩根等分析机构看好长城未来前景，并大幅上调了股价预期，同时还给长城哈弗H9、CoupeC等新车预测销量和出路。JP摩根认为，长城未来6款新车将提升其业绩预期。以哈弗H9中大型SUV为例，JP摩根预计2015年下半年达到3000辆左右的月销量。实际上，根据统计数据，2014年11月哈弗H9批售销量已经达到2245辆。有关消费者更倾向于购买同级别外资品牌车型的担忧，分析机构为哈弗H9解释指出，该车只要达到外资畅销SUV的两三成销量即可："对哈弗H9前景悲观者认为，哈弗H9无力以相同的价格点销售，消费者很可能选择畅销外资品牌SUV，例如大众途观、本田CR-V和丰田RAV4等，这些车型（在华）月销量为10000至20000辆。我们的观点是哈弗H9至少可以达到上述车型20%至30%的月销量。"

以上数据的预测使用了本章将会讲述的个人经验判断预测法。分析机构利用自己的个人经验对长城汽车的销量进行了预测。

任务一 定性预测法概述

一、定性预测法的含义和原理

1. 定性预测法的含义

定性预测也称为意向预测，是对事物性质和规定性的预测。它并不是基于数量模型，而是依靠经验、知识、技能、判断和直觉来做出预测的一种方法。更确切地说是指预测者依靠熟悉专门知识、具有丰富经验和综合分析能力的人员、专家，根据已掌握的历史资料和直观材料，运用个人的经验和分析判断能力，对事物的未来发展做出性质和方向上的判断，然后，再通过一定的形式综合各方面的意见，对现象的未来做出预测。

2. 运用定性分析方法进行预测的原理

（1）虽然定量预测要比定性预测科学、精确，但定量预测必须具备详细、连续的历史数据，而很多时候这个条件并不能得到满足，此时也只能应用定性预测了。

（2）定性预测适合做长期预测。因为某种现象在未来很长时间的变化会受到许多不可测因素的影响，要全面考虑这些影响而做出准确预测是非常困难的。

（3）定性预测的方法比定量预测的方法更容易掌握，而不需要预测者较系统地掌握数理和统计分析方面的学科知识和技能，易为多数企业经营和管理者所接受。

（4）定性预测的费用较低，而且时效性较强，越是市场信息数量多、变化快就越能体现出其特点，帮助企业迅速把握机会、规避风险。

（5）有些问题最重要的影响因素可能是那些最不容易被量化的因素，而对这些因素的正确分析会对预测结果的正确与否产生重大影响，定性预测则能更好地反映出这种真实情况。

（6）定性分析预测法强调对问题在质的方向上做出判断和预测，具有较大的灵活性，易于充分发挥预测者的主观能动性，并且简单迅速。

二、定性预测法的特点

1. 定性预测法的优点

定性预测法是一种非常实用的预测方法，特别是在对预测对象的历史资料掌握不多或影响因素复杂，难以分清主次的情况下，几乎是唯一可行的方法。

在对事物未来的发展趋势、方向、走势和重大转折点进行预测时，定性预测法适用于对国家经济形势趋势、经济政策的演变、市场总体形势的演变、科学技术的发展与实际应用、新产品的开发、企业未来的发展方向、企业经营环境分析和战略决策方向等领域。

现代的定性预测方法与过去的定性预测方法相比，更完善、更科学、更有实用价值，主要表现在以下几方面。

（1）现代定性预测不依靠个人或少数人，而是依靠一个掌握现代经济理论、科学技术和先进预测方法的群体。

（2）现代定性预测方法具有明显的数理统计特征，在定性分析中大量使用数学知识进行计算，将定性分析和定量分析有机结合起来，使预测行为更科学、准确。

（3）现代定性预测已形成一套科学的预测方法，如意见集合法、德尔菲法、推断预测法等。

2. 定性预测法的局限性

定性预测法强调对问题在质的方向上做出判断，手段是凭借预测者的经验、知识和技能，因此只能得到对其问题性质的判断结果。

它容易受到一些主观因素影响，由于它比较注重人的经验和主观判断能力，从而易受到人的知识、经验和能力的多少或大小的制约。

用此方法得到的结果主要是对质的描述，尽管也可以得到数量的信息，但很难确定其结果的可信度，也无法估计其误差大小。

任务二　定性预测的基本方法

一、销售人员意见综合预测法

销售人员意见综合预测法,是指汽车企业直接将从事汽车销售的经验丰富的人员组织起来,先由汽车市场预测组织者向他们介绍预测目标、内容和预测期的汽车市场经济形式等情况,要求销售人员利用平时掌握的信息结合提供的情况,对预测期的汽车产品销售前景提出自己的预测结果和意见,最后提交给汽车市场预测组织者进行综合分析,以得出最终的预测结论。

销售人员综合预测法主要用来预测汽车产品销售情况,因而预测的结果对编制营销计划和经营决策有较大的参考价值。同时,让销售人员参与汽车市场预测,可激发他们的责任感和工作积极性。但由于职业习惯和知识局限性,销售人员可能对宏观经济的运行态势和汽车市场结构变化不甚了解,容易从局部出发做出预测,其结果带有一定的片面性。汽车市场预测者的激进或保守,都将影响到汽车市场预测的准确性。如果最终预测值将作为任务目标时,预测者难免采取稳健态度,因而做出的预测值可能偏低。为此,应注意以下几点。

(1) 应从汽车企业各部门选择经验丰富而且具有预测分析能力的人参与预测。
(2) 应要求预测参与者经常收集汽车市场信息,积累预测资料。
(3) 预测组织者应定期将汽车市场总形式和汽车企业的经营情况提供给预测参与者。
(4) 预测组织工作应经常化,并对预测成绩显著者给予表彰,以调动他们的积极性。
(5) 对销售人员的估测结果,应进行审核、评估和综合。其综合预测值的计算,可采用简单或加权算术平均法。

二、业务主管人员意见综合预测法

业务主管人员意见综合预测法,是指预测组织者邀请汽车企业内部的经理人员和采购、销售、仓储等部门的负责人作为预测参与者,向他们提供有关汽车市场预测的内容、市场环境、企业经营状况和其他预测资料,要求他们根据提供的资料并结合自己掌握的汽车市场动态提出预测意见和结果,或者用会议的形式组织他们进行讨论,然后由汽车市场预测组织者将各种意见进行综合,做出最终的预测结论。

由于汽车企业各部门的业务主管人员都负责主管各个方面的工作,具有比较丰富的汽车市场营销经验,平时掌握了较为详尽的汽车市场信息,因此他们的预测意见比较接近实际。同时,在集体分析汽车企业内部条件和外界汽车市场环境的基础上,还可以对那些影响未来汽车市场需求与汽车企业发展的因素逐一进行研究,提出汽车企业应采取的对策。

在汽车市场预测中,这种预测方法适用于市场需求、汽车企业销售规模、目标市场选择、经营策略调整和企业投资方向等重要问题的预测性研究。但应注意过分依赖业务主管人员的主观判断;防止预测受参与者个人,特别是会议气氛所持的乐观或悲观态度的影响;要注意分析预测意见和结果是否有充足的事实根据。

三、产品生命周期预测法

产品生命周期是指产品开始投放市场直到被市场淘汰的全过程,可以说没有一种产品是长盛不衰的,只有生命周期的长短不同而已。由于产品在其生命周期的不同阶段有各自的特点，只要了解这些特点，企业就会有针对性地制定相应的市场营销策略。

产品生命周期的不同阶段有：投入期——产销量少，成本高，利润低，售价高；成长期——产销量增加，成本降低，利润上升，竞争加剧；成熟期——产销量大而稳定，成本低，利润高，竞争激烈；衰退期——产销量下降，成本有所上升，利润明显下降，竞争随着竞争者的减少而淡化。

汽车产品经济寿命周期预测的关键，在于正确判断目前和未来汽车产品经济寿命周期所处的阶段，以便对未来的汽车市场前景做出预测，为汽车企业制定生产经营策略提供依据。其主要预测方法如下。

1. 商品销售状况判断法

商品销售状况判断法，是根据汽车产品销售变化过程的趋势来判断汽车产品经济寿命周期所处的阶段，并对未来的汽车市场前景做出预测。其判断的一般原则如下。

（1）投入期：汽车产品销售量小，增长缓慢。

（2）成长期：汽车产品销售量迅速扩大，增长幅度大。

（3）成熟期：前期汽车产品销售量增长减慢，后期汽车产品销售量趋于稳定或徘徊不前。

（4）衰退期：汽车产品销售量逐年下降。

2. 耐用消费品普及率判断法

耐用消费品是指价值高、使用年限较长的消费品。显然，汽车产品属于耐用消费品。耐用消费品普及率，一般是指一定时空范围内平均每百户家庭拥有某种耐用消费品的数量，通常根据城乡居民家庭收支抽样调查资料进行测算。汽车产品普及率的计算公式为

$$汽车产品普及率 = \frac{样本户拥有量}{样本户数} \times 100\%$$

利用汽车产品普及率可预测未来汽车市场的需求量，预测时应先估计未来汽车市场普及率，然后用下面公式推算，即

$$市场需求量 = \frac{居民家庭户数}{100}（下期市场普及率 - 本期市场普及率）$$

其中，下期与本期市场普及率之差为需求率。

3. 对比类推法

由于同一汽车产品在不同地区或者在相关汽车产品之间具有类似的经济寿命周期曲线，因此可采用对比类推法推断汽车产品经济寿命周期的变化趋势。在汽车市场预测中，对比类推法有以下几种。

（1）国际对比类推法：是指将所要预测的汽车产品或汽车市场经济指标，与国外某些国家的汽车产品或汽车市场经济指标的发展过程和趋势进行类比，找出某些共同或类似的变化规律，借以类推预测目标的变化趋向。例如，国外汽车产品的经济寿命周期、汽车产品更新换代时间、汽车新产品开发情况和汽车产品的消费倾向，均可作为国内汽车市场预测的参考依据。但应注意区别国情、社会制度、经济条件和发展历史的差异。

（2）区际对比类推法：是指将汽车产品或汽车市场在国内同其他地区进行类比，找出某些共同的、类似的变化规律或发展变化差异，借以推断本地区预测目标的发展趋势和前景。一般来说，不同地区、不同城市的居民消费水平、消费倾向、消费结构、汽车产品普及率和汽车产品经济寿命周期，均可采用区际对比类推法。

（3）品际对比类推法：是指以国内市场上同类或类似汽车产品的发展过程、发展趋势或

经济寿命周期，推断某种汽车产品的发展趋向和经济寿命周期。此种方法一般用于相关汽车产品发展趋向预测、汽车产品普及率定性分析预测和汽车新产品开发预测等。

（4）产品升级换代类推法：随着科学技术和生产的发展，汽车产品不断更新换代，并且更新换地的时间越来越短。汽车产品升级换代类推法，就是利用汽车产品更新换代的规律，类推预测汽车产品更新换代的时间，探索汽车新产品的发展趋向，预测汽车市场需求变化的前景。该方法可用于汽车企业新产品开发、设计、试销等机会问题的定性分析预测。

四、领先落后指标法

领先落后指标法也称预兆预测法，它是通过研究前趋现象的指标变化情况，用以推断后续现象指标变化趋向的一种预测方法。此种预测方法通常将社会经济统计指标分为以下三类。

（1）先行指标：又称领先指标，是指先于预测目标或经济周期变动的指标，如汽车产品供求关系变动是价格涨跌的先行指标等。

（2）同步指标：又称平行指标，指与预测目标或经济周期变动同时发生变化的指标，如国内生产总值、财政收入和汽车产品销售额等几乎同时发生变动。由于此类指标与经济周期同步，因而可以佐证和指示经济周期所处阶段及发展过程。

（3）落后指标：又称滞后指标，指同预测目标或经济周期相比变化落在后面的指标，在经济意义上，落后指标可作为剩余和失衡的标志。

上述三类指标的划分是相对的，因为某些经济指标既可作为领先指标，又可作为落后指标。例如，上年和当年的国内生产总值对当年的汽车产品购买力都发生影响。此外，落后指标并不总是从属指标，在某些情况下，又会转化为领先指标。例如，汽车企业间未清偿债务过多，会形成"三角债"，导致货币流通和经济运行不畅。

领先落后指标法主要是利用先行指标来推断预测目标（同步指标和落后指标）的变化趋向。在汽车市场预测中，运用领先落后指标法预测的一般步骤如下。

（1）确定预测目标：一般应根据汽车市场景气预测的范围和对象，确定预测目标及其预测的变量或指标。

（2）选择领先指标：一般应根据经济理论、经济关系、实践经验及实证性分析，找出与汽车市场预测对象有直接关系并起领先变化作用的经济变量作为领先指标。其中，实证性分析一般是绘制汽车市场预测对象（目标）与领先指标的动态曲线图，然后参考两者上升或下降的变化曲线，判断先行指标变化的间隔时间和变动方向。由于领先的间隔时间有长有短，变动方向有同增同减的顺相关系，也有此消彼长的逆相关系，因此应根据具体情况进行具体分析。一般来说，应选择既领先汽车市场预测对象的变化，又是顺相关系的经济变量作为领先指标。

（3）收集和处理统计数据：为了较正确地揭示领先指标和汽车市场预测目标的变动关系和规律，一般来说，应收集15年以上的数据。由于个别领先指标波动频繁，难以观察领先落后关系时，可将各领先指标同期的环比个体指数用几何平均法或加权平均法求出领先指标综合指数，然后绘制领先落后关系图，借以考察领先落后的时间规律。

（4）利用领先落后关系进行外推预测：在汽车市场预测中，利用领先落后关系进行外推预测，即根据领先指标变化的领先时间和变动方向，推测汽车市场预测目标未来的变动趋向。预测时应注意，领先指标一般只能用于预示汽车市场行情的走势或转折点，或者说只能指示未来落后指标的变动方向，但不能直接预测变化的幅度。

五、企业景气调查法

企业景气调查起源于 20 世纪 20 年代的西方国家，此后在世界范围内得到了迅速推广和应用。我国从 1984 年起，国家统计局开始进行企业景气调查工作，涉及工业、建筑业、交通运输业、批发和零售业、房地产业、社会服务业、信息业和餐饮业等行业的企业景气调查。

企业景气调查是以问卷为调查形式，以定性为主、定量为辅，定性与定量相结合的景气指标为体系，以对宏观经济环境判断和微观经济状况判断相结合的意向调查为内容。通过问卷调查资料的汇总处理，计算有关景气指数来反映本期的实际景气状况和下期景气状况的走势。

景气指数又称景气度，就汽车企业而言，它是一种综合指标，对汽车企业景气调查中的定性指标通过定量方法加工汇总，综合反映某一特定调查群体对某一汽车市场现象所处的状态或发展趋势所做的综合判断。汽车企业景气指数主要有下列两种。

（1）企业家信心指数：又称宏观经济景气指数，是根据企业家对汽车企业外部市场经济环境与宏观政策的认识、看法、判断与预期（通常为对"乐观"、"一般"和"不乐观"的选择）而编制的指数，用以综合反映企业家对宏观经济环境的感受与信心。

（2）企业景气指数：也称企业综合生产经营景气指数，是根据企业家对汽车企业综合生产经营情况的判断与预期（通常为对"好"、"一般"和"不佳"的选择）而编制的指数，用以综合反映汽车企业的生产经营状况。

企业景气指数的取值范围在 0～200 之间，100 为景气指数的临界值。当景气指数大于 100 时，表明经济状况趋于上升或改善，处于景气状态；当景气指数小于 100 时，表明经济状况趋于下降或恶化，处于不景气状态。

例 9-1　某地某年对 1200 名工业企业家进行第三季度和第四季度的企业外部宏观经济环境判断调查，通过问卷资料的汇总处理，得到表 9-1 所列数据。

表 9-1　1200 名工业企业家对宏观经济环境判断次数分布

宏观经济环境	好	一般	差	合计
上(三)季度实际/人	720	430	50	1200
频率/%	60.00	35.83	4.17	100.0
本(四)季度预计/人	950	226	24	1200
频率/%	79.17	18.83	2.00	100.0

由表 9-1 可知，1200 名企业家认为第四季度宏观经济环境好的频率为 79.17%，比第三季度提高 19.17 个百分点；认为一般的频率为 18.83%，比第三季度减少 17 个百分点；认为差的频率为 2.00%，比第三季度减少 2.17 个百分点。因此，企业家们对第四季度宏观经济环境的信心大大增强。若计算企业家信心指数，则好、一般、差的标准值分别为 200、100、0，用频率作权数，则有

第三季度企业家信心指数 =（200×60+100×35.83+0×4.17）/100 = 155.83

第四季度企业家信心指数 =（200×79.17+100×18.83+0×2.0）/100 = 177.17

计算结果表明，第四季度企业家信心指数与第三季度相比提高 21.34 点。需要指出的是，汽车企业景气指数的编制比企业家信心指数要繁杂一些。因为调查的项目较多，编制汽车企业景气指数时，应首先计算各项目的景气指数，然后用简单平均或加权平均（必须规定各项目的权重）的方法求得综合汽车企业景气指数。设 K 为各项目的个体景气指数，W 为

权数,则综合汽车企业景气指数为

$$综合汽车企业景气指数=\frac{\sum KW}{\sum W}$$

要说明的是,目前国内还没有一个被广泛接受的汽车企业景气指数。

六、扩散指数法

在汽车市场预测中,某些经济指标和汽车产品销售额只能反映汽车市场运行和周期变动的集中趋势和总体变动情况,但不能揭示部门、地区、汽车企业和汽车产品之间的变动差异和离散趋势。为此,可利用扩散指数来反映和衡量汽车市场经济变动的离散趋势,预测汽车市场总量指标的变化趋向。

扩散指数又称广布指数,通常是指在研究时期(月、季、年)内的一组统计指标中,上升的指标数目占全部指标数目的比重。计算公式为

$$扩散指数=\frac{正在上升的指标数目}{全部指标数目}\times 100\%$$

扩散指数的变动幅度在 0~100 之间,其数值大小与经济总量变动的关系如下。

(1) 扩散指数由 50 向 100 上升时,经济总量呈加速增长趋势,汽车市场前景看好。

(2) 扩散指数由 100 向 50 下降时,经济总量仍在增加,但增长速度放慢,汽车市场前景暗淡。

(3) 扩散指数由 50 向 0 下降时,经济总量下降,经济不景气,汽车市场疲软。

(4) 扩散指数由 0 向 50 上升时,经济总量下降速度减慢,经济出现回升趋势,汽车市场开始复苏。

扩散指数在汽车市场景气状况预测中应用较广泛,如选择若干影响汽车产品销售额变化的指标计算扩散指数,可以反映汽车产品销售市场行情变化趋势。设计扩散指数时,应注意以下几点。

(1) 设计若干指标组成的扩散指数,应选择一组影响汽车市场预测目标变化的领先指标,以便用于外推预测。若领先指标的逐期变化不规则影响扩散指数预测能力时,扩散指数中也可包括一些同步指标。此外,指标数目应为两位数,以使指标群的代表面大一些。

(2) 设计若干地区(部门、汽车企业和汽车产品等)组成的扩散指数,既要注意所选指标的同一性,又要注意地区(部门、汽车企业和汽车产品等)的代表性。同时,观察数目应尽可能多一些,代表面尽可能大一些。

(3) 扩散指数的计算时距有月、季、年之分,采用何种时距,取决于汽车市场预测的目的和期限。当采用月距和季距计算扩散指数时,为了消除季节变动的影响,应考察各指标与上年同期对比的增减变化,然后计算扩散指数。

(4) 扩散指数是对汽车市场大量经济现象的抽象,用它进行汽车市场预测时,一些重大事件的影响可能被忽略。因此,预测时应注意分析其他重要因素或事件的影响。此外,扩散指数只能预测汽车市场的变化趋向,不能预测汽车市场变动的幅度。它是在定量分析的基础上进行定性预测的。

七、压力指数法

压力指数是两个有联系的统计指标的比率,其数值的大小反映了经济关系的变动,因而

可作为汽车市场预测的指南。在汽车市场预测中，常用的压力指数如下。

（1）需求对供给的压力指数：是指一定时期内的汽车产品需求量占汽车产品可供量的比率，用以衡量需求对供给的压力。一般地，比率越大，则越趋向求大于供，价格趋于上涨；比率越小，则越趋向求小于供，价格趋于下跌；比率为100%时，则供求平衡，价格趋于均衡。计算公式为

$$需求对供给的压力指数 = \frac{汽车产品需求量}{汽车产品可供量} \times 100\%$$

（2）需求对生产的压力指数：是指一定时期内的汽车产品需求量占生产量的比率，用以衡量需求对生产的压力。比率大，则生产不足，价格趋于上涨；比率小，则生产过剩，价格趋于下跌。计算公式为

$$需求对生产的压力指数 = \frac{汽车产品需求量}{汽车产品生产量} \times 100\%$$

压力指数虽然不能预测汽车市场变动幅度，但可作为汽车市场变化的预兆，并可指示汽车市场未来变化的方向。如果与其他预测方法配合使用，压力指数不失为有效的汽车市场预测辅助手段。

八、因素分析预测法

因素分析预测法是凭借经济理论与实践经验，通过分析影响预测目标各种因素的作用大小和方向，对预测目标未来的发展变化做出推断。在汽车市场预测中，因素分析预测法具有独特的三个作用：能够综合各种因素的影响而做出汽车市场预测推断，使预测结论更为可靠；能够揭示汽车市场经济现象之间的变动关系，在经济现象间的相互联系中做出有效的预测判断；能够采用一定的标准和方法，将诸多因素指标合并为一个综合性的指标，用以评价和预测各地汽车市场需求的大小。

1. 因素列举归纳法

因素列举归纳法是指将影响汽车市场预测目标变动的因素逐一列举，并分析各种因素对预测目标作用的大小和方向，区分经济因素和非经济因素、可控因素和不可控因素、内部因素和外部因素，以及有利因素和不利因素，然后加以综合、归纳，从而推断汽车市场预测目标未来的变化趋向。在汽车市场预测中，因素列举归纳法的基本程序如下。

（1）列举能观察到的影响预测目标变化的各种主要因素，并收集有关资料。

（2）分析评价各种因素作用的大小、方向和程度，区分各种因素的性质，判断哪些因素导致预测目标变化趋于扩张，哪些因素导致预测目标变化趋于收缩，有利因素与不利因素谁居主导地位等。

（3）归纳推断预测目标未来变化的趋向。当有利因素居主导地位时，则未来前景看好，或需求上升，经济持续增长；若不利因素居主导地位时，则未来前景暗淡，或市场疲软，需求不振，或经济回升乏力，徘徊不前等。

例如，通过列举和分析国家汽车产业方针政策、投资、职工工资、居民货币收支、储蓄存款、货币流通、财政收支和汽车产品价格水平等因素的变化，可推断未来汽车市场的变化趋向是景气，还是滑坡。

2. 相关因素推断法

汽车市场经济现象之间的相互变动关系，在时间上有先行、后行关系与平行关系之分；

在变动方向上有顺向关系与逆向关系之分。相关因素推断法，是根据汽车市场经济现象间的相互关系，由相关因素的变动方向判断汽车市场预测目标的变动趋向的一种预测方法。

（1）顺相关系判断法：顺相关系是指两个汽车市场现象间的变动方向为同增同减的关系，如汽车拥有量与汽车需求量之间就属于同向变动的相互关系。利用顺相关系可以由相关现象的增加或减少，推断汽车市场预测目标也会相应增加或减少。

（2）逆相关系判断法：逆相关系是指两个汽车市场现象间的变动方向表现为此消彼长或一增一减的关系，如汽车产品需求量或普及率之间就表现为此消彼长的关系。利用逆相关系可由相关现象的增加或减少，推断汽车市场预测目标会向相反的方向变动。

相关因素推断法一般用于预测汽车市场变动的趋向。如果要预测汽车市场变动的数值或幅度，则可测算汽车市场相关现象间的比例关系，由相关现象的数值推算汽车市场预测目标的数值。

3. 因素分解推断法

因素分解推断法是指将汽车市场预测目标按照一定的联系形式分解为若干因素指标，然后分别研究各种因素未来变动的方向、程度和结果，最后综合各种因素变动的结果，求出汽车市场预测目标的总变动趋势和结果。

当汽车市场预测目标因素指标的联系形式表现为各因素指标相加等于预测目标的总量指标，且能较容易地预测各因素指标未来的增长率，则可利用如下公式确定汽车市场预测值，即

$$Y_{t+1} = Y_t \left(1 + \frac{\sum XW}{\sum W}\right)$$

式中，Y_t 为预测目标的本期实际值；Y_{t+1} 为下期预测值；X 为因素指标下期增长率；W 为因素指标占预测目标数值的比重。

例如，某市本年汽车产品销售额为 83.7 亿元，其中城市销售额占 55%，农村销售额占 45%。据预测，明年城市销售额将增长 15.8%，农村销售额将增长 13.6%，则明年汽车产品销售总额为

$$Y_{t+1} = 83.7 \times \left(1 + \frac{15.8\% \times 55 + 13.6\% \times 45}{100}\right) = 96.1 \text{ 亿元}$$

此外，有些因素指标与汽车市场预测目标之间的联系，表现为各因素指标相减等于汽车市场预测目标，如汽车企业利润总额等于汽车企业总收入递减成本、费用和税金等各项支出的余额。因此，采用因素分解推断法进行汽车市场预测时，必须采用合适的联系形式将汽车市场预测目标分解为若干因素指标，注意各因素指标的预测分析应力求准确，才能保证汽车市场预测目标最终预测结果的准确性。

九、直接推算预测法

直接推算预测法是带有定量性质的定性预测方法，即利用有关指标之间的相互关系，在分析研究的基础上，做出有根据的数量化的判断预测。

在汽车市场预测中，直接推算预测法的意义主要表现在以下几个方面：能根据汽车企业生产经营的实际进程，判断和预报汽车企业经营目标能否实现，以便采取调控措施；能根据汽车市场局部与总体之间或现象之间的数量关系，由已知指标数值推测未知现象的数值及其变化；可以利用汽车市场有关经济指标之间的平衡关系，由已知指标的数值预测所需的指标数值。

直接推算预测法的具体方法很多，主要有以下几类。

1. 进度判断预测法

进度判断预测法是根据企业生产经营的进度，通过分析今后的发展趋势、有利因素和不利因素，对今后和全时期的生产经营情况做出预测。在汽车市场预测中，它又可以分为以下三种。

(1) 增减趋势推算法：是在前段实际水平的基础上，综合分析后段各种变化因素，判断变化趋势，以确定后段的增减率，进而预测后段和全期可能达到的总体水平，并判断经营目标是否能够实现的一种预测方法。

例如，某汽车企业某年汽车产品销售目标为 5100 万元，1～3 季度累计实现销售额为 3850 万元，其中第 3 季度为 1280 万元。预计第 4 季度汽车产品销售处于旺季，将比第 3 季度增长 3%。据此判断全年销售目标的完成程度为

$$预计销售目标完成程度 = \frac{3850 + 1280 \times (1 + 3\%)}{5100} \times 100\% = 101.34\%$$

(2) 序时平均法：是先计算前段时期的实际（日、月、季）平均数，然后分析后期各种变化因素的影响，在前期序时平均数的基础上预计后期可能达到的序时平均水平，根据剩余时间推算后期及全期可能达到的总水平的一种预测方法。

例如，某汽车企业某月销售目标为 800 万元，全月 30 个营业日，1～20 日累计销售额 540 万元，日平均销售额 27 万元。根据有关资料分析，现有汽车产品存货不足，因运输问题汽车产品采购又不能及时到货，下旬日销售额将减少 3 万元。据此推算预计销售目标完成程度为

$$预计销售目标完成程度 = \frac{540 + (27 - 3) \times 10}{800} \times 100\% = 97.5\%$$

(3) 季节比重推算法：其预测过程是，当生产经营活动具有季节性时，可先计算本年内前期实际累计数，再根据历史资料分析以往同期累计数占以往全时期实际数的比重（季节比重），最后用前期实际累计数除以季节比重，即可预测全时期可能达到的总水平及经营目标的实现程度。

例如，某汽车企业某年汽车产品销售目标为 8500 万元，1～3 季度累计销售额为 5985 万元。据历史资料分析，1～3 季度销售额约占全年的 69.5%，因而可预计

$$\frac{全年销售目标}{预计完成程度} = \frac{5985/69.5\%}{8500} = 101.31\%$$

第四季度销售额 = $5985/69.5\% - 5985 = 2626.5$ 万元

进度判断预测法主要用于判断一定时期内汽车企业经营目标能否实现，是一种近期预测。预测的准确性主要取决于对后段水平的推算是否接近汽车企业和汽车市场实际。因此，必须综合各种因素的影响，对后段情况做出较为切合实际的判断预测。

2. 比重推算法

比重推算法是利用总体中局部数值占总体数值的比重，根据总体的数值推算局部的数值，或根据局部数值推算总体数值，也可根据总体中各组比重的变化推断现象发展趋向的一种预测方法。在汽车市场预测中，比重推算法主要应用于以下四个方面。

(1) 需求构成预测：利用比重推算法预测需求构成，即利用社会消费品购买力或社会消费品零售额的商品类别构成的统计特性，在分析判断未来需求构成变化趋向的基础上，根据预测期的社会消费品购买力推算各类汽车产品购买力投向。也可利用比重推算法，由大类商品总需求推算小类商品需求，由小类商品需求推算汽车产品需求。

(2) 市场占有率预测：市场占有率是指一个企业的商品销售额（量）在一定范围内的市

场销售中所占的比重。比重越大,企业的市场占有率越高,市场竞争力越强;反之,则不然。计算公式为

$$市场占有率 = \frac{本企业商品销售额(量)}{市场商品销售总额(量)} \times 100\%$$

在汽车市场预测中,利用市场占有率进行预测(又称转导预测法),即根据已有的有关宏观汽车市场的预测值,或政府机关发布的有关预测指标作为汽车企业销售预测的基础,利用企业的市场占有率推算本企业的销售预测值。预测时,首先应根据历史资料分析汽车企业自身市场占有率的变化趋向,再结合预测期的汽车市场竞争情况,确定合适的市场占有率,以用于预测推算。

(3)以销定进构成预测:是指汽车销售企业按照以销定进的原则,平时根据汽车产品的销售量,按车型、品牌等具体汽车产品的进货数量推算的汽车产品进货分布量,既能较好地反映汽车市场的不同需求,又能尽量减少盲目进货导致的汽车产品积压。对于汽车生产企业来说,可以采用以销定产或以需定产的方法进行预测分析。

(4)总体结构变动趋向预测:总体内部结构变动往往具有此消彼长的统计规律,即某些类别的比重上升,则另一些类别的比重下降。随着人民生活水平的日益提高,居民食物支出占总支出的比重(恩格尔系数)会减少,而汽车等高档消费品的支出比重则会上升。

在汽车市场预测中,用比重推算法判断总体结构的变动趋向,一般应收集历年的具有多种分组的统计数据,并计算每一分组的比重指标,然后从历年比重的动态变化中,判断汽车市场现象总体结构中各组成部分此消彼长的变动趋向。

3. 比例推算法

比例推算法是根据有关指标或有关现象之间的比例关系,由已知指标数值推算预测对象数值的方法。在用比例推算法进行汽车市场预测时注意:应根据历史资料并结合预测期有关因素确定合适的比例值;作为推算基础指标的数值应是已知的,或者应比汽车市场预测对象的数值容易确定。

比例推算法的具体方法如下。

(1)结构性比例法:是利用总体中局部与局部之间的比例关系,由已知部分的数值推算其他部分及其总体数值的一种预测方法。

(2)相关性比例法:是利用有关汽车市场现象之间的相关关系形成的比例,从已知汽车市场现象的数值推测另一汽车市场现象数值的一种预测方法。

例如,某市国内生产总值与汽车产品销售额的关系很密切,两者的比例一般为1:0.380,据预测,明年国内生产总值可达169.8亿元。据此推算,明年汽车产品销售额为64.5亿元。

又如,某地汽油、柴油和润滑油的销售比例一般为1.5:1:0.12,而预测明年柴油销售量为53180t,据此推算得

$$汽油销售量 = 53180 \times 1.5 = 79770t$$
$$润滑油销售量 = 53180 \times 0.12 = 6381.6t$$

(3)比例联测法:是以某地汽车市场需求观测为基础,运用比例法推算其他地区的汽车市场需求量的一种预测方法。推算公式为

$$乙地需求量 = 甲地需求量 \times \frac{乙地销售量}{甲地销售量}$$
$$= 甲地需求量 \times 乙地占甲地销售量的比例$$

例如,本年度甲地汽车销售量为43880辆,乙地销售量为41379辆,丙地销售量为

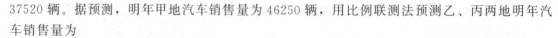

37520辆。据预测,明年甲地汽车销售量为46250辆,用比例联测法预测乙、丙两地明年汽车销售量为

乙地销售量＝46250×41397/43880＝43633 辆

丙地销售量＝46250×37520/43880＝39546 辆

4. 消耗水平推算法

消耗水平推算法,主要是利用工农业生产中某些生产资料的单位消耗量来推算预测期的生产资料需求量。对汽车产品而言,可以根据汽车产品报废年限,结合每年汽车产品销售量来预测汽车产品的未来需求量。

5. 平衡推算法

平衡推算法是利用汽车市场有关经济指标之间的平衡关系,来推算所要预测的汽车市场指标数值。一般程序是先收集和整理与汽车市场预测指标有关的各种经济指标的数值,编制平衡表,如居民货币收入平衡表、汽车产品产销平衡表、汽车产品购销存平衡表和汽车企业财务收支平衡表等,然后根据所编制的平衡表及其平衡关系,由已知指标的数据来预测所需的汽车市场指标数值。

例如,某汽车销售企业年末汽车产品存货为1880万元,经分析,存货规模过大,要求今年压缩存货380万元,即各月月末存货控制在1500万元左右;上年度汽车产品销售利润为5.4%,预计今年保持不变;目标利润今年定为980万元。另据测算,上年度汽车产品综合进销差率(毛利率)为15.4%,今年也维持不变,要求预测今年的汽车产品销售额和采购额,即

年汽车产品销售额＝目标利润/销售利润率＝980/0.054＝18148.15 万元

产品销售额(1－15.4%)－年初储存额＝1500＋18148.15×(1－15.4%)－1880

＝14973.33 万元

6. 均衡点分析法

均衡点分析法是利用收支平衡的原理,测定汽车市场经济现象中收支均衡的数量界限,作为汽车市场预测决策的依据。一般来说,收入、支出和盈余之间具有下列三种关系:收＞支,盈余为正数(盈利);收＜支,盈余为负数(亏损);收＝支,盈余为0(盈亏临界点)。

收支均衡点分析的基本原理就是利用以上关系,用以测定收等于支的数量界限。汽车市场中的保本销售额、保本储存期和经济进货批量等,都是利用这一基本原理而测定的。

任务三　定性预测的其他方法

一、头脑风暴法

1. 头脑风暴法的含义

头脑风暴法是根据预测目的的要求,组织各类专家相互交流意见,无拘无束地畅谈自己的想法,敞开思想发表自己的意见,在头脑中进行智力碰撞,产生新的思想火花,使预测观点不断集中和深化,从而提炼出符合实际的预测方案。

2. 头脑风暴法的特点

头脑风暴法是专家会议法的进一步发展,它与专家会议法基本一样,最大特点就是:头脑风暴法所要解决的问题是创造性问题而不是逻辑性问题,通过最大限度地发挥人们所具有

的智慧和创造力，来寻找解决问题的各种可能性，最终得出令人满意的答案。

每个人都有创造能力，但能否真正发挥出来是件很难的事。发挥人的创造能力，发挥人的聪明才智来构思方案，其方法是多种多样的，其中头脑风暴法就是一种很好的方法。采用头脑风暴法进行预测，其开会的方法与普通会议的根本区别在于它有四条规则。

（1）不批评别人的意见。创造能力和判断能力共存于人的大脑思维之中，常常是判断能力更强一些，并抑制创造能力。与会专家如果相互批评，就说明判断能力发生了作用，会抑制与会者相互的独立思考，不利于构思方案。为了能够提出前所未有的、打破常规的方案，基本原则是在构思方案时不使用判断能力。

（2）提倡自由奔放地思考。自由奔放就是要刺激与会专家的思考能力，使过去的经验和知识处于容易释放的状态，对自己思考的方案也不要使用判断能力。

（3）提出的方案越多越好。这条规则的目的无非是创造尽可能多的解决问题的机会，寻求解决问题的各种可能性。所以，开始时先不要考虑方案的质量，等到寻找了一切可能性之后，再来分析方案的质量。如果在提方案的时候就考虑质量问题，这就使用了判断能力，分散思考就受到抑制。打破常规的方案，开始时质量不一定高。为了找到满意的方案，就要追求数量，有了数量就会有质量。

（4）提倡在别人方案的基础上进行改进或与之结合。对已提出的方案不加评论，其意义在于自己可以考虑别人的方案并加以发展，这称为方案的"免费搭车"，即根据别人提出来的方案，按他的思路把方案进一步地发展。

按照上面的规则，就能在与会者的头脑里卷起风暴，集中集体的智慧，追求一切可能性。

3. 头脑风暴法的类型

头脑风暴法可分为直接头脑风暴法和质疑头脑风暴法。

（1）直接头脑风暴法：指按照上述头脑风暴法的原理和规则，通过一组专家会议，对所预测的问题进行创造性思维活动，从而得出满意方案的一种方法。

（2）质疑头脑风暴法：这种方法是同时召开由两组专家参加的两个会议进行集体讨论，其中一个专家组会议按直接头脑风暴法提出设想，另一个专家组会议则是对第一个专家组会议的各种设想进行质疑，通过质疑进行全面评估，直到没有问题可以质疑为止，从而形成一个更科学、更可行的预测方案。

> **学与练**
>
> 我国国产汽车近年来取得长足进步，但也遇到诸如品牌、形象、管理和技术等问题，如何才能在众多外资产品中脱颖而出，请同学们为此出谋划策，找出可行办法。建议由10人左右组成一个"专家组"，准备好资料后展开一次头脑风暴法式的座谈，看能有什么意想不到的结果。

二、德尔菲法

1. 德尔菲法的含义

德尔菲法实际上就是专家小组法，或专家意见征询法。这种方法是按一定的程序，采用背对背的反复函询方式，征询专家小组成员的意见，经过几轮的征询与反馈，使各种不同意见渐趋一致，经汇总和用数理统计方法进行收敛，得出一个比较合理的预测结果供决策者参考。

2. 德尔菲法的特点

此方法是美国兰德公司在 20 世纪 40 年代首创和使用的，最先用于科技预测，后来在市场预测中也得到广泛应用。它是一种非常实用的方法，其特点如下。

（1）匿名性：采用德尔菲法收集专家意见，是通过匿名函询方式，即通过邮寄函件背对背式的方法征询意见。专家们只同组织者发生联系，专家之间不发生联系。组织者对专家的姓名也是保密的，尽量使参加预测的专家互不知情，以免产生交叉影响的情况。

（2）反馈性：德尔菲法是采用多次逐轮征求意见（一般要经过三至四轮），每一次征询之后，预测组织者都要将该轮情况进行汇总、整理，作为反馈材料发给每一位专家。通过反馈信息，专家们在背对背的情况下，了解到其他专家的意见，以及持不同意见的理由，有利于相互启发，集思广益，开阔思路，充分发挥专家们的智慧，提高预测的准确性和可靠性。

（3）收敛性：通过数轮征询后，专家的意见会相对集中，使预测的问题越来越明确，为决策提供依据。

3. 德尔菲法的实施过程

德尔菲法的操作流程如图 9-1 所示。

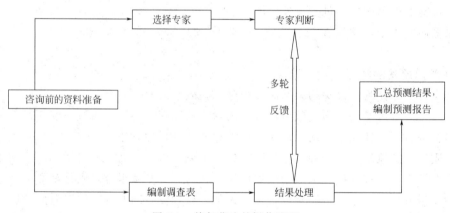

图 9-1 德尔菲法的操作流程

（1）成立预测课题小组，确定预测目标。预测课题小组是预测的领导者、组织者，也是预测的主持者，具体负责确定预测目标，准备背景材料，选定专家，设计征询表，对征询结果进行分析处理等。

（2）选择和邀请专家。选好专家是德尔菲法成败的关键，因此预测课题小组要用足够的时间和力量来选择，应对选定的专家有较全面的了解。所选专家应当是对预测对象和预测问题有比较深入的了解和研究，具有专业知识和丰富的经验，思想活跃，富有创造性和判断能力。选择专家应采取自愿的原则，要有广泛性，结构要合理。专家人数可根据具体情况而定，一般为 10~50 人，实际上也有多达百人的情况，常常是选定的专家人数比实际需要的人数多一些，以防止种种原因造成的征询表的回收率过低问题。选定专家之后，要向专家发出邀请，并说明德尔菲法的原理、预测的要求和内容。另外，每位专家的权威程度可以从以后回收的征询表中的专家自我评价中获得，如在征询表中让每位专家填写自己对该问题的研究程度或熟悉程度。

（3）设计征询表。这就是围绕预测课题，从不同侧面以表格形式提出若干个有针对性的问题，以便向专家征询。表格应简明扼要，明确预测意图，不带附加条件，尽量为专家提供方便。征询问题的数量要适当。经常涉及的征询表有：事件时间预测征询表，即专家对预测事件实现时间的可能性的主观推测；主要概率征询表，即专家对预测事件发生某种结果的可能性大小的主观估计；事件比重预测征询表，即专家对所研究的某种经济现象中各相关因素构成比重未来变化的主观判断；事件相对重要性预测征询表，即专家对实现同一任务的各种可行方案以打分形式进行优先分析的主观估测等。

（4）逐轮咨询和信息反馈。这是德尔菲法的主要环节。咨询和信息反馈，一般要进行三至四轮。每次征询后，将专家回答的意见综合整理、归纳，匿名反馈给各位专家，再次征询意见，然后再加以综合整理、反馈，反复循环，得出比较集中和一致的意见。一般情况下，每轮作业周期以 1～2 个月为宜。在实际中，作业周期的长短应考虑课题的大小、专家人数的多少、处理信息的手段和能力等。

（5）采用统计分析方法对预测结果进行定量评价和表述。实际上，每一轮征询后，都要对大量的数据进行处理，处理的目的在于找出能反映课题发展规律的数据，即未来可能出现的概率。在征询的最后一轮，经常涉及的有：对事件发生或实现时间预测结果的处理；对方案择优预测结果的处理；对方案相对重要性问题的处理和表述等。下面以例题分别说明。

首先，确定每个方案的平均分值。每个方案的平均分值等于各位专家对同一方案的打分之和除以专家人数。平均分值最高的方案为最优方案。

利用算术平均数得出最后结果，即

$$y = \frac{\sum x}{n}$$

式中，y 为预测值；$\sum x$ 为聘请的专家进行意见判断的总数，即总方案数。

在用统计分析方法对预测结果进行定量评价时，也应该考虑和注重这样两个问题：一是统计分析法的具体方法是多种多样的，同一内容可以用不同的方法处理，到底哪种方法比较合适应视具体情况而定；二是当专家的权威程度很高时，可按专家的权威程度进行加权平均。其公式为

$$y = \frac{\sum fx}{\sum f}$$

式中，x 为每个专家的预测方案；y 为最后的预测值；f 为权数，也可为概率。

（6）整理预测结果，写出预测报告。预测组织者要撰写详细的预测结果分析报告，以供决策者参考。

4. 应用德尔菲法应该注意的问题

（1）预测组织者应精通德尔菲法的基本原理。只有预测组织者对德尔菲法精通，才能搞好德尔菲法的作业设计，才能把握预测的全过程。

（2）不能将预测组织者的意见强加给专家，或通过表格明示、暗示其倾向。这样做只会影响预测结果的可靠性。

（3）当预测结果难以统一，或没有明确结果时，应检查所选课题是否可行，或者目标是否存在范围过大、过于笼统的问题。

德尔菲法只是一种预测方法，一种决策分析工具，而不是一种决策工具，它不能代替决策，它只能为决策者提供相关信息和咨询，以帮助决策者筛选、比较方案，科学决策。

项目小结

定性市场预测是市场预测技术中应用最广泛的一种，它具有预测快速、节省费用、可靠性较高等诸多优点，尤其近来与定量预测技术相结合，使其更具有科学性。对于大多数企业的经营者而言，预测的重要性是不言而喻的，问题是如何能顺利掌握科学预测技术和方法。而定性预测的特点正是不要求预测者具有系统的数理统计知识，也能以较高的可靠性为其提供所需的预测结果，这也许是人们喜欢用它的最大原因。

无论如何，企业经营决策是非常复杂的系统工程，最精确的计算也无法涵盖经济活动中那些大量存在的，却又难以掌控的不可测因素，因此，最全面、最完美的预测模型是不存在的，定量预测技术有可能因为某个因素的缺失而形成显著的误差，反而给经营决策者造成难以估量的损失。

对于很多市场问题，充分调动预测者的知识经验，结合相关定性预测技术，就能够很好地解决。

关键概念

经验判断法　集体意见集合法　专家会议法　德尔菲法

课后自测

一、选择题

1. 根据市场预测的目的和要求，预测组织者向有关专家提供相关材料，并收集、汇总专家对未来市场所做的判断值，进行综合处理，这种方法是（　　　）。
   A. 德尔菲法　　　　　　　　　　B. 专家意见集合法
   C. 专家调查法　　　　　　　　　D. 综合意见法
2. 定性预测也称（　　），是对事物性质和规定性的预测。
   A. 主管预测　　　　　　　　　　B. 意向预测
   C. 目标预测　　　　　　　　　　D. 意见预测

二、判断题

1. 一般来说定量预测要比定性预测科学、精准。（　　）
2. 定性预测是基于数量模型而不是仅仅依靠经验、知识、技能、判断和直觉来做出预测的一种方法。（　　）
3. 定性预测方法比定量预测方法更容易掌握，而不需要预测者较系统地掌握数理和统计分析方面的科学知识和技能。（　　）

三、简答题

1. 集体经验判断如何组织？程序是什么？
2. 因素分析预测法有哪些作用？
3. 专家会议法中的专家是如何界定和选取的？

实训操作

从下列题目中任选一个,在你的班上组织一次焦点小组访谈。
A. 新能源汽车与传统能源汽车
B. 汽车销售的新方式
C. 汽车新技术
D. 将来可以从事的工作

学习项目十
回归分析预测法

学习目标：
1. 了解回归分析预测法的概念。
2. 了解回归分析预测的基本方法。

情 境　▶▶　回归的由来

高尔顿在伦敦成立了生物统计实验室（biometrical laboratory），并打广告动员不同的家庭来做测量。在这个实验室，他搜集身高、体重数据，测量特殊的骨骼和家庭成员的其他特性。他和他的助手将这些数据列成表格，并一再检验，他是在寻找利用父母测度数据来推断子女的某些办法。比如说，很明显，高个子父母很容易有高个子的小孩，但是不是存在某些数学公式，只用父母的身高就可以预测孩子将有多高呢？高尔顿用这种方法，发现了他称之为"向平均回归"（regression to the mean）的现象，这表现为：非常高的父亲，其儿子往往要比父亲矮一些；而非常矮的父亲，其儿子往往要比父亲高一些。似乎是某种神秘的力量，使人类的身高从高矮两极移向所有人的平均值。不只是人类身高存在着向平均数回归的现象，几乎所有的科学观察都着了魔似地向平均值回归。高尔顿仔细思考了他的惊人发现，而后认识到这必定是真实的，在进行所有观察之前这就是可以预言的。他说，假设不发生这种向平均值的回归，那么从平均意义上看，高身材父亲的儿子将与他们的父亲一样高，在这种情况下，一些儿子的身材必须高于他们的父亲，以抵消身材比父亲矮小者的影响，使平均值不变。高身材者这一代人的儿子也将如此，那么会有一些儿子身材更高。这个过程将一代一代延续下去。同样地，将会有一部分儿子身材比他们的父亲矮小，而且有一部分孙子将更加矮小，如此下去，不用多少代，人类种族就将由特别高和特别矮的两极构成。上述的情形并没有发生，人类的身高在平均意义上趋向于保持稳定。只有当非常高的父亲其儿子平均身材变矮，而非常矮的父亲其儿子的平均身材变高，才能出现这种稳定。向平均值回归是一种保持稳定性的现象，它使某给定物种代际之间大致相同。

任务一 回归分析预测法概述

一、回归分析预测法的含义

回归分析预测法是对具有相关关系的变量，在固定一个变量数值的基础上，利用回归方程测算另一个变量取值的平均数。它是在相关分析的基础上，建立相当于函数关系式的回归方程，用以反映或预测相关关系变量的数量关系及数值。因而，回归分析与相关分析可统称为相关分析。

1. 相互关系

对社会经济活动的研究结果表明，任何事物的产生和变化，总是由一定的原因引起的，并对其他事物产生影响，也就是说，各种社会经济活动总是存在着某种相互联系，并呈现出不同的联系方式，总体上可分为确定性关系和非确定性关系。

2. 函数关系

函数关系就是确定性关系。它是指某种确定的原因，必然会导致确定的结果的因果关系，并且可用函数关系式表示。即自变量的每一个确定的 x，必对应因变量唯一值 y，可用函数表达式 $y=f(x)$ 表示。在社会经济活动和自然界中，这种函数关系很少，更多的是事物之间的相关关系。

3. 相关关系

相关关系是事物之间存在着的非确定性关系，它是指变量之间相互关系之中不存在数值确定性的对应关系。即一个变量的确定值 x，不是必然有一个确定或唯一的变量 y 与之对应。例如，产品价格与市场需求量之间的关系就属于相关关系。相关关系的类型按照其性质划分有正相关和负相关；按照其相关程度划分有完全相关、不完全相关和不相关。

(1) 正相关是指具有相关关系的变量之间的变动方向一致，即同增同减。如汽车的保有量与汽油的需求量之间存在正相关关系。

(2) 负相关是指具有相关关系的变量之间的变动方向不一致，呈反向运动，即此增彼减。如商品价格升高，则市场需求量相应减少。

(3) 确定变量之间线性关系密切程度可通过测算相关系数 r 来描述，当相关系数 $r=1$ 时，说明事物之间是完全相关的；当 $0<r<1$ 时，说明事物之间是不完全相关的；当 $r=0$ 时，事物之间不相关。

4. 相关分析

相关分析是对变量之间的相关关系进行分析和研究的方法，主要包括以下两个方面。

(1) 确定事物之间有无相关关系，这也是相关分析的前提。

(2) 确定事物之间相关关系的密切程度，可用相关系数或相关指数来衡量。

二、回归分析预测法的应用

回归分析预测法的应用可遵循以下程序。

1. 确定相关关系

事物之间具有相关关系是进行回归分析预测的前提条件，主要有以下三方面的内容。

(1) 确定相关变量。这就是找出具有相关关系的具体变量。在市场预测过程中，因变量是预测的目标,可根据预测目的来确定。如预测未来五年电视机的需求,其预测目标是未来五年电视机的需求量。

确定自变量,既要对历史资料和现实资料进行分析,又要充分运用预测人员的经验和知识,进行科学的定性分析。要充分注意事物之间联系的复杂性和系统性。

(2)确定变量之间的类型。由于变量之间存在着多种类型,要想准确地了解可采用绘制相关图的方法直观地看出。相关图是将自变量与因变量的数值在坐标系中相应的位置标出,通过预测者主观判断所绘散点图的形状,判断事物整体的相关性,是正相关还是负相关,是线性相关还是非线性相关。

(3)确定变量之间的相关程度。了解变量之间的相关程度可用来较准确地预测未知事物。确定变量之间线性相关的密切程度通常可通过计算相关系数了解。其公式为

$$r = \frac{\sum_i (x_i - \overline{x})(y_i - \overline{y})}{n\delta_x \delta_y} \quad (10\text{-}1)$$

$$r = \frac{\sum_i (x_i - \overline{x})(y_i - \overline{y})}{\sqrt{\sum_i (x_i - \overline{x})^2 \sum_i (y_i - \overline{y})^2}} \quad (10\text{-}2)$$

式中,r 为相关系数;x_i 为自变量的值;$\overline{x}$ 为自变量的平均值;y_i 为因变量的值;$\overline{y}$ 为因变量的平均值;δ_x 为自变量数列的标准差;δ_y 为因变量数列的标准差。

相关系数 $-1 \leqslant r \leqslant 1$,当 r 越接近 1 时,变量之间的线性相关程度越高;当 r 越接近 0 时,变量之间的线性相关程度越低;当 $r > 0$ 时,变量之间的相关关系为正相关;当 $r < 0$ 时,变量之间的相关关系为负相关。

2. 建立回归方程

建立回归方程是根据变量之间的相关关系,用数字表达式给予表示,可分为线性回归和非线性回归两种。

线性回归的一般表达式为

$$y = a + b_1 x_1 + b_2 x_2 + b_3 x_3 + \cdots + b_n x_n \quad (10\text{-}3)$$

通常研究的回归问题是一个因变量与一个自变量之间的关系,称为简单线性回归。其公式为

$$y = a + bx \quad (10\text{-}4)$$

除此以外的所有线性回归统称为多元线性回归。

变量之间的相关关系仅用线性回归方程来表现是不够的,有时它们内在规律表现为曲线性质,这就需要根据曲线性质,建立相应的非线性回归方程。

3. 求解方程,得出预测值

确定回归方程以后,需要对所建立的方程求解,得出预测值。其过程是:计算方程式中的各项参数,如在简单线性回归方程 $y = a + bx$ 中,先求出参数 a 和 b 的值;把求得的各项参数值代入回归方程,通过计算,即可求得预测结果。

如果所求的预测值是一个数值,称为点预测;如果预测值有一个数值范围,则称为区间预测。通常认为,点预测计算方便,而区间预测则更精确,因为从其预测范围中,可以掌握预测结果的波动范围。

4. 评价预测结果

所有回归方程必须经过自变量与因变量之间依存关系紧密程度的检验，代入数据检验有效后，才能被接受。

任务二　回归分析预测法的基本方法

线性回归分析预测法通常分为一元线性回归法和多元线性回归法，在多元线性回归法中主要用到的是二元线性回归法。

一、一元线性回归预测法

在进行市场预测时，人们常常用到一元线性回归预测法，这是因为多数市场和经济现象都可近似看作是线性变化的，而且，此方法计算简单，适用面较广。

1. 一元线性回归预测法的含义

当影响市场变化的诸因素中有一个基本的和起决定作用的因素，且自变量与因变量之间的数据分布呈线性趋势，那么就可以运用一元线性回归方程 $y=a+bx$ 进行预测。其中 y 是因变量，x 为自变量，a、b 均为参数。b 又称为回归系数，表示当 x 每增加一个单位时，y 的平均值增加量。

2. 最小二乘法

最小二乘法是确定一元线性回归方程中参数 a、b 的有效方法，选择的参数 a、b 要使因变量的观察值 y_i 与预测值 $\hat{y}_i$ 之间的离差平方和最小，即

$$\min \sum_{i=1}^{n}(y_i-\hat{y}_i)^2 = \min \sum_{i=1}^{n} e_i^2$$

式中，e_i 为残差值，又称回归余额，其平均值为 0。每个 e_i 的分布方差相同，这是用 $a+bx$ 去估计因变量 y_i 的数值所造成的，它是估计值与实际值之间的离差，即

$$e_i = y_i - \hat{y}_i$$

在实际预测时，残差项 e_i 是无法预测的，其目的只是借助 $a+bx$ 得到预测对象的估计值，可构建预测模型：

$$\hat{y}_i = a + bx_i$$

在式中可令 $\sum_{i=1}^{n} e_i^2 = Q(a, b)$，故

$$Q(a,b) = \sum(y_i - \hat{y}_i)^2 = \sum[y_i - (a+bx_i)]^2$$

由于 $Q(a, b)$ 是 a、b 的二元函数，并且是非负值，所以它的最小值总是存在，根据微分学求极值原理可得

$$\begin{cases} \dfrac{\partial Q}{\partial a} = -2\sum(y_i - bx_i - a) = 0 \\ \dfrac{\partial Q}{\partial b} = -2\sum(y_i - bx_i - a)x_i = 0 \end{cases}$$

化简成标准方程组为

$$\begin{cases} \sum y_i = na + b\sum x_i \\ \sum x_i y_i = a\sum x_i + b\sum x_i^2 \end{cases}$$

解得

$$\begin{cases} b = \dfrac{n\sum x_i y_i - \sum x_i \sum y_i}{n\sum x_i^2 - \sum x_i \sum x_i} \\ a = \overline{y} - b\overline{x} \end{cases}$$

此式可改为

$$\begin{cases} a = \overline{y} - b\overline{x} \\ b = \dfrac{\sum (x_i - \overline{x})(y_i - \overline{y})}{\sum (x_i - \overline{x})^2} \end{cases}$$

另外，也可以从相关系数的角度来求解。变量的相关关系中最为简单的是线性相关关系。设随机变量 η 与变量 ε 之间存在线性相关关系，则由实验数据得到的点 (x_i, y_i) $(i=1, 2, \cdots, n)$ 将散布在某一直线周围。因此，可以认为 η 关于 ε 的回归系数的类型为线性函数，即 $u(x) = a + bx$。下面用最小二乘法估计参数 a、b。设 y_i 服从正态分布 $N(a+bx_i, \sigma^2)$ $(i=1, 2, \cdots, n)$，且相互独立，分别求 $s = \sum\limits_{i=1}^{n}(y_i - a - bx_i)^2$ 对 a、b 的偏导数，并令它们等于零，得方程组

$$\begin{cases} na + (\sum\limits_{i=1}^{n} x_i)b = \sum\limits_{i=1}^{n} y_i \\ (\sum\limits_{i=1}^{n} x_i)a + (\sum\limits_{i=1}^{n} x_i^2)b = \sum\limits_{i=1}^{n} x_i y_i \end{cases}$$

$$\begin{cases} \hat{a} = \overline{y} - \hat{b}\overline{x} \\ \hat{b} = \dfrac{l_{xy}}{l_{xx}} \end{cases}$$

解得

$$\overline{x} = \dfrac{1}{n} \sum_{i=1}^{n} x_i$$

$$\overline{y} = \dfrac{1}{n} \sum_{i=1}^{n} y_i$$

其中

$$l_{xy} = \sum_{i=1}^{n}(x_i - \overline{x})(y_i - \overline{y}) = \sum_{i=1}^{n} x_i y_i - n\overline{x}\,\overline{y}$$

$$l_{xx} = \sum_{i=1}^{n}(x_i - \overline{x})^2 = n s_x^2$$

式中，s_x^2 为观测值 $x_1, x_2, \cdots, x_n$ 的样本方差。

线性方程 $\hat{y} = \hat{a} + \hat{b}x$ 称为 η 关于 ε 的线性回归方程，$\hat{b}$ 称为回归系数，对应的直线称为回归直线。顺便指出，将来还需要用到 $l_{yy} = \sum\limits_{i=1}^{n}(y_i - \overline{y})^2 = n s_y^2$，其中 s_y^2 为观测值 $y_1, y_2, \cdots, y_n$ 的样本方差。

在用一元线性回归模型进行预测时，首先必须对模型回归系数 a、b 进行估计。一般说来，估计的方法有多种，其中使用最广泛的是最小二乘法。值得注意的是，关于 $\overline{x}$、$\overline{y}$、l_{xx}、l_{yy}、l_{xy} 的计算可以利用具有统计功能的电子计算器进行计算。而且当电子计算器具有线性回归计算的功能时，把所有实验数据 (x_i, y_i) $(i=1, 2, \cdots, n)$ 逐步存入计算器

中，则可直接算出 $\hat{a}$ 及 $\hat{b}$ 的值。

最小二乘法的中心思想是通过数学模型，配合一条较为理想的趋势线。这条趋势线必须满足下列两点要求：原数列的观察值与模型的估计值的离差平方和为最小；原数列的观察值与模型的估计值的离差总和为零。

根据最小二乘法的要求得到的参数估计式为

$$\begin{cases} b = \dfrac{n\sum x_i y_i - \sum x_i \sum y_i}{n\sum x_i^2 - \sum x_i \sum x_i} \\ a = \dfrac{\sum y_i - b\sum x_i}{n} \end{cases}$$

可得一元线性回归模型为 $y = a + bx$。

那么建立的一元线性回归模型是否符合实际？所选的变量之间是否具有显著的线性相关关系？这就需要对建立的回归模型进行显著性检验，通常所用的检验法是相关系数检验法。相关系数是一元回归模型中用来衡量两个变量之间相关程度的一个指标，其计算公式是

$$r = \dfrac{\sum (x_i - \overline{x})(y_i - \overline{y})}{\sqrt{\sum (x_i - \overline{x})^2 \sum (y_i - \overline{y})^2}} = \dfrac{S_{xy}}{\sqrt{S_{xx}S_{yy}}}$$

相关系数主要有如下性质。

(1) 相关系数的取值范围是 $-1 \leqslant r \leqslant 1$。
(2) $r = 0$，称零相关，自变量 x 的变动对总变差毫无影响。
(3) $|r| = 1$，称完全相关，总变差的变动完全由自变量 x 的变动所引起。
(4) 当 $0 < |r| < 1$，称普通相关，自变量 x 的变动对总变差有部分影响。

一般来说，相关系数越大，说明所选的两个变量之间的相关程度越高。

例 10-1 某汽车企业从有关资料中发现，广告投入和产品销售有较为密切的关系。该企业广告费和销售额资料见表 10-1。若 2015 年广告费为 120 万元，用一元线性回归分析法预测 2015 年产品销售额。

表 10-1 某汽车企业广告费和销售额资料

年份	广告费 x/万元	销售额 y/百万元	xy	x^2	y^2
2006 年	35	18	630	1225	324
2007 年	52	25	1300	2704	625
2008 年	60	30	1800	3600	900
2009 年	72	38	2736	5184	1444
2010 年	85	41	3485	7225	1681
2011 年	80	44	3520	6400	1936
2012 年	95	49	4655	9025	2401
2013 年	100	52	5200	10000	2704
2014 年	105	60	6300	11025	3600
合计	684	357	29626	56388	15615

具体步骤如下。

(1) 列表计算 $\sum x$、$\sum y$、$\sum xy$、$\sum x^2$、$\sum y^2$ 以及 S_{xx}、S_{yy}、S_{xy} 等数值。依据公式有

$$S_{xx} = \sum x^2 - \frac{(\sum x)^2}{n} = 56388 - \frac{684^2}{9} = 4404$$

$$S_{yy} = \sum y^2 - \frac{(\sum y)^2}{n} = 15615 - \frac{357^2}{9} = 1454$$

$$S_{xy} = \sum xy - \frac{\sum x \sum y}{n} = 29626 - \frac{684 \times 357}{9} = 2494$$

$$\bar{x} = \frac{\sum x}{n} = \frac{684}{9} = 76$$

$$\bar{y} = \frac{\sum y}{n} = \frac{357}{9} = 39.67$$

（2）计算 a、b 参数，建立一元线性回归预测模型。

$$b = \frac{S_{xy}}{S_{xx}} = \frac{2494}{4404} = 0.57$$

$$a = \bar{y} - b\bar{x} = 39.67 - 0.57 \times 76 = -3.65$$

一元线性回归方程（即预测模型）为

$$y = a + bx = -3.65 + 0.57x$$

（3）求相关系数，进行相关分析和相关系数 r 检验。

$$r = \frac{\sum(x_i - \bar{x})(y_i - \bar{y})}{\sqrt{\sum(x_i - \bar{x})^2 \sum(y_i - \bar{y})^2}} = \frac{S_{xy}}{\sqrt{S_{xx}S_{yy}}} = \frac{2494}{\sqrt{4404 \times 1454}} = 0.986$$

相关系数为 0.986，说明企业广告费和销售额之间是高度线性相关的。

二、多元线性回归预测法

1. 多元线性回归预测的含义

多元线性回归分析是一元线性回归分析的扩展，是指两个或两个以上的自变量与一个因变量的变动分析。

2. 多元线性回归分析对数据的要求

多元线性回归分析对数据有以下几个方面的要求。

（1）在所有的观测变量中，有一个变量是因变量，它是将来可以通过其他变量来预测的变量。假设有这样三个变量，商店所在地的平均交通量、商店的年广告费用和商店的年销售量，那么，在对这些数据进行多元分析时，年销售量一般是因变量。

（2）作为因变量的变量，必须是等距量表或比率量表的资料。在研究实践中，由于顺序量表常常被看作是等距的，所以顺序量表资料也可以作为多元线性回归分析的因变量。如果因变量是二分变量（如是、非）或其他类型量表变量，那么就不能采用多元线性回归分析方法进行统计处理。

（3）有两个或两个以上的自变量。如果只有一个自变量，那么这种线性回归分析就成为一元线性回归分析。自变量数据要求是等距量表或比率量表资料，类型量表资料的自变量一般是不能直接用于多元分析的。但是，如果类型量表是二分的，则可将它们的两个选项分别编码为 0 和 1，如 0 表示男性，1 表示女性，那么这种数据的变量也可以作为自变量进行回归分析。

3. 多元线性回归分析中自变量的选择方法

多元线性回归分析中自变量的选择主要有以下几种方法。

（1）全部进入回归：就是把所有自变量一次性地全部纳入回归方程中，不管各个自变量对因变量作用的大小，也不管它们是否显著。

（2）全部剔除回归：是在全部进入回归的基础上进行的。先将所有自变量一次性引入回归议程之中，然后将调查分析者规定的某些自变量一次性地从回归方程中剔除，不管剔除的自变量对因变量的作用如何、显著性检验是否显著。

（3）逐步引进回归：是对每个自变量的作用进行显著性检验，然后将对因变量作用最大且检验显著的自变量引入方程。接着继续对未进入方程的自变量的作用进行显著性检验，将其中检验显著且对因变量作用最大的变量再次引入方程中，如此反复，直到未进入方程中的自变量的作用均不显著为止。

（4）逐步剔除回归：与逐步引进回归相反，它是先将所有自变量引入回归方程，并对每个自变量的作用进行显著性检验。根据检验结果，将不显著且对因变量作用最小的自变量剔除。对仍在方程中的自变量的作用再次进行显著性检验，将作用不显著且作用最小的自变量再次剔除，如此反复，直到留在方程中的自变量的作用都显著为止。

（5）逐步回归：综合了逐步引进回归和逐步剔除回归。其分析过程是，按各个变量对样本量作用的大小，从大到小逐个引入回归方程。每引入一个自变量都要对回归方程中的每一个自变量的作用进行显著性检验，若发现作用不显著的自变量，就要将其剔除。而每剔除一个自变量以后，也要再对留在方程中的自变量进行显著性检验，若发现又有自变量的作用不显著，接着再剔除。这样逐个引入和剔除，直到没有自变量可引入，也没有自变量应从方程中剔除时为止，此时回归方程为最优。

在以上各种方法中，逐步回归分析是最常用的。

4. 多元线性回归方程

多元线性回归方程是用来描述因变量与多个自变量关系的数学表达式。即

$$y = a + b_1 x_1 + b_2 x_2 + \cdots + b_n x_n$$

式中，y 为因变量观测值；a 为常数；b_n 为偏回归系数；x_n 为各自变量。

注意，多元线性回归分析的一处重要假设是各个自变量应该是独立的，毫不相关的。但是如果自变量之间存在相关关系，此时在解释哪些自变量对因变量存在影响时，就不能完全排除没有进入回归方程的自变量的作用。

5. 多元线性回归分析法的应用

例 10-2 某地区通过市场调查发现，汽车销售量同居民新婚户数有关，还与居民收入水平相关。该地区汽车销售量、新结婚户数和居民户均收入水平资料见表 10-2。若预计 2015 年该地区居民新婚户数为 30.2 千户，居民户均收入 625 千元，用二元回归分析预测法预测该地区 2015 年汽车的需求量。

表 10-2 2007~2014 年的汽车销售量、新结婚户数和居民户均收入水平资料

年份	汽车销售量 y/千辆	新结婚户数 x_1/千户	居民户均收入 x_2/千元
2007 年	20	22	285
2008 年	26	22.5	340
2009 年	30	23.1	386
2010 年	34	23.4	400
2011 年	40	24	425

续表

年份	汽车销售量 y/千辆	新结婚户数 x_1/千户	居民户均收入 x_2/千元
2012 年	44	24.5	460
2013 年	49	26	502
2014 年	55	28.5	548

从表 10-2 中可以看出，汽车销售量同居民新婚户数和居民户均收入有一定关系，可用二元线性回归预测法进行预测。其具体过程如下。

(1) 列表计算有关数据，如表 10-3 所示。

表 10-3 计算有关数据

年份	y	x_1	x_2	x_1^2	x_2^2	$x_1 y$	$x_2 y$	$x_1 x_2$
2007 年	20	22	285	484	81225	440	5700	6270
2008 年	26	22.5	340	506.3	115600	585	8840	7650
2009 年	30	23.1	386	533.6	148996	693	11580	8916.6
2010 年	34	23.4	400	547.6	160000	795.6	13600	9360
2011 年	40	24	425	576	180625	960	17000	10200
2012 年	44	24.5	460	600.3	211600	1078	20240	11270
2013 年	49	26	502	676	252004	1274	24598	13052
2014 年	55	28.5	548	812.3	300304	1567.5	30140	15618
合计	298	194	3346	4736.1	1450354	7393.1	131698	82336.6

(2) 解下列方程组，求 a、b_1、b_2 参数。把表 10-3 中的有关数据代入下列方程组：

$$\begin{cases} \sum y = na + b_1 \sum x_1 + b_2 \sum x_2 \\ \sum x_1 y = a \sum x_1 + b_1 \sum x_1^2 + b_2 \sum x_1 x_2 \\ \sum x_2 y = a \sum x_2 + b_1 \sum x_1 x_2 + b_2 \sum x_2^2 \end{cases}$$

得到

$$\begin{cases} 298 = 8a + 194 b_1 + 3346 b_2 \\ 7393.1 = 194a + 4736.1 b_1 + 82336.6 b_2 \\ 131698 = 3346a + 82336.6 b_1 + 1450354 b_2 \end{cases}$$

解方程组得

$$\begin{cases} a = -20.8387 \\ b_1 = -0.0002 \\ b_2 = 0.13889 \end{cases}$$

由此建立的二元线性回归方程为

$$y = a + b_1 x_1 + b_2 x_2 = -20.8387 - 0.0002 x_1 + 0.13889 x_2$$

这个方程必须经过检验才能作为预测模型。

(3) 求相关系数，进行相关分析。求得相关系数为 0.993，说明自变量 x_1、x_2 与因变量 y 之间有高度相关关系。

(4) 进行回归标准差检验。

$$\frac{S}{\bar{y}} = 4.5\% < 15\%$$

由此说明二元线性回归方程 $y = a + b_1 x_1 + b_2 x_2 = -20.8387 - 0.0002 x_1 + 0.13889 x_2$ 用于预测具有较高的精确度。

(5) 计算预测值。依据题意，$x_1 = 30.2$，$x_2 = 625$，将它们代入二元线性回归方程，得 $y = 65.96$ 千辆。当居民新婚户数为30.2千户，户均收入为625千元时，该地区汽车需求量预测值为65.96千辆。

项目小结

线性回归是将经济活动中那些非函数的因素，依照它们之间关系的有无和强弱，通过观察和描述，将它们拟合成直线或曲线。这种人为的主观认定只是从对经济现象的认识和应用角度出发，并不是确认它们之间必然存在一一对应关系。认清这一点是很重要的，尽管在回归分析中，一些模型和应用的工具是我们熟悉的，在时间序列法中也有相近的应用，但在所研究的经济因素的性质方面有着根本的区别。

回归分析的内容是很丰富的，但在具体应用中，从应用的难易程度和广泛性来说，主要是一元线性回归法和多元线性回归法中的二元线性回归法，而更复杂的应用则限于条件未能介绍。随着管理技术手段和条件的改进，经济的不断发展，我们也期待能有机会将现代计算机分析技术应用在这些领域，回归预测技术未来的应用将会更多地表现在多元回归预测方面。

关键概念

一元线性回归分析　二元线性回归分析　多元线性回归分析

课后自测

一、选择题

1. 能表示事物相关程度的是（　　）。
   A. 权数　　　　B. 相关系数　　　　C. 回归系数　　　　D. 斜率
2. （　　）是用来描述因变量与多个自变量关系的数学表达式。
   A. 一元线性回归方程　　　　B. 二元线性回归方程
   C. 多元线性回归方程　　　　D. 有限元线性回归方程
3. 一般把作为影响因素的变量称为（　　）。
   A. 自变量　　　B. 因变量　　　C. 相关系数　　　D. 回归系数
4. 假设某汽车的产量为1000件时，其生产成本为30000元，其中固定成本为6000元。则总生产成本对产量的一元线性回归方程为（　　）。

A. $y=6000+1000x$ B. $y=6000+24x$
C. $y=24000+6x$ D. $y=6000+30000x$

二、判断题

1. 函数关系就是确定性关系。（   ）
2. 相互关系是事物之间存在着的确定性关系。（   ）
3. 相关系数表示事物之间的联系紧密程度，绝对值越大，相关性越弱；绝对值越小，相关性越强。（   ）
4. 最小二乘法是解决一元回归方程中参数 a、b 的有效方法。（   ）

三、计算题

表 10-4 中列出了过去 10 年来某汽车企业的研发广告费用投入与年销售额资料。若第 11 年投入研发广告费用为 236 万元，试预测第 11 年的销售额。

表 10-4　某汽车企业的研发广告费用投入与年销售额资料

年份	研发广告费用投入/万元	年销售额/万元
2005 年	64	560
2006 年	70	600
2007 年	77	660
2008 年	82	700
2009 年	92	780
2010 年	107	880
2011 年	125	1020
2012 年	143	1120
2013 年	165	1360
2014 年	189	1550
合计	1114	9230
平均数	111.4	923

实训操作

请同学们通过互联网或图书馆查阅近十年的一组汽车方面的数据，利用本章学到的方法进行预测，并和实际数据比一比，看看差距有多少，并思考造成差距的原因是什么？

学习项目十一
市场调查报告

学习目标：
1. 了解市场调查报告的作用和特点。
2. 掌握市场调查报告的结构与内容。
3. 掌握市场调查报告的编写。

情 境 ▶▶ J. D. Power 2014 中国售后服务满意度调查报告

在每年关于新车品质调查的公布中，J. D. Power and Associates 公司（以下简称 J. D. Power）的报告备受关注。美国 J. D. Power 注意到了中国汽车市场的变化，毫不犹豫地于 2000 年在亚太地区设立了中国区办事处，地点选在了新加坡。当时出任 J. D. Power 中国区域的经理名叫梅松林，负责中国地区的业务开拓。在同一年，J. D. Power 在中国市场推出了两个调研项目，分别是销售满意度（SSI）和新车品质调查（IQS），此外美国一家大型汽车制造商在中国的企业还邀请他们进行专项调研。随后，2001 年 J. D. Power 在中国地区推出服务满意度调研（CSI），2003 年推出消费者产品满意度调研（APEAL），并在每年发表 4 份具有专业权威性的行业调查报告。

2014 年 7 月 31 日，J. D. Power 亚太公司发布了 2014 年中国售后服务满意度研究（CSI）报告，在豪华车品牌中奥迪（912 分）名列第一位，凯迪拉克（864 分）和英菲尼迪（863 分）分别名列第二和第三位。而在主流车品牌中东风标致（906 分）和广汽本田（906 分）并列第一位，东风雪铁龙（898 分）名列第三位。

2014 年中国售后服务满意度研究（CSI）通过街头拦截和面对面访问方式，收集了在 2012 年 2 月至 2013 年 5 月之间购买新车的 16928 位车主的反馈，一共涵盖了 67 个乘用车品牌。数据收集工作于 2014 年 2 月至 5 月在中国的 46 个主要城市进行。

总体来看，中国汽车授权经销商的总体售后服务满意度水平在 2014 年稳步上升，主流车和豪华车品牌之间的满意度差距缩小。豪华车品牌的满意度得分从 2013 年的 849 分上升至 2014 年的 855 分（1000 分制），主流车品牌的满意度得分从 2013 年的 811 分上升至 2014 年的 824 分。主流车和豪华车品牌之间的售后服务满意度差距进一步缩小，从 2013 年的 38 分缩小至 2014 年的 31 分。此外，J. D. Power 亚太公司中国区副总裁兼董事总经理梅松林博士表示："主流车品牌在不断提升售后服务满意度，对豪华车品牌构成了激烈的市场竞争。为了满足越来越高的客户需求和期望，所有汽车品牌都必须大力改进售后服务。"

市场调查报告是调查活动过程的产品，也是调查过程的历史记录和总结。在市场调查过程中，运用多种方法收集到丰富的数据资料，经过统计分析后，为得出相关结论提供了基本的依据和素材。然而，要将整个调查研究的成果提交给决策者，使调查真正起到解决市场问题的作用，就要撰写调查报告。

任务一 市场调查报告的作用和特点

市场调查报告就是在对调查得到的资料进行分析整理、筛选加工的基础上，记述和反映市场调查成果的一种文书。市场调查报告是一项市场调查项目最终成果的主要表现。它可以有多种形式，可以是书面形式，也可以是口头形式，或者同时使用书面和口头的形式，还可以是其他形式，如计算机软盘或信函等电子版形式。

市场调查报告也是调查者与委托方进行沟通的平台。市场调查的目的是为企业管理者进行决策提供有关市场、竞争以及市场营销策略方面的信息和建议。在这场活动中，调查人员受聘从事调查活动，最终的建议将被企业管理者当作决策的依据，这就要求市场调查人员所提供的信息必须客观、准确。另一方面，作为委托方，企业的管理者或调查成果的使用者迫切需要了解调查的过程、结论和具有专业市场经验的专家建议。这就使调查人员和企业管理者之间的沟通成为必然，而沟通的平台就是市场调查报告。

一、市场调查报告的作用

一般归纳起来，市场调查报告的作用有以下三点。

1. 市场调查报告是调查者完成调查工作后对调查结果的表述

调查者通过调查策划、收集市场信息，并对所收集到的市场信息进行处理，最终形成了某种结果，而这种结果的形成必须对一些相关内容进行准确而细致的描述，如调查项目、背景信息、调查方法的评价、视觉辅助手段、结果摘要、结论、建议等，这就需要有一种书面的载体来承担此项任务，于是，调查报告就成了最好的选择。当然，作为一项正式的市场调查项目，提交市场调查报告更是调查者履行项目委托合同或协议义务的重要体现。

2. 市场调查报告是委托方签订项目合同最终希望获取的结果

通常情况下，市场调查的委托方对一个市场调查项目最为关心的就是调查报告。市场调查作为一种市场信息工作，其主要目的是为企业的经营管理，特别是市场营销提供各种信息资料，作为决策和行为的依据。从某种意义上讲，市场调查项目的委托方提出项目的直接目的，就是为了获得满意的市场调查报告，为将来的经营决策提供有价值的参考。

3. 市场调查报告是衡量一项市场调查项目质量水平的重要标志

尽管市场调查策划所采用的方法、技术、组织过程、资料处理等也是衡量市场调查质量的重要方面，但市场调查报告无疑是最重要的方面。市场调查报告是调查活动的有形产品。当一项市场调查项目完成以后，调查报告就成为该项目的少数历史记录和证据之一。作为历史资料，它还有可能被重复使用，从而大大提高其存在的价值。

二、市场调查报告的特点

1. 市场调查报告具有针对性

这里所讲的针对性包括调查报告选题上的针对性和阅读对象的针对性两个方面。报告题目及相关选题范围必须具有较强的针对性，才能做到目的明确、有的放矢，让人对调查目的一目了然。紧扣调查目的展开的调查，才可能形成具有较多实践意义的市场调查报告。在调查实践中，调查项目委托单位分门别类、多种多样，这样就会出现各种各样的调查报告阅读对象。阅读对象不同，自然所关注的问题也不同。比如调查报告的阅读者是企业的高级管理者，那么他最关心的是调查的结论和建议部分，因为这将为他的下一步决策提供重要的参考，而非大量的资料统计、整理、分析过程；如果阅读的对象是一些产品经理、营销经理和其他经理人员，他们可能需要更进一步的信息，所以会仔细阅读报告的主体部分；如果阅读的对象是研究市场活动的专业人员，可能出于严谨的考虑，需要验证这些结论的科学性、合理性，所以，更关注的是调查方式、方法及数据的来源等方面的问题以及结论得出的过程。

2. 市场调查报告具有创新性

市场调查报告的创新性也包含两个方面。首先指调查报告的内容要求。调查者应该具有创新意识，调查报告应从全新的角度去发现问题，用全新的观点去看待问题。市场调查报告要紧紧抓住市场活动的新动向、新问题等提出创造性的观点。这里的创新，更强调的是提出一些新的建议，即以前所没有的创意。例如，许多研究表明，今天是一个买方市场，如果仅仅顺着这样的思路形成一个笼统的调查报告，显然不会满足委托方的需求。其次指调查报告的形式应该做到创新。市场调查报告的编写应该注意语言的使用。例如，语言应该生动，以唤起阅读者的兴趣；结构紧凑、逻辑严谨，以增强阅读者的信任；可以采用一些图表、图形以增强报告的立体感。

3. 市场调查报告具有时效性

市场是动态的、发展变化的，作为市场的重要要素——信息更是千变万化。这里所指的时效性也包含两方面的意思：调查活动开展的时效性和调查报告出具的时效性。市场调查活动滞后，原定的调查目的就会失去其意义；市场调查报告出具的拖延，也会使本应有的决策参考价值丧失。因此，要求调查行动一定要在合理的时间内完成，市场调查报告应将从调查中获得的有价值的内容迅速、及时地报告上去，才不至于贻误决策时机，才可能充分发挥其应有的作用。

4. 市场调查报告具有科学性

市场调查报告不单是报告市场的客观情况，还要通过对事实进行分析研究，寻找市场发展变化的规律。市场调查报告一旦送给决策者，它便开始自己的使命。作为决策的重要依据，它可能成为一个价值巨大的参考文件，关系到企业经营的成败。这就需要报告的编写者除了掌握科学收集、整理资料的方法外，还应该会利用科学的分析方法，以得出科学的结论，使阅读者感受到对整个调查项目的重视程度和对调查质量的控制程度。

任务二　市场调查报告的结构与内容

一、市场调查报告的结构

市场调查的目的不同，调查报告的中心思想也会随之不同；报告撰写人不同，调查报告的格式、外观也会有差异。所以说，调查报告并没有一个统一的格式。但是，调查报告最终的服务对象是阅读者，为了能够将信息及时、准确和简洁地传递给这些受众，在报告本身的结构安排、写作手法上应该有一个大致的标准。一般来讲，书面调查报告的结构、内容以及风格等很大程度上取决于调查的性质、项目的特点以及撰写人和参与者的性格、背景、专长和责任。但是，一个标准的调查报告都应有一个相对固定的结构与内容组成，即包括开始、主体和附录三大部分，各个部分又各有章节、细目。

二、市场调查报告的内容

1. 报告封面

封面部分一般包括项目名称（标题）；调查单位名称、地址、电话号码、网址和E-mail；报告接受人或组织；报告提出日期等。一般来讲，封面是书面文件的"第一印象"，市场调查报告也不例外。总体上，市场调查报告封面的设计一定要与调查项目所涉及的领域、主题相吻合，体现出鲜明的专业形象，这样才能够引发阅读者的兴趣和好奇心。报告标题语言使用应该简洁明了，标题内容必须清楚地说明是关于什么的报告。如果属于机密，一定要在封面某处标明，同时要标明档案号或成果号，以方便管理或查阅。

标题的写法一般有以下几种：直叙式标题，指反映调查意向或指出调查地点、调查项目的标题，如《武汉市经济型轿车需求的调查》等；表明观点式标题，指直接阐明作者的观点、看法，或对事物进行判断、评价的标题，如《当前我国汽车产能过剩不容忽视》；提出问题式标题，指以设问、反问等形式，突出问题的焦点和尖锐性，吸引读者阅读、思考，如《为什么北京限号解决不了交通拥堵》。

2. 报告摘要

这部分内容主要是为没有大量时间充分阅读整个报告的经理或管理人员准备的，它在整个报告中的地位非常重要。另外也有一些阅读者，不具备太多的专业知识，同时他们对报告是怎样形成的也不太关注，只是想尽快知道主要结论，所以摘要就成了非常重要的一个环节。

摘要要求简明扼要，通俗精炼；其内容应包括：为什么要调查；调查是如何开展的；有什么发现；意义在什么地方；提出的建议和措施是什么。摘要不仅为报告的其余部分规定了方向，同时也使管理者在评审调查的结果与建议时能有一个大致的参考。

营销调研视野11-1　报告摘要举例

《中国柴油自卸汽车项目市场调查报告（专项）》系统全面地调研了柴油自卸汽车项目产品的市场宏观环境情况、行业发展情况、市场供需情况、企业竞争力情况、产品品牌价值情况等，旨在为咨询者提供专项产品的市场信息，以供咨询者投资、经营决策过程中进行参考。

《中国柴油自卸汽车项目市场调查报告（专项）》以产品微观部分作为调研重点，采用纵向分析和横向对比相结合的方法，分别对××产品的国内外生产消费情况、原材料市场情况、产品技术情况、产品市场竞争情况、重点企业发展情况、产品品牌价值以及产品营销策略等方面进行深入的调研分析。

在数据处理方面，报告以企业调研数据和国家统计局数据、中国进出口数据为基础数据，为保证报告的详实、准确可靠、数据之间具有可比性，报告对统计样本数据进行了必要的筛选、分组，将宏观样本数据、微观样本数据紧密结合，并采用定量分析为主（包括经济统计模型的应用），定量与定性分析相结合的方法，深入挖掘数据蕴含的内在规律和潜在信息。同时采用统计图表等多种形式将分析结果清晰、直观地展现出来，多方位、多角度为咨询者提供了系统完整的参考信息，同时也增加了报告研究结论的客观性和可靠性。

通过《中国柴油自卸汽车项目市场调查报告（专项）》，生产企业及投资机构将充分了解产品市场、原材料供应、销售方式、有效客户和潜在客户的详实信息，为研究竞争对手的市场定位、产品特征、产品定价、营销模式、销售网络和企业发展提供了决策依据。

3. 报告目录

市场调查报告需要有一个非常清晰的目录，目的是方便阅读和资料查询。市场调查报告的目录应该包含调查活动的各项内容，通常要求列出各项内容的标题、副标题名称及页码。市场调查报告的结论部分内容较多，又非常重要，为了方便阅读，可将其分项编排到目录中。整个目录的篇幅不宜过长，以一页为好。

有些报告为了适应不同的阅读者，会在里面应用大量的图表、附录、索引和展品，可以单独为这些内容编制一页目录，做法和前面的目录相似，列出图表号、名称及在报告中所在的页码。

营销调研视野11-2　2014～2018年中国汽车市场调查及发展趋势研究报告目录

第一章　2013～2014年全球化中的中国汽车市场运行状况分析
第一节　2013～2014年中国汽车工业总体评述
一、世界汽车市场进入严重的危机
二、中国汽车市场的压力是世界环境和中国发展模式调整的共同体现
三、消费税调整后的微车高增长尚不代表小排量车压力化解
四、自主品牌的发展恶化需要引起高度关注
五、汽车行业内外购并的机会越来越大
第二节　近几年中国汽车制造业运行数据分析
一、2007～2014年中国汽车产量情况
二、2013～2014年中国汽车的保有量情况
三、近三年中国汽车市场销售情况
四、2007～2014年汽车制造业经济指标监测
五、2014汽车制造业收入前十家企业
第三节　2013～2014年中国乘用车品牌总体走势分析
一、自主品牌乘用车大丰收
二、微型轿车主力品牌表现
三、小型车市场走势
四、紧凑型车市场增速也有放缓趋势
五、中高级车自主品牌的低端B级车严重分化
六、B级豪华车总体仍保持较快增长态势
七、MPV三剑客走势分化，GL8成为一枝独秀
八、高端车型成SUV增长动力新动力
九、微客的乡村需求日益增强
第四节　2013～2014年中国汽车行业市场运行分析
一、自主研发和自主品牌成为汽车市场的时尚

二、国内的汽车供给将进入过剩时代
三、商用车竞争稳定，轿车竞争激烈，但格局逐渐明朗
略

4. 引言

调查报告的引言也称"序言"，是书面报告正文的开始，这一部分内容主要是说明问题的性质，简述调查目标和具体调查问题，并对报告的组织结构进行概括。其作用是向报告阅读者提供进行市场研究的背景资料及其相关信息，如企业信息、企业面临的市场营销问题、产品的市场现状、调查目的等，使阅读者能够大致了解进行该项市场调查的原因和需要解决的问题，以及必要性和重要性。

引言部分内容可能会与调查报告中的其他部分出现重复，一般来讲，编写者要注意详略得当。引言部分尽量高度概括，其他部分可以展开详细描述。

营销调研视野11-3　引言举例：2013汽车用品市场消费趋势调查报告

调查引言：近年来，中国汽车产业发展迅猛，特别是私家车快速增长。快速发展的汽车产业为汽车用品提供了广阔的应用市场，中国汽车用品市场随着中国汽车产业一起进入快速发展时期。

虽然汽车用品市场在汽车产业的带动下获得了较快的发展，但是问题仍然较为突出。价格混乱、质量低劣、服务水平参差不齐等都制约着汽车用品市场的进一步发展。在此背景下，腾讯汽车（微博）特联合慧聪研究，对汽车用品的流行消费趋势进行调查，以期获得真实的消费者感受和期望，为汽车用品市场的发展提供参考。

5. 调查技术与样本描述

在调查技术与样本描述部分，阅读者应该能大致了解到调查目的是如何逐步实现的。本部分主要在对整体方案概括的基础上，对调查方案实施中所采用的方法及样本抽取过程进行详实、客观、公正的记录。具体内容包括调查所需信息的性质、原始资料和二手资料的收集方案、问卷设计、标尺技术、问卷的预检验和修正技术、抽样技术、信息的收集、整理和分析、应采用的统计技术，以及缺失值的处理方法等。考虑到阅读者的情况，报告的撰写者应当尽量将这些内容以一种非专业性的、易理解的文字表述出来，如果有非常专业的内容，则应放在附录里。

这个部分可以包括对二手资料收集过程的描述，主要目的是描述获得原始资料的方法，并说明采用这些方法的必要性，比如为什么要采用焦点小组方法。如果信息的收集用到抽样调查，应该说明实施的是概率抽样还是非概率抽样，为什么采用这种抽样方式，几目标总体的定义（地区、年龄、性别等）是什么，采用的抽样框是什么。总之，要有足够的信息使阅读者判断样本资料的准确性和代表性。

营销调研视野11-4　调查技术与样本描述举例

慧聪集团是国内最早从事汽车商情信息咨询、广告代理和市场研究的机构之一，其汽车汽配商情网遍及全国40余个大中城市。依靠庞大的商情网支持，慧聪集团对2014年中国汽车市场进行调查。这次调查分为经销商调查和个人消费调查两部分，在北京、天津、大连、呼和浩特、包头、太原、石家庄、济南、合肥、南京、苏州、常州、南昌、福州、厦门、武汉、广州、深圳、珠海、兰州、西安和重庆22个城市同时进行，由慧聪集团各地分公司向

所在地汽车经销商和个人分别进行抽样调查，全部问卷汇总到北京进行统计分析。本次经销商调查共回收有效问卷386份，个人调查有效问卷2200份。慧聪集团汽车技术与市场信息研究所策划实施本次调查，除了直接利用调查数据来分析研究中国汽车市场外，还利用了慧聪独有的市场研究体系中的两组重要指标，即广告出现率和咨询电话出现率，使研究能更全面更准确地反映市场的实际情况。

6. 调查结论、建议与局限

这一部分是调查报告的主要内容，也是阅读者最为关注的部分。在这里，调查人员要说明调查获得哪些重要结论，根据调查的结论应该采取什么措施。结论和建议应当采用简明扼要的语言，使读者明确题旨，加深认识，能够启发读者思考和联想。调查结论与建议一般有以下几种表现形式：说明，即经过层层剖析后，综合说明调查报告的主要观点；推论，即在对真实资料进行深入细致的科学分析的基础上，得出报告的结论；建议，即通过分析，形成对事物的看法，在此基础上，提出建议和可行性方案；展望，即通过调查分析展望未来前景。

调查结论与建议部分包含的内容可能有市场规模、市场份额和市场趋势，也可能是一些只限于形象或态度的资料。为了使结论的表现更加鲜活，更能吸引阅读者的注意，市场调查报告除了要有一定程度的一般化概括，还可以借鉴数据图表资料以及相关的文字说明，同时对图表中数据资料所隐含的趋势、关系或规律加以客观的描述和分析。对于一些重点内容可以引用一些权威资料，以增加市场调查结论的可靠性与科学性。

结论有时可与调查结果合并在一起，但要视调查项目的大小而定。一般而言，如果调查项目小、结果简单，可以直接与调查结果合并成一部分来写。如果项目比较大、内容多，则应分开写为宜。

局限性是市场调查活动中一个不可避免的因素，它的产生可能基于调查时间、调查组织及调查实施上的种种限制。而且，在调查实践中设计并采用的市场调查方案也有其局限性，各种方案都可能与某种类型的误差相联系，有些误差可能较小，有些可能比较严重。作为市场调查报告的编写人员，一定要将局限性考虑充分，并进行详细披露。这样做，一方面可以降低自己的职业风险；另一方面也起到了提醒管理决策人员注意不要过分地依赖调查结果，或将结果用于其他项目。

营销调研视野11-5　结论举例：2012年三四线市场汽车消费趋势调查报告

综合以上分析，百强巡展市场调查研究部认为，2012年三四线市场的消费趋势如下。

（1）随着三四线城市经济的不断发展，绝大多数消费者的购车动机是为了提升生活品质，这说明三四线市场的刚性需求依然强劲。中国汽车市场的增长潜力在广大三四线市场，汽车厂家应不断实现营销渠道下沉，更多关注和满足这些消费者的消费需求。

（2）首次购车的消费者所占比例较大，所选车型以轿车为主，价位集中于（5～15）万元区间，对油耗的期望在百公里6～8L左右。汽车厂家可以根据以上特点，有针对性地向三四线市场投放产品。

（3）随着三四线城市汽车消费者在购买渠道、购买品牌方面的选择更加多样性，越来越多的消费者关注保养费用的高低及保养的便捷性等方面的因素，因此汽车厂商在为三四线市场提供产品的同时，也要更多关注产品销售后对消费者的服务应做到位。

7. 附件

调查报告附件一般是指报告正文中没有提及，但与正文有关、必须加以说明的部分。主要体现为资料的列示，如市场调查活动中的所有技术性细节，也可包括信息来源、统计方法、明细表、描述和定义，以及相关的参考文献等。

任务三　市场调查报告的编写与汇报

一、市场调查报告的编写

在调查报告编写之前，调查人员应该与项目委托人进行良好的沟通，以了解其对调查报告的预期。如报告的形式，最希望获取的信息，最期待的结论，最不想看到的结论等。只有掌握了这些信息，调查人员在编写报告时才有可能最大限度地满足委托人的要求。但是，这并不意味着调查人员一定要迎合委托方的要求而放弃职业操守。对于委托方非常关注的问题重点叙述，相关内容也不应该遗漏或忽视；对于委托方最不愿意看到的结论，调查人员一定要严格遵守职业道德，如实披露。但可在文字处理上讲究些策略，采取谨慎的态度，使委托人能够接受为宜。

下面，介绍编写市场报告时的一些基本技巧。

1. 行文立场

调查人员的道德风险是报告行文立场的一个重要影响因素，所以在编写市场调查报告时，调查人员要有严格的职业操守，尊重事实，反映事实。在书写报告之前或是书写过程中，调查人员始终要围绕自己的调查目标，做到调查报告有的放矢。

2. 语言要求

调查报告的语言应该精确、凝练，任何不必要的东西都应该省略。如果面面俱到，就会显得重点不突出，既不要对一般程序长篇累牍，也不能为了追求简明而破坏报告的完整。考虑到报告目的是以文字的形式传递信息，所以报告中使用的文字和语句必须简洁、清晰、贴切、通俗、流畅，同时又不流于俗套。提倡使用能够加强文章可读性的写作方法和技巧，杜绝晦涩难懂的语句。

3. 文法要求

调查报告的叙述、说明和议论也有一定的规范。

市场调查的叙述主要用于开头部分，用以表明调查的目的、依据，以及过程和结果。市场调查报告常用的叙述技巧有概括叙述、按时间顺序叙述、叙述主体的省略等。

市场调查报告主要用概括叙述，将调查过程和情况概略地陈述，不需要对事件的细枝末节详加铺陈。市场调查报告的叙述主体是写报告的单位，叙述中用"我们"第一人称。为行文简便，叙述主体一般在开头部分中出现后，以后各部分中可省略。

市场调查报告常用的说明方法有数字说明、分类说明、对比说明、举例说明等。

数字说明可以增强调查报告的精确性和可信度；分类说明可以将市场调查中所获得的材料规范化；对比说明可以在同一标准的前提下，将事物做出切合实际的比较；举例说明可以生动形象地说明市场发展变化的情况。

市场调查报告常用的议论方法有归纳论证法和局部论证法。

市场调查报告是在占有大量材料之后，进行分析研究，得出结论，从而形成论证过程。

这一过程，主要运用议论方式，所得结论是从具体事实中归纳出来的。

市场调查报告不同于议论文，不可能形成全篇论证，只是在情况分析、对未来预测中进行局部论证。如对市场情况从几个方面进行分析，每一方面形成一个论证过程，用数据、情况等作论据去证明其结论，形成局部论证。

4. 形式要求

为了加强调查报告的可读性，可以在报告中适当地插入图、表、画片及使用其他可视性较强的表现形式来强调重要信息是必要的，可视性表现形式能使信息传递更加便利、直观，同时也能增加报告的层次感和明晰度。但是，图、表、画片的数量不应过多，否则会出现喧宾夺主的情况。

5. 逻辑要求

调查报告应该结构合理、逻辑性强。报告的书写顺序应该按照调查活动展开的逻辑顺序进行，做到环环相扣，前后呼应。对必要的重复性调查工作要给予特别说明。为了便于读者辨别前后内容的逻辑关联性，使报告层次清晰、重点突出，有必要恰当地设立标题、副标题或小标题，并且明示项目等级的符号。

6. 外观要求

调查报告的外在视觉效果也是吸引阅读者兴趣的关键所在。报告的外观是报告的外部包装，它不仅体现报告本身的专业水平，而且还是调查机构企业形象的反映。所以，报告中所用字体、字号、颜色、字间距等应该细心地选择和设计，文章的编排要大方、美观、有助于阅读。另外，报告应该使用质地较好的纸张打印、装订，封面应选择专门的封面用纸。印刷格式应有变化，字体的大小、空白位置的应用等对报告的外观及可读性都会有很大的影响。总之，报告的外观应当是专业化的，粗糙的外观或一些小的失误和遗漏都会严重地影响阅读者的兴趣，甚至信任感。

营销调研视野 11-6

迈克是一家市场调查公司的研究员，他喜欢谈论他为美国最大的快餐组织精心准备的 200 页的 PPT 报告。这份为客户组织的决策者出具的报告和展示汇报是历时数月具有挑战性的研究成果。迈克相信，这份调查报告顾客一定很满意。

然而在听了长达两个小时包括许多事实、图、表的详细报告后，客户公司的高级营销经理站起来说："够了！这个报告信息量过大，我已经完全混淆了。希望明天早上 10 点之前，把 5 页纸的总结放到我办公桌上。"然后他转身离开了房间。

这件事给了迈克很大的教训，也帮助他突破了他的事业。不管研究设计得多详细，不管统计分析做得多恰当，不管问卷的措辞多么严谨，不管数据收集领域的质量控制有多严格，如果研究人员不能和决策者进行很好的沟通，报告过于冗长，一切都会白费。

还有一个案例。曾经有一位著名的研究人员，他完成了一项为一家大型汽车公司开展的 250000 美元的品牌形象调研，在这项调研中，1000 名目标消费者完成了 20 分钟的电话调研，内容涉及一系列对品牌形象、品牌偏好、产品使用、心理特征、人口统计问题的理解。最后他和他的助理将所有调查结果处理成一些简单的图形——一副品牌地图，显示了客户公司及其主要竞争对手在消费者心目中的相对位置，但是顾客却认为结果太简单而不满意。后来，他再也没有在这位顾客那里拿到过其他业务。

这告诉我们简介固然很好，但是太简单也可能不被接受。

二、市场调查报告的汇报

1. 口头汇报

有效的口头汇报应该以听众为核心展开。汇报者不仅要充分考虑听众的偏好、态度、偏见、教育背景和时间因素,并且还应该注意相关的词语、概念,对不易理解的数字进行解释。良好的口头汇报应在汇报最后留出时间供听众提问,并对此展开讨论。

口头汇报失败的原因之一或许在于没有充分找到阻碍沟通的因素;也可能是没有意识到或不承认调研报告的目的在于说服。这当然不是说要歪曲事实,而是用调研的发现来强调调研的建议和结论。在准备口头汇报的过程中,调研人员应该时刻注意以下几个问题。

(1) 数据的真正含义是什么?

(2) 它们有什么影响?

(3) 能从数据中获得些什么?

(4) 在现有的条件下,应该做些什么?

(5) 将来如何进一步提高这类调研的水平?

(6) 如何能使这些信息得到更有效的运用?

要注意在市场调研过程中很可能过度使用图形。

2. 在互联网上展示汇报

有了 PPT,将 PPT 展示发布在网站上使个人能够使用,不管他们在哪里或者什么时候需要。另外,研究人员能够将结果发布在互联网的不同位置。发布的步骤非常简单。

(1) 打开 PPT。看看幻灯片发布在网站上看起来的效果,从"文件"菜单选择"网页预览"。在进行完编辑后,从相同的菜单栏选择"以网页格式保存"。

(2) "另存为"对话框允许改变 PPT 展示的标题,改成任何想要在访问者的浏览器中显示的标题。

(3) 点击"发布"按钮,进入"发布为网页"对话框,在这里可以自定义展示。

(4) 通过"Web 选项"对话框制定发布文件的方式,并将发布文件储存在服务器,也可以指定是否自动更新内部链接。

项目小结

市场调查报告以市场调查所获取的信息和数据为基础,总结调查中的发现,并提出建议,是整个市场调查的成果。本章主要介绍了市场调查报告的特点、结构、内容和编写要求。市场调查报告是以一定类型的媒体、媒介反映市场状况的有关信息并包括某些调查结论和建议的形式,是一项市场调查项目最终成果的主要表现形式。

市场调查报告具有客观性、针对性、时效性、逻辑性和典型性等特点,发挥着总结调查结果、提出研究发现、给予结论和建议以及沟通工具等作用。通常可分为书面报告、口头报告等不同类型。书面报告通常包括标题、目录、概述、正文、结论和建议以及附录等部分。

关键概念

书面报告　口头报告

课后自测

一、选择题

1. 市场调查报告的特点有（　　　）。
   A. 科学性　　　　B. 针对性　　　　C. 及时性　　　　D. 纪实性
2. 市场调查报告在营销管理中具有的作用有（　　　）。
   A. 可作为委托方营销管理活动的参考文件
   B. 证明调查人员确实履行了合同
   C. 可以用来衡量调查工作开展的质量
   D. 可以作为企业历史资料供以后参考
3. 市场调查报告的外观要求有（　　　）。
   A. 所用字体、字号、颜色、字间距等应该细心地选择和设计
   B. 文章的编排要大方、美观、有助于阅读
   C. 封面应选择专门的封面用纸
   D. 报告的外观应当是专业化的
4. 通过文字、数据分析和图标等形式将调查结果表现出来的是（　　　）。
   A. 调研报告　　　B. 消费者调研数据
   C. 内部部门总结　D. 外部部门指导意见

二、简答题

1. 为什么说市场调查报告是衡量一项市场调查项目质量水平的重要标志？
2. 怎样理解市场调查报告的时效性和可以作为历史资料的说法？
3. 为什么说市场调查报告的编写要求较高？
4. 市场调查报告应包括哪几部分？

实训操作

结合平时的学习实践，试写一份汽车市场调查报告，并做成PPT。

参考文献

[1] [美] Philip Kotler 著. 营销管理. 梅汝和等译. 北京：中国人民大学出版社，2002.
[2] [美] 小卡尔·迈克丹尼尔等著. 当代市场调研. 李桂华等译. 北京：机械工业出版社，2012.
[3] [美] 托尼·普罗克特著. 营销调研精要. 吴冠之等译. 北京：机械工业出版社，2004.
[4] [美] 库马尔 V 著. 国际营销调研. 陈宝明译. 北京：中国人民大学出版社，2005.
[5] 李国强，苗杰. 市场调查与市场分析. 北京：中国人民大学出版社，2005.
[6] 李华，胡奇英. 预测与决策教程. 北京：机械工业出版社，2012.
[7] 陈殿阁. 市场调查与预测. 北京：清华大学出版社，2004.
[8] 徐向阳. 汽车市场调查与预测. 北京：机械工业出版社，2007.
[9] 赵轶，韩建东. 市场调查与预测. 北京：清华大学出版社，2009.
[10] 李桂华. 市场营销调查. 北京：企业管理出版社，2002.
[11] 冯丽云. 现代市场调查与预测. 北京：经济管理出版社，2003.
[12] 陈启杰. 市场调研与预测. 上海：上海财经大学出版社，2004.
[13] 柴庆春. 市场调研与预测. 上海：上海财经大学出版社，2006.
[14] 简明，胡玉立. 市场预测与管理决策. 北京：中国人民大学出版社，2003.
[15] 卢卫，雷鸣. 现代经济预测. 天津：天津社会科学院出版社，2004.
[16] 张桂喜，马立平. 预测与决策概论. 北京：首都经济贸易大学出版社，2006.
[17] 李小华. 预测决策方法. 北京：北京广播学院出版社，2003.
[18] 宿春礼. 市场推广管理文案. 北京：经济管理出版社，2003.
[19] 李享. 旅游调查研究的方法与实践. 北京：中国旅游出版社，2005.
[20] 于翠花等著. 市场调查与预测. 北京：电子工业出版社，2005.